# 教育における女性リーダーシップ
――学校・行政バイアスからの脱却――

# EDUCATION LEAD（HER）SHIP
Advancing Women in K-12 Administration

Jennie Weiner
Monica C. Higgins

八尾坂 修
星野 真澄
成松 美枝
訳

風間書房

**EDUCATION LEAD (HER) SHIP**
Advancing Women in K-12 Administration

by Jennie Weiner, Monica C. Higgins

Copyright © 2023 by the President and Fellows of Harvard College

Published by arrangement with Harvard Education Publishing Group
through Japan UNI Agency, Inc., Tokyo

# 日本語版への序文

　私（ジェニー・ワイナー）と共著者であるモニカ・ヒギンズ先生を代表して述べさせていただきます。私達の著書 Education Lead（Her）Ship: Advancing Women in K-12 Administration（女性のリーダーシップ：初等・中等教育管理職における女性の進出）を日本語版に翻訳してくださった八尾坂　修教授をはじめ、星野真澄先生、成松美枝先生に感謝申し上げます。この書の内容構成にあたり、私達はストーリーや観点が教育課題として反響をもたらすことを意図いたしましたが、より広い地域の読者の皆様にお届けできることを大変嬉しく思っております。しかし、皆様が教育組織におけるジェンダーバイアスを理解し破壊してくださることは私達にとって励みになると同時に、特に教育を受けた女性が家庭（すなわちジェンダー平等がより存在するかもしれない場所）外で仕事をする割合が高い民主国家においてはどこか気落ちするところがいまだあります。

　今日、職場や社会全体におけるジェンダー不平等は、私達のアメリカのみならず、日本においても、世界中に蔓延しています。世界経済フォーラム2024年報告によれば、日本の女性は世界でもより高い教育を受け識字力もあるものの、より高いジェンダー不平等の影響を受けています。日本はジェンダー平等において118番目と低位にあり、先進7カ国（G7）において最低です。同時に政治の分野における日本の女性参加は低いままであり（日本の女性国会議員は15.7％に過ぎない）、日本人女性は従順であり、かつ平等や解放を求めることよりも保護的態度を求める姿として伝統的に捉えられています（Nakamura and Isa, 2024）。

　大規模文化の縮図として、おそらくこれらのジェンダーステレオタイプや典型が学校や学校制度の文脈に存在することは驚くべきことではありません

（Humla, 2024）。日本の女子生徒達は、国際的なテストで高成績を示すけれども、より選抜的な大学および／あるいはSTEM教育分野において制約的であり、十分潜在能力を発揮できない障壁を経験することが往々にして存在します（Kimura, 2022）。同時に教育分野に入職する日本の女性は、中学校や高校でいまだ教師の大多数を占める男性教師よりも、より低位の教職ポジション（例えば、幼・小段階）と見られがちな職場で働いています（Takashima, 2014, Nakamura and Isa, 2024で引用）。ジェンダーバイアスおよび好意的性差別主義、つまり女性を自らのニーズや要望よりも他者を優先しようと心がけるケア要員として当然視する考え方―日本の家庭に拡大する傾向（Iijima, 2021）が強く感じられます（Nakamura and Isa, 2024）。しかもこれらのステレオタイプは、男・女教師がどう行動すべきか、つまり女性教師を母性的役割として、男性教師を保護者あるいは父性的役割として見なす形態となっています（Miyajima, 2008）。

　さらにアメリカにおいても該当することですが（Eagly and Karau, 2002参照）、これらのジェンダーステレオタイプは、教育リーダーシップの概念においても拡大しているように思われます（Huang et al., 2012）。日本の校長の職務は、男性をステレオタイプ化した資質（例えば、力強い、強健な、戦略的）と密接に連結しており、当然の帰結として、私達の著書においても共通するのですが、女性を学校リーダーシップポジションへの機会、成功への限界と捉えられています。2019年において、例えば、日本で小学校教師の62.2％が女性であるのに対し、女性の小学校校長は23％に過ぎず、OECD加盟国平均53％の半数以下です。これらの数値は、女性中学校長の比率が５％に過ぎないことを指摘したHuangらの報告（Huang et al., 2012）からみても中等学校レベルではまさにより低い数値です。

　これらの類似性は、ジェンダー問題についてアメリカおよび日本の教育構造を通して、組織上の日常化、典型、結果を形成する様式のいくつかを表層的に触れているに過ぎない一方、それらは類似するさらなる領域に対する可

能性、共通理解に向けた潜在的可能性を提示しております。疑問の余地なく、このような関連性は、学校および社会全体のジェンダー平等に向けて一層奮闘することの一環として考慮すべき価値があります。同時に両国の教育構造、経験上の相違点は、自らを取り巻く環境を捉える上で、また長年慣習化された実践や構造を疑問視する上での双方においても新たな方略を提供するかもしれません。方略が類似性あるいは相違性によって引き起こされるかどうかにかかわらず、学校管理職ルートでジェンダー差別がどのように作動し、存続しているかを指摘することにより、この書を通して理解を深め変革をもたらしてくれることが私達の最大の望みです。この点、バイアスの課題が深められるにつれ、私達の提言が課題に取り組む契機となることを信じ、通読を通して有用性を高めてくださることを希望いたします。私達は、読者の皆さんがどんな反響をし、どの論点に興味を抱いてくださっているのかお聞きしたいし、私達と交流し、あなた方のストーリー、うまくいった点、未だ継続している課題を共有したいと思います。まさに教育場面あるいは他領域の場面であれ、ジェンダー不平等に挑む機会を与えられる時、私達の知り得る限界を超え、少女や女性のためのより公正な機会に向け、お互い協力し考えていくために有益となり得るのです。

2025年1月21日

ジェニー・ワイナー

モニカ・C・ヒギンズ


**引用文献**

Eagly, A. H., & Karau, S. J. (2002), Role congruity theory of prejudice toward female leaders. *Psychological review*, 109(3), p. 573.

Huang, Y. C., Yang, C. C., & Wu, H. H. (2012), The comparison of gender distribution among school principals and teachers in Taiwan, Japan, and South Korea. *International Education Studies*, 5(4), pp. 1–10.

Humla, L. (2024), Aspirations and realities: Understanding the "unique gender distribution" in Japanese Educational Leadership.

Iijima, E. (2021), Gender gaps and the attitudes of school teachers: A discussion based on the results of a survey of elementary and junior high school teachers. 工学教育, 69(4), pp. 14–19.

Kimura, R. (2022), Nihon kyōiku ni okeru gender byōdō no kako genzai mirai (The Past, present, and future of gender equality in Japanese education). *Trends in the sciences*, 27(10), pp. 68–75.

Miyajima, T. (2008), Gender inequality among Japanese high school teachers: women teachers' resistance to gender bias in occupational culture. *Journal of Education for Teaching*, 34(4), pp. 319–332.

Nakamura, A., & Isa, N. (2024), Teachers' gender stereotypes in Japan: A latent class analysis of teachers' gender role attitudes. *Educational Studies in Japan*, 18, pp. 81–92.

# 目　次

日本語版への序文（ジェニー・ワイナー　モニカ・C・ヒギンズ）………………… i

凡例……………………………………………………………………………………… vi

序文……………………………………………………………………………………… 1

第1章　初等・中等教育のリーダーシップにおける女性の重要性：
　　　　なぜ本書が書かれたか……………………………………………………… 9

第2章　「女性の仕事」に対する過小評価と過度な依存……………………………21

第3章　女性リーダーのダブルバインド（二重の束縛）……………………………53

第4章　ガラスの天井を打ち破って、ガラスの崖に着地する………………………89

第5章　ジェンダー化された（人種的）マイクロアグレッションと
　　　　千回切られて死ぬこと……………………………………………………… 121

第6章　今は何をすべきか？………………………………………………………… 157

注……………………………………………………………………………………… 171

謝辞…………………………………………………………………………………… 193

著者紹介……………………………………………………………………………… 197

訳者解説……………………………………………………………………………… 199

補論　日本の学校教育は女性リーダーをどう導くか〔Lead（Her）Ship〕
　　　―過少代表の背景、課題、対応方策―……………………………………… 243

訳者あとがき………………………………………………………………………… 259

索引…………………………………………………………………………………… 263

〈凡　例〉

1．本書はJennie Weiner and Monica C. Higgins, *Education Lead（Her）Ship*, Harvard Education Press, 2023の全訳である。

2．原文イタリック体は、本文中でゴシックで示した。各章のタイトルは訳とともに原文で示した。

3．原文の“　”はすべて「　」で示した。

4．本書の原注で示されている引用・参考文献は、巻末に各章ごとに示すとともに、邦訳のあるものについては、各英語文献の直後にその情報を記した。

5．可能な限り原文に忠実な訳文や訳語を試みたが、言語の情報を示した方が読者の理解を得やすいと思われた語句等については訳語に（　）付きで原語あるいは別の訳語を示した。

6．頻出する単語のうち、例えば「K-12教育」は最初の出所に「就学前から12学年教育」と示し、その後は文脈に応じて「初等・中等教育」と示している。

7．原語のうち、固有名詞、専門用語については、各章初出時に訳語と併記した場合もある。

# 序　文

　1976年に初めて学術誌に論文を発表したとき、私は博士課程の１年目でした。博士号を取得するために、ニューヨークシティにある独立系の幼小中高一貫校（K-12 independent school）の教職を辞した後でした。博士課程に進学し、就学前から12学年教育（K-12学年教育）一貫の女子校の校長になりたいと言うと、みんなから「ありえない」と言われました。どこも雇ってくれないだろうと。みんなは、何よりまず、私がフェミニストであると公言していることを指摘しました。しかも、私は女性です。校長にはなれないだろうと言うのです。大学に職を得ることも難しいだろうけど、教授になることをめざす方がいいとアドバイスされました。それで私は教授になりました。管理職を目指すつもりはありませんでした。

　学校で管理職の女性が直面する障壁のことを、何も知らなかったわけではありません。その最初の論文は、パット・パルミエリとの共著で、タイトルは「正面の階段を上ろう：教育行政の分野で女性が男性と同等になるための提案」[1]でした。

　それから50年近く、私は女性のリーダーシップについて研究を続けてきました。しかし、そう言い切るのははばかられます。50年という歳月は、学校の管理職に占める女性の割合が低いという「問題」を解決するのに十分な時間のように思えますが、現状はみなさんご存知の通りです。だからこそ、長年の経験を持つ二人の研究者によって書かれた本書が必要なのです。

　女性が直面する障壁を明らかにし、それを解説・記述する優れた学術研究は数多くあります。その多くは白人女性について書かれたものですが、学校運営における有色人種の女性の経験に関する優れた学術的成果も増えています。しかし、現状はまだまだです。

ジェニー・ワイナーとモニカ・ヒギンズは、この分野で現状を打破し、現実の変化を推進する可能性を秘めた本を著しています。著者は二人とも、独立系学校と公立学校の教育や組織論、インターセクショナリティ（交差性）の学術研究に精通しています。二人は、私たちが解決したと思っていた問題、つまり学校の管理職に占める女性の割合が低いという問題に専門家としてアプローチしています。

女性のリーダーシップに関するこの交差的分析では、「初等・中等教育のリーダーシップにおける女性の経験」を形成する制度や構造を詳細に検討し、今後進むべき方向について考察します。ワイナーとヒギンズは、リーダー志望者と現役リーダー双方の声を通じて、彼女たちのストーリーを語り、ルディン・シムズ・ビショップが言うところの「窓、鏡、引き戸」を読者に提供することで、「女性の教育のリーダーたちが、この分野で自分自身、自分たちの経験と価値観を確認し、そのようなアイデンティティを持たない他の人々に、このような経験に対する洞察を与える」[2]ことを可能にします。

ワイナーとヒギンズは、教師という職業が、十分な給与やサポート、昇進のチャンスもほとんど与えられずに、より大きな成果を期待される、疲れを知らないボランティア労働者の半専門的な職業として扱われている実態を浮き彫りにしています。彼女たちの議論は、女性の有給労働と、家族の一員や世話人としての労働という文脈で語られています。さらに二人は、このような期待や枠組みにおける人種的な違いに関する洞察も提示しています。本書に登場する女性リーダーたちは、家庭と職場の両方で、女性の感情労働（emotional work）に対する期待に潜む好意的性差別（benevolent sexism）について語っています。この感情労働は、正式な制度の中では目に見えないだけでなく、女性に「本心と相反する」感情を示すことを強制し、結果的に感情の疲弊をもたらします。そして、それがよほど劣悪なものでない限り、そのような行動は、期待されるものであっても、リーダーシップとは定義されません。

女性リーダーたちのケーススタディは、期待される感情労働の実態を見事に浮き彫りにしています。たとえそれが、50年の間に私が現場で経験したのと同じような描写が気が滅入るほど繰り返されているものだったとしても。これは本書の著者らに対するコメントではなく、女性のリーダーシップを支え、育成するための取り組みが進歩していないことに対するものです。

　私たちは、リーダーシップの能力としての感情労働のコストと重要性を正しく評価できていません。また、誰かの話に耳を傾け、その人をサポートしたり、励ますのに必要な時間と忍耐、エネルギーを女性に不当に負担させているのです。調査によれば、教員や保護者が男性の管理職と面会するとき、時間を取らせることを謝罪し、手短に意見を述べるよう心がけていることが判明しています。これは、女性の管理職と面会し、じっくりと話を聞いてもらい、返答や支援を期待する場合とは異なります。問題は、感情労働が付加的なものであるということではありません。それがリーダーシップとして正当に評価されてないということです。そしてそれは、女性に期待されても男性には期待されない仕事なのです。

　本書に登場する女性たちのストーリーを読めば、彼女たちがいかに勤勉で、いかに優秀であるかがわかります。それなのに、制度の中にいる男性アクターたちに妨害されているのです。彼女たちは賢く勤勉であるだけでなく、教員や指導者、カリキュラム開発者として、管理職候補の男性たちよりも長年の経験を積んでいます。彼女たちの方が、指導や成長のサポート役として適任なのです。しかし、そのアドバンテージが彼女たちにとって不利に働くことも少なくありません。

　信頼できる優秀な教員を失いたくない校長は、自らの利益のためもあり、その教員が管理職に就くことに関して複雑な心境を表明することがよくあります。ある校長は、お気に入りの教員が新しいSTEM教育スクールの指導者に採用されたと聞き、次のように非難しました。「いままであなたのためにいろいろしてきたのに、私たちを見捨てるなんて信じられない。私たちも、

子どもたちもあなたを必要としているのに、離職するだなんて……」。女性が昇進し、管理職をめざす過程で、サポートを当てにすることはできません。確実に言えるのは、離職に対して罪悪感を抱かされるということ。

ワイナーとヒギンズは、本書の全般を通じて、個々の事例を紹介しているだけではありません。代替案や対応策、進むべき方向について考えるための手順を提案しています。個々の事例について検討すべき問題と、そこから浮かび上がるテーマは、制度的な変化と個人的な変化について考えるための道筋を提示してくれます。

その好例が、ケアワークの分析です。「ケアワーク」を多くこなす教員や指導者は、特に肩書きを持たないため、管理職に就くまでに長期間を要することが多いと言えます。そのような人たちの履歴書には、リーダーシップの実績が「何も」記録されないからです。著者らが述べている通りに、「これらの事例に見られる（ケアワークに関する）出来事で、学校や教育制度での日常業務とは別物と感じられるものは皆無のはずです。教育現場では、オーバーワークとケアワークが常態化しているのです」。ケアワークは正当に評価されるべきであり、リーダーシップとスキルを示すものと言えます。著者らは、女性のケアワーク常態化を解消し、ケアワークを支援する制度を変革し、それをリーダーシップのはしごに載せる方法を提示しています。

著者らは、何をもってリーダーシップとするかについて興味深い考察を行い、リーダーシップが社会的に構築されたものであることを、特にジェンダー化された役割との関連で指摘しています。アプローチは協調的になるほど弱いと思われがちです。男性が失敗しても、女性と異なり、リーダーシップの能力不足が原因というより、経験を積んでいる途中だから仕方がないという結論になりがちです。人種とジェンダーの交差は、リーダーシップ行動への理解を分散させ、複雑なものにしています。

読者は、事例で紹介されている女性の多くが離婚していたり、シングルマザーであることに気づくでしょう。これは特別なことではありません。男性

管理職は、（すべての序列で）女性管理職に比べて既婚者の割合が高く、パートナーの助けなしに家事と仕事のすべてをこなさなければならない女性と異なり、ケアワークをしてくれるパートナーがいるため、仕事と余暇の自由が与えられています。

　それが事実だからこそ、ストーリーは真実味を帯びてきます。それに頷かない女性管理職はほとんどいないでしょう。本書のユニークな点として、議論や思考のための質問、事例横断的なテーマの探求、そして組織のパターン変革に関する考え方が挙げられます。

　例えば、女性たちがさまざまなストーリーを通して経験する役割の不一致は、相反する期待がいかに女性に不利に働くかを物語っています。このような期待に立ち向かい、それを無効にするために、ワイナーとヒギンズは、気に入られたいとか、有能でありたいといった矛盾する期待に対処するアンカリングなどのアプローチを提案しています。

　二人が提案する戦略は、女性リーダーのためだけのものではありません。それは監督者にも有効であり、より効果的に再編成や再考、監督を行う方法を提案するものです。これらの事例と、代替的な行動や思考プロセスの検討は、男女を問わず、学校の管理職を目指す人たちに管理職養成プログラム（administrative preparation programs）が教えるべき内容そのものと言えます。

　「私たちに声をかけてくるのは、他に誰もイエスと言ってくれない時だけ」。この女性のストーリーは、学校の実態と女性がしばしば「オファー」される仕事を的確に言い表しています。このことは有色人種の女性に特に当てはまります。つまり、ゲートキーパーたちは、組織が崩壊しかけているときに、白人女性だけでなく有色人種の女性にも目を向けるのです。ガラスの天井（glass ceiling）を破っても、そこにはガラスの崖（glass cliff）しかないことを発見するまでの過程を、3人の有色人種の女性の体験を通して探っています。3人とも、支援を受けられないまま、トラブルが生じて機能不全に陥ったシステムに巻き込まれてしまったのです。3人はいずれも、それぞれの校区の

住民と積極的に関わりながら、生徒の成績を向上させ、ポジティブな改革を進めていました。しかし、3人とも雇用主による不当な搾取と妨害、裏切りにあってしまいます。彼女たちは献身的で頭脳明晰、優秀なリーダーでした。彼女たちはガラスの崖も経験しました。ワイナーとヒギンズは、それぞれの経験を踏まえて、ガラスの崖を破壊し、組織を再構築するための戦略を提案しています。

人種とジェンダーによるマイクロアグレッション（microaggressions）は、自分の軌道を外れたほぼすべての女性に向けられます。学校の管理職も例外ではありません。マイクロアグレッションの経験と学校の女性管理職への影響を、三つのケーススタディで検証しています。マイクロアグレッションを容認・助長する組織を解剖し、その構造と慣行を検証しています。こうした日々の小さなトラウマはジェンダー化され、人種化されます。そして女性たちは、それに目を向けずに前に進むことが期待されます。

サポートが不十分な環境の現実に直面したとき、怒りが果たす役割は短所ではなく、むしろ長所であることが検証されています。ワイナーとヒギンズは、女性たちに怒りを抑えたり、目を向けたりしないよう促すのではなく、怒りを利用して構築と変革を起こすやり方を提案しています。

学校のリーダーシップと行政・経営（administration）における女性の経験をテーマにした文献として、本書は私が出会った中で最も有益かつ的を射たものと言えます。経験的かつ理論的な構造の枠組みの中で、女性たちのストーリーは、感情労働に対するジェンダー化され人種化された期待、役割一致論（role congruity theory）、ガラスの崖、女性が組織の犠牲になるさまざまなパターンを解説し、浮き彫りにしています。

著者らが奨励する問いかけと議論は、リーダーシップをとる役割をめざしたり、実際にその役割を担ったりする女性たちだけのものではありません。組織に向けたものでもあるのです。ジェンダー化され、人種化された障壁が手つかずのまままかり通り、止められない問題を解消する環境を創造するた

めに、組織は何をすべきなのでしょうか。ワイナーとヒギンズは監督者たちに語りかけ、自らを顧みて文化を変えるための介入を行うよう促しています。管理職をめざす女性や、組織内で公正・公平な環境の確保を職務とする人たちにとって、有用で実行可能な戦略が提案されています。

　本書が授業や職能開発ワークショップに使われることは容易に想像できます。理論に立脚しながら、21世紀初頭の女性たちが体験している説得力のある実話を通じて、活力と教訓を与えてくれます。

　ただ残念で悲しい事実は、学校の女性管理職や指導者の経験は、改善されている部分もあるとは言え、50年近く前に私が書いた内容とあまり変わらないということです。本書の優れている点は、著者らが単に女性たちの経験を記録するのではなく、読者たちが協力し、抵抗しながら成長するための道筋を示していることです。ワイナーとヒギンズは、個々の女性の体験は個人的なストーリーかもしれないが、それらが集合すれば、失われた貢献の歴史になるということを理解しています。これらのストーリーは、女性が持つリーダーシップと思いやり、エクセレンスを正当に扱い、それを有効活用できていないことに対して、学校組織のリーダーを告発するものなのです。

シャロル・シェイクシャフト博士（Charol Shakeshaft, PhD）

バージニア・コモンウェルス大学教育学部

教育リーダーシップ学教授

# 第1章　初等・中等教育のリーダーシップにおける
# 女性の重要性：なぜ本書が書かれたか

A Focus on Women in K-12 Education Leadership: Why This Book?

公立学校の教員に占める女性の割合が高いにもかかわらず、管理職に占める女性の割合は低い。2018年に女性が教員全体に占める割合は75％を上回ったが、校長職に占める割合はわずか54％であった[1]。管理職の序列が上がるにつれ、女性の割合はさらに低下し、2018年の時点で教育長（superintendent）に占める割合はわずか27％であった。有色人種の女性の経験を考慮すれば、この数字はさらに厳しいものになる。例えば、同年、アメリカの公立学校の校長職に占める黒人女性の割合はわずか6％であり、教育長に占めるアフリカ系アメリカ人の割合はわずか2％であった。集計に使用した全国教育データベースでは、この情報を一般向けに構成要素に分類していなかったため、同グループに含まれる女性の数を確認することはできなかったが、これはおそらく、このような不平等の問題に取り組むことへの無関心の表れと考えられる[2]。

より広義の労働力として女性が経験してきたことと同様、女性の占める割合が低い理由は複雑かつ多面的である。女性が仕事と家庭を両立させようとする意欲や能力、女性の適性より男性の潜在能力を重視する不公平な雇用慣行、リーダーシップそのものの概念のあり方など、さまざまな問題に原因がある[3]。

女性メンターの少なさだけでなく、コロナ禍（COVID-19 pandemic）で厳しい目が向けられたように、働く女性や彼女たちのケアワークを効果的に支援できない政策も、女性のリーダーシップの機会を阻む強固な障壁となりうる。これらの要素が相まって、ハーミニア・イバーラとロビン・エリー、デボラ・

コルブが言うところの「第二世代のジェンダーバイアス（second generation gender bias）」を生み出す可能性がある。つまり、差別が組織の構造や規範、制度の中でさらに不可視化・隠蔽化され、指導的役割における女性の不在が常態化すると同時に、女性にはそのような役割を担う意欲や能力、自信がないという、問題のある不正確な言説が助長されてしまうのである[4]。

このような差別や、リーダーシップがジェンダー化（および人種化）されてしまう初等・中等教育の特性を強調するような取り組みは、依然として重要度が低いものとして扱われており、学校や教育制度、管理職養成プログラムで大々的に取り上げられるまでには至っていない[5]。また、まれに研究でこれらの問題が取り上げられたとしても、理論を欠いた問題として提示されるか、ジェンダー差別に対する批判性を欠いた理論で語られることが多い。あるいは、リーダーシップ（シェアードリーダーシップ、社会正義リーダーシップ、指導的リーダーシップ）に対する女性リーダーのアプローチが、男性リーダーのものと一致しているかどうか、またどのように一致しているかという性差に焦点を当てた研究もみられる[6]。そして、教育指導者のアイデンティティ（その多くは人種的アイデンティティ）が、生徒や家族との関わり方とどのように関係しているかに焦点を当てた研究もわずかだがあり、少しずつ増えてきている[7]。しかし、我々が文献を調査した限り、この分野をリードする女性になることがどんな意味を持ち、教育者や保護者、生徒がそのような役割を担う女性とどのような接し方をするのかを検証した研究はまだ少ない。

このような視点の欠如は、教育者の管理職養成プログラムにも根強く存在する。ジェニーは2020年秋にハーバード大学教育大学院で（本書の構想の実験場となった）「女性と教育リーダーシップ」の講義を担当した。この講義はリーダーシップにおけるジェンダーを主題とし、ジェンダー差別が広義のリーダーシップにおいてどのような影響をもたらすかという理論を紹介する同校としては最初で唯一のものとなった。

この講義は受講希望者が殺到し、このようなトピックに対する関心の高さ

第1章　初等・中等教育のリーダーシップにおける女性の重要性：なぜ本書が書かれたか　11

を示すこととなった。さらに、ジェンダー差別が教育リーダーシップにおける女性の経験にどのような影響をおよぼすかについて理解を深める機会に関して、このようなギャップは分野全体に蔓延していると言える。我々は長年にわたって何百人もの女性の教育リーダーたちと対話しながら研究を進めてきたが、教育界で女性リーダーであることの意味を明確に論じたり、教育現場におけるジェンダー差別について明言したり、その理論を明らかにしたり、ジェンダー差別が起きたときに問題に対処したり、問題を解消する方法を取り上げた職能開発の機会や書物を思い出すことができた人はほとんどいなかった。

　女性とリーダーシップをテーマにしたリソースがあるとすれば、それは教育以外の分野に存在し、以下の二つのメッセージのいずれかを提唱するものであることが多い。

- 女性リーダーが成功するためには、男性リーダーと同じ属性（大胆さ、強さ、積極性）を獲得し、「挑戦すること」が必要である。
- 女性リーダーが（男性より）優れているのは、組織的な学習とパフォーマンスをサポートする「女性ならでは」の特性（配慮、協調、共有ガバナンス）を受け入れ、活用する能力のためである。

　残念なことに、いずれの方向性も（おそらくは善意によるものであるにしろ）、女性はこうであり、こうあるべきだというステレオタイプを根拠にしている。さらに、これらの「解決策」は、女性が差別のパターンを見抜き、経験した現象を言語化するための理論を提示する代わりに、ジェンダー差別の問題を女性側に押し付け、偏見を乗り越えるという不可能なことを要求するものである。

　また、これらのリソースは、人種の問題や、ジェンダーが他のアイデンティティ形式とどのように交差し、人種やその他のアイデンティティの特徴

（セクシュアリティ、障害の有無、階級）が異なる女性たちの世界観にどう影響するかというトピックについて何も語っていないことが多い。それよりも必要なのは、人種やジェンダー、民族などのアイデンティティが「一元的で相互排他的な存在としてではなく、複雑な社会的不平等を形成する相互構築的な現象として作用する」という事実であり、これを掲げ、交差的な視点（intersectional perspective）で取り組む研究である[8]。

　実際、インターセクショナリティ（intersectionality）は、しばしば周縁的なものとして扱われる社会的アイデンティティに向けて注意を喚起すると同時に、「権力の複雑な性質」と日常生活におけるその発現を浮き彫りにするものと言える[9]。そうすることで、インターセクショナリティは、（支配的アイデンティティの中でも）特に白人性と男性性を中心に考えることから離れ、個人の実体験のユニークで複雑な性質を考慮するよう私たちを後押ししてくれる[10]。

　エラ・ベル・スミスとステラ・M・ンコモが著書『Our Separate Ways』で強調しているように、このような方向性は「ある女性グループが職場で経験した困難の大小を示唆するものではなく、女性たち自身が認識した障壁の具体的な性質を明確にするもの」である[11]。さまざまな経歴を持つ女性リーダーたちに必要なのは、自らの生きた経験をその人なりに論じ、他の女性たちが経験したことに対する理解を新しい方法で深めてくれるようなリソースである。我々は、本書がそうしたリソースのひとつとなることを願っている。

　この点において、二人の白人女性としての我々の立場を明らかにし、白人であることがこの取り組みに対する視点や方向性をどのように形成してきたかを明らかにすることは重要であり、白人の学者（white scholars）として交差性の研究に関与するうえで不可欠な要素である。我々は、自らの盲点や誤解を継続的かつ積極的に問い直し、対処するよう心がけてきた[12]。そうすることで、真のフェミニストの枠組みを取り戻し、女性であることを自認する人々の相違点と類似点の両方を高め、祝福したいと願っている。グロリア・

第1章　初等・中等教育のリーダーシップにおける女性の重要性：なぜ本書が書かれたか　13

スタイネムは、我々が最近参加した講演会で次のように述べている。「交差的でなければ、それはフェミニズムとは言えない」。我々もこの言葉を実践していきたい[13]。

## 本書の構成

　本書の目的は、女性の教育リーダーがどんな人物で、どうあるべきかに関する従来の言説を問い直し、初等・中等教育のリーダーシップで女性の経験を形成する制度や構造を学習・分析し、より良い未来の方向性を考える機会を読者に提供することである。理論と実践を融合させ、ルディン・シムズ・ビショップが児童書に記されたさまざまなストーリーの表現に関する研究の中で言及した「窓、鏡、引き戸」、つまり、初等・中等教育の現役リーダーとその役割を目指す人たちが、この分野で自分自身や自らの経験、価値観を見いだし、そのようなアイデンティティを持たない他の人たちに、そうした経験に対する洞察を与える機会を創出するためには、このような研究が必要である[14]。

　これまで強調してきたように、本書は、ジェンダー差別とジェンダー化された人種差別が教育リーダーシップのパイプラインにどのように存在し、作用しているのか、それらが女性のリーダーシップの軌道と経験にどう影響をおよぼしているのか、そしてこれらの差別の形式をいかにして破壊するのかを具体的に示す実践的なリソースになることを意図している[15]。そのために、各章で最初にジェンダー差別の理論と、教育リーダーシップ（窓）への適用可能性に関する情報を共有するようにした。次に初等・中等教育の女性リーダーたちの教育現場での経験に基づく事例を通じて、そのような差別が日常生活の中でどのように操作できるようになっているのかを読者に知ってもらい、考察を促す。これらのトピックと、読者自身のコンテクスト（鏡）におけるそれらの適用可能性に関するコミュニティと内省の機会として、ディス

カッションのための質問を事例ごとに掲載している。

　実際、本書の原動力になったもののひとつとして、教育で指導的立場にある女性たちや、彼女たちを支援することに関心がある人たちに、自身や他の人たちの経験を、より大きなパターンや現象の一部として知る機会を提供したいという強い気持ちが挙げられる。我々がこのような結論に至ったのは、長年にわたって女性のリーダーシップに関するセッションを開催し、その中でいくつかの例を挙げながら、これらの理論を説明するうちに、参加者が次から次へと自ら経験した同じようなエピソードを披露し、「私だけだと思っていた」とか、「私にも同じようなことがあった」というような意見を聞くようになったからである。このような経験は、初等・中等教育に携わる女性リーダーたちが一堂に会し、自らの経験をオープンに語り合うべき機会がなかったことだけでなく、広義のジェンダー差別に関する知識のギャップとそのような差別が彼女たちの「木を見て森を見る」能力（この場合は、彼女たちが直面した日常のよくある差別の制度的性質を見抜く能力）に影響をおよぼしていることを物語っている。

　また、各章の終わりで未来の方向性について考え、そのような差別をその場で訴え、解消する方法（引き戸）について考察する。学習と変革に取り組む機会を提供することと、制度的な偏見に対処する際の規範的なハウツーを提案することを区別することが重要である。我々は、内省と能力向上、行動というハードワークに従事するためのツールを教育現場の人たちに提供できるものと信じているが、教育リーダーシップにおけるジェンダー差別を、特定のリソースやアプローチで解決できるとは考えていない。この仕事をやり遂げるにはみんなの協力が必要である。本書は、私たちが団結するための第一歩に過ぎない。

## 内容

　第2章「「女性の仕事」に対する過小評価と過度な依存」で、歴史的にジェンダー化されてきた教職の性質と、女性教員やリーダーたちに期待されるケアワークや感情労働の種類との関係を概観することから、この旅を始める。具体的には、感情労働という現象に焦点を絞り、女性が自らの本心や希望と関係なく、気遣いや冷静さ、愛想の良さを示して、職場を円滑に運営するために追加業務をこなさなければならない実態を浮き彫りにする[16]。感情労働の重要な要素のひとつとして、女性が自分の感情的欲求に目を向けないようにしたり、昇華させたりする負担を強いられることが挙げられる。

　学校という環境において、教育者はしばしば、生徒や家族をケアするために感情労働を提供することが求められる[17]。このような実情は教育界全体で顕著である。特に女性や有色人種の女性が教育現場のケアワークや「奉仕」の仕事の大半を担っていると同時に、それが原因で非公式なかたち（軽蔑、見下し）あるいは公式なかたち（業績評価の低下、昇進の見送り）でネガティブな経験をする状況を生み出している[18]。とはいえ、感情労働はいたるところに存在するにもかかわらず、目に見えない（役割や責任、採用基準、評価制度から除外されている）ことが多い。その一方、女性にとって「当然」のこととみなされ、女性の経済的幸福（ウェルビーイング）や組織的地位に悪影響をおよぼすことも少なくない[19]。

　また、このような感情労働の概念が女性の仕事から家庭生活へと波及する様子や、家庭生活が仕事にどのような影響をおよぼすのかについて触れないのは怠慢と言えるだろう。例えば、エレン・W・エクマンは、男性の校長が女性たちの能力が効果的に発揮されていると感じるのは、子供たちの主な世話係としての妻の役割を担っていることが大きいことを発見した[20]。一方、女性が教育のリーダーシップを担う役職に就く際、家族のために仕事を犠牲

にしたことを強調するケースが多く見られた。

第3章「女性リーダーのダブルバインド（二重の束縛）」では、社会的役割理論（social role theory）の枠組みを紹介する。この枠組みは、初等・中等教育の現場で指導的立場にある多くの女性たちが、その役割で成功するために「柔軟路線」と「強硬路線」のどちらを採用すべきかを交渉する際に経験するダブルバインド（二重の束縛）を浮き彫りにするものである[21]。具体的には、社会において男女が果たす役割には期待というものが存在することを社会的役割理論は提唱している。これらの期待は、男女が果たすべき役割（規範的役割）と、それぞれのジェンダーがステレオタイプ的に示す資質や行動傾向（記述的役割）に焦点を当てるものである。このように構築された期待の中で、女性はしばしば、愛情深く（感情的）、親切で養育能力に長けているといった共同体的（communal）な属性を持つとみなされ、このような属性は女性が示すのが最も適切であると認識されている[22]。逆に男性は、攻撃的で支配的な自信家であるといった主体的（agentic）な属性を持つとみなされることが多く、このような属性は男性が示すのが最も適切であると認識されている[23]。

ジェンダーが構築されると同時に、職業規範や仕事や職業に対する理解の方法も構築される。これにはリーダーシップも含まれる。リーダーシップは長年にわたり、教育等の分野で、「孤高のヒーロー」、つまり強くてカリスマ性があり、革新的で野心的な個人といった概念を強固なものにしてきた。リーダーシップに関する記述は、伝統的にステレオタイプ化された主体的な資質（男性的特性）を好み、ステレオタイプ的に女性的とみなされる特性を嫌う傾向がある[24]。このようなステレオタイプとの一致は、男性がリーダーシップの役割を担うよう育成されることが多く、女性が「リーダーシップの素質」を持たないとみなされる理由を説明するのに役立つ[25]。

女性がリーダーシップを手に入れると、ジレンマに直面することが多い。リーダーシップに関連した行動をとることができても（主体的）、女性的な行動のステレオタイプと衝突することもあり、女性のステレオタイプに従って

第1章　初等・中等教育のリーダーシップにおける女性の重要性：なぜ本書が書かれたか　17

行動することができても（共同体的）、リーダーシップへの期待と衝突することもある。このような衝突は反発を招き、女性が主体的であれば攻撃的すぎる、共同体的であれば情意的すぎるという批判に直面する。このような批判は、業績評価から報酬、さらには女性がリーダーとして低く評価されているという一般的な感覚に至るまで、あらゆるところに表出する[26]。

　第4章「ガラスの天井を打ち破って、ガラスの崖に着地する」では、ジェンダー差別に関連する現象、つまり、ようやくリーダーシップを手に入れた女性が、多くの場合、成功に必要なリソースを与えられないまま、劇的な転換を主導することに対する不釣り合いな責任を負わされるという現象に目を向ける[27]。さらに、女性がそのような状況で成功しない場合、それはジェンダーに起因する可能性が高い。一方、男性がそのような役割で成功すれば、過大評価を受ける可能性が高い[28]。

　教育にガラスの崖を適用可能か否かに関する研究の多くは高等教育機関で実施されているが、初等・中等教育の現場における女性の経験にも当てはまることを示唆するエビデンスがある[29]。例えば、女性、特に有色人種の女性は、男性に比べ、最も成績が低く、最も困窮している学校に配属される可能性が高いことは明白な事実である[30]。彼女たちは、このような厳しい状況に置かれるだけでなく、とてつもなく困難で十分な支援を受けられない環境でチェンジメーカーとして行動する、いわゆる「掃除婦（cleanup woman）」[31]の役割を押し付けられてしまう。さらに、他の人が状況を好転させることに成功していないにもかかわらず、そのような環境に置かれた女性リーダーたちは、しばしば厳しい監視と批判、非難に直面する。その結果、「失敗」のリスクが高まり、より重大な結果に直面することとなる[32]。しかし、リーダーシップのチャンスは、崖っぷちに立たされている、あるいはそう思われている学校や地区でしか得られないことが多い。リーダーを志す女性たちは、自分のキャリアを犠牲にする可能性があったとしても、リーダーになるチャンスを得るには、そのような役職に就くのもやむを得ないと感じているのかも

しれない。

第5章「ジェンダー化された（人種的）マイクロアグレッションと千回切られて死ぬこと」では、ジェンダー化されたマイクロアグレッションとジェンダー化された人種的マイクロアグレッション、それが女性教育リーダーたちにおよぼす影響について考察する。マイクロアグレッションとは、「意図的か意図的でないかを問わず、日常的に行われる短いありふれた言語的、行動的または環境的な侮辱であり、視界や意識の下側に存在し、敵対的、軽蔑的または否定的な軽蔑や侮辱を伝達するもの」である[33]。マイクロアグレッションに関する文献の多くは、特に人種に焦点を当てているが、マイクロアグレッションが女性やLGBTQI+の人たち、その他マイノリティのアイデンティティを持つ人たちにも、目に見える交差的なかたちで、また学校の環境で発生しているというコンセンサスと研究が増加している。マイクロアグレッションを教育リーダーシップとの関連で具体的に検証した研究は（少数の例外を除き）[34]多くはないが、マイクロアグレッションは日常的に発生しており、単に無礼や無作法なものとしてではなく、制度的バイアスの症状として理解される必要がある。

さらに、教育リーダーシップにおける女性の経験を理解しようとする際に、交差的な枠組みを考慮しないことは、差別的な制度や構造に対処する上で盲点になりかねない。例えば、アジア系アメリカ人や太平洋諸島出身者（AAPI）の女性教育長が少ないことは、ジェンダーの問題だけでなく、人種の問題でもあるといえる。AAPIの人たちが経験する、他者として、あるいは「自国にいるよそ者」として扱われるというマイクロアグレッションは、人間性喪失の感覚を助長し、教育制度への全面的な参加を妨げるものである[35]。ジェンダーバイアスの解消のみをめざす施策（クオータ制、メンタリングプログラムなど）は、白人優位の環境を創造しつづけ、AAPIやその他の有色人種の女性リーダーが存分に活躍できるような制度や信条に対処できない可能性がある。

最後の第6章「今は何をすべきか？」では、組織のさまざまなレベルで行

第1章　初等・中等教育のリーダーシップにおける女性の重要性：なぜ本書が書かれたか　　19

動を促すために、本書を活用する方法を読者に伝える。これには、差別的な制度の中で私たちがどのように主体性を発揮できるか、またジェンダー平等をめざす闘いで男性が味方（アライ）として果たすことのできる役割や、人種的平等と交差するフェミニズムのために白人女性が担うことのできる役割について考えることも含まれている。

　本書の最後では、ジェンダー差別に関する対話をさらに拡大し、女性が持つ多様なアイデンティティと、それらのアイデンティティとリーダーシップの関係をすべて網羅するよう呼びかける。

## 結論

　リーダーシップを担う女性たちにとって、成功を阻む巨大な障壁をもたらす制度や構造は古くから存在しているが、我々はそれを既成事実であるとは考えていない。女性たちはこのような制度や構造を積極的に理解しようとしており、本書はその一助になる可能性がある。また、このような障壁を経験し、その解決策を求めている女性たちだけでなく、それ以外の人たちにとっても、本書が有益なリソースとなることを願っている。我々は、「対象読者層」である初等・中等教育のリーダーを目指す女性たちだけでなく、女性と共に働く人たちや女性のために働く人たち、そして女性が仕事の対象とする人たちにもアプローチしたいと考えている。人々の結びつきとコミュニティが変革を後押しする。人種や民族、その他の個性を超えて、集団理解の機会を提供することで、我々はシスターフッドの感覚で女性たちを結びつけたいと願っている。そして、ジェンダーによる違いに起因しない障壁に直面している人たちにも、本書を読んでほしいと願っている。調査結果が示す通り、マイクロアグレッションに関連する問題は、我々が検証した問題を一例に挙げるまでもなく、女性に限ったものではない。多種多様な分野からの見識を共有することで、私たちが教育リーダーシップと呼んでいるこの領域で、さ

まざまな人たちが実感している経験への理解を深めることができるような言葉や概念、枠組みを提供したい。

　もちろん、概念や枠組みは有用であってこそ意味がある。このような理由から、我々は現場のストーリーを紹介することで、そうしたアイデアを実践的なものとして理解してもらえるようにした。そして、振り返りのために用意された質問を使って、自分にとって何が有用で、何が有用でないかを判断することができる。我々が本書を著したのは、特定の概念や枠組みを売り込むためではなく、行動するために必要な理解を深めてもらうことが目的である。何が読者の心に訴えかけるのかは、その人によって異なる。しかし、あなたがどのように行動し、変化を起こすかは、あなた以外の人たちのキャリアにも影響をおよぼすだろう。

　人間には行動に対する偏見があり、リーダーシップの本質が行動と変革であるとしても、自分が解決しようとしている問題が何なのかを知り、さらにその根本的な原因を慎重に見極めることが極めて重要であることに変わりはない。本書で紹介する概念とストーリーが、読者が自ら慎重な判断を下す際の支柱となり、共有された経験とともに、それが集団的なものか個人的なものであるかにかかわらず、行動の根拠を補強するものとなることを願っている。我々は、リーダーをめざす女性たちが、これまで以上に意図的に行動し、独りではないという認識をもち、他の人たちに情報を提供することで、初等・中等教育の現場における女性の正当なリーダーシップを阻み続ける不公平を解消するための行動を起こすよう説得してもらいたいと考えている。

# 第2章 「女性の仕事」に対する過小評価と過度な依存

The Undervaluation and Overreliance on "Women's Work"

> 非公式な指導ばかりしていることで、自分の生徒に対して最善を尽くせていない
> ことはわかっていた。でも正直なところ、私は「チームプレイヤー」だとみなさ
> れ続けるためには、嫌とは言えないと感じていた。
>
> ——フランチェスカ（教師リーダー）

> 私は、私、夫、そして子どもたち、家族全員が、母親である私が家庭内で少し身
> を引いて、リーダーシップを取れるようになるまで一生懸命努力をしてきた。そ
> れなのに、2人の10代の娘の母親であるという理由で、やっと得られたポジショ
> ンを奪われてしまうなんて信じられない。
>
> ——ジョー（教育次長）

> 勤めている学校の校長先生に、他の小学校でリーダーとしての仕事を得たことを
> 打ち明けた時、校長は非常に落胆し怒っていた。校長は、私が日頃、接している
> 問題を抱えた子どもたちに対して、素晴らしい仕事をしていると何度も言い、子
> どもたち皆が寂しく思うだろうと言い続けた。最後の日まで「どうか辞めないで」
> と言っていた。
>
> ——マリア（校長）

## はじめに

　現代的な問題（例えば、人種間の不公平さ、移民政策、気候変動など）について
知識を得るには、その問題がどのように発展してきたかという歴史的背景を
知ることが不可欠なことはよくある。それと同じように、女性が教育界で
リーダーシップをうまく取れるようにするための方法や能力は、現代におけ
る他の差し迫った問題と何ら変わりはない。実際、専門職における女性の地
位は、教育分野の内外で存在し続けている仕組や構造によって決定される
機能（役割）である。今日、女性が教育リーダーシップの道に進み、成功す

ることが難しいいくつかの重要な理由を理解するために、2つの絡み合った長年続いている問題を理解する必要がある。その問題とは、（1）教職に就く女性の割合は高いが、教育リーダーシップの役割を担う女性の割合は低いこと（教育は女性らしい職業であるにもかかわらず、教育リーダーシップの役割を担う女性は少ないということ）、（2）学校、学校制度、社会全体において、ケアワークが過小評価され続けていること[1]。これらの問題は、同じ毒を持つ木の腐った果実である。つまり、男性優位社会であることと、我々の社会において女性らしいと思われている仕事の価値が低下していることは、本質的に同じ課題を抱えている[2]。

　詳細は後述するが、この枠組みは、教師がセミプロフェッション（準専門職）の一部として扱われ続けている理由を説明することに役立つ。つまりこれが、教育者は常により多くのことを求められ、より多くのことを与えるよう求められる理由である。彼らはヒーローだと言われるが、その努力とスキルに見合った報酬が支払われたり、彼らにふさわしい尊厳と敬意をもって扱われたりすることはめったにない。また学校のために最善を尽くし、自分の時間とエネルギーを捧げて他者のサポートをする人々が、しばしば昇進を見送られたり、人を先導していくには感情的あるいは弱すぎるとみなされたりするのもそのためである。女性や有色人種の女性が、同僚の男性よりも、組織の中でより多くのケアワークに従事し、その仕事が過小評価されているのは偶然ではない[3]。ここでいう「ケアワーク」とは、人々がつながりを感じ価値あると思える組織文化を作るために行われるより明確な取り組み（例えば、メンタリング、祝賀会の開催、研修会など）から、組織の運営を円滑にするためのより非公式な勤務時間外の取り組み（例えば、会議でおやつを用意すること、業務時間外に家族の入国管理手続きをサポートすること、離婚を経験した同僚のカウンセリングを行うことなど）まで、あらゆるものを意味する。

　なぜこのような状況になったのか、ここに至るまで、どのような経緯があったのか、女性らしさ、ケア、教育リーダーシップの中での関係性につい

て説明するために、まずは現代の多くの女性の職場経験について概観する。次に、女性化され、白人化された職業としての教職へと話を移し、そしてこのことが教育者の仕事の評価と本質をどのように形作り、さらに女性が教育リーダーシップで成功するための方法と能力について論じる。

## 現代の労働市場における女性

　現代の女性は、労働市場への参加率が過去最高である[4]。それと同時に研究によれば、現代の女性の労働は、1965年当時と比べて家の外でも中でも、より多くの時間働いている[5]。実際、仕事の世界での役割はますます拡大しているにもかかわらず、女性は家族や家庭内の仕事（家事、育児、学校教育、高齢者介護）の大半を抱え続けている[6]。この現象は、しばしば「セカンドシフト」と呼ばれ、女性は職場での長い一日の仕事が終わると、すぐに家での仕事を始める[7]。多くの女性が社会進出するようになった結果、家族は仕事や家族との生活の時間の「スピードアップ」に直面している。昔のように妻が家にいた時に比べて、一日に使える時間はわずかであるが、やらなければならないことは2倍になっている。このスピードアップを受け止めているのは、主に女性である[8]。

　このような分担の結果、一般的に女性は男性よりも余暇の時間が少なく、家庭と職場からの期待に応えようと頭を悩ませることになる[9]。我々の経験では、外で働いている女性は、ワーク・ライフ・バランスをどのように達成しているのか質問攻めにあう（実際には、家庭と仕事の100％の両立は不可能であるため、彼らはワーク・ライフ・バランスを達成してはいない）。それに対して、男性はそのような質問をされることはめったにない。この違いの理由をもう少し批判的に分析すると、男性に対してどのように「すべてを手に入れる」ことができるのか質問しないのは、男性が家庭よりも仕事に集中することは当然のことであるという信念があり、家庭内の問題には誰かが対応しているだろ

うという考え方があるように思う。それとは対照的に、女性は自分がいなくなれば家庭が崩壊すると思ったため、誰かが対応してくれるという考えを持つことは女性にとって問題となっている。このような疑問とそれに関連した性別による労働の役割分担が、今日も続いているという事実は、仕事、家族単位、家庭内の生活における男性パートナーの役割を根本的に捉え直す必要性を示唆している。

この点について、家族の単位が男性と女性で構成されるという枠組みは、異性愛中心主義であるが、家庭と家族のケアが過小評価されることは、同性カップルであっても当てはまる。実際、どちらか一方の配偶者がステレオタイプ化された女性らしいお世話係のような役割を多く担い、そのような役割はより女性的であるとみなされるため、家庭内で軽んじられることが多いと研究者は指摘している[10]。またシングルマザーの割合も増えており、このような家事労働を全面的に引き受け、仕事と家庭生活を両立させる際に、明確で山積する課題に直面しており、この手に負えない役割の一部が抜け落ちると、厳しく不当な批判を受けることが頻繁にある[11]。子どものいない独身女性も高齢の両親や、医療的もしくは他のニーズが必要な兄弟姉妹に付き添う時、介護の責任に関する期待に直面している。また彼女らの雇用主からは、家族を持つ他の人たちが忙しすぎて従事できないと思われる仕事の隙間を埋めることができると期待されている[12]。女性の性別へのアイデンティティやパートナーの状況がどのようなものであるかにかかわらず、このような仕事は疲れるものであり、しばしばエネルギーを消耗するものであり、これは同じ範囲や規模で男性に受け入れられていない。

このダブルスタンダードは、COVID-19が大流行していた時期に浮き彫りになった。学校は閉鎖されるなか、性別や人種を反映した働き方のため、女性は特に難しい状況に直面した[13]。この困難さの一部は、男女間の賃金格差に起因する。2022年の性別ごとの賃金差に関する州の報告書によれば、白人男性が1ドル稼ぐときに、すべての女性は平均して0.82ドルの稼ぎであるの

に対して、同じ 1 ドルを稼ぐときに黒人女性は0.79ドル、ヒスパニック系女性は0.78ドルである[14]。このような低賃金である実態と、家庭内の労働における女性中心の役割の結果、多くの女性が、家庭での子どもの世話のために職を離れざるを得ないと感じ、昇進やリーダーシップをとる道から足を踏み外している[15]。他の女性たちは、サービス業（接客、清掃、看護、介護）に従事しているため、解雇されるか、もしくは、そのような職種が必要不可欠と分類された時には、家庭で主な介護者として続けながら、仕事の負担を引き受けて、パンデミックの危険に直面していた[16]。

　このような苦難は教師たちにも当てはまり、多くの教師は幼い自分の子どもがいる中で学校に戻るよう求められていた[17]。そして多くの保護者は、自分たちの子どもを教師に面倒を見て欲しいと願っている一方で、教師が自分の子どもたちのために手ごろで良質な保育を利用できないことや、家族の医療や恋人のために必要な支援を受けられないことには、関心が払われなかった。このような責任は、教師には特別なケア責任があるという長年の信念と一致している。我々が次に論じるように、この信念は職業の女性化と結果として女性がリーダーシップの役割にアクセスすることの障壁と関連している。

## 教職の女性化

　教職の歴史について語る際には、この歴史が人種差別的なものである点について明記することが重要である。1830年代以降のコモンスクール運動の中で、学校が急増し、白人女性が教師の需要の高まりに対応するようになるにつれ、全米で有色人種とそのコミュニティに対する残虐行為が行われるようになった[18]。アメリカの多くの地域で奴隷制度が依然として残っていて、奴隷にされた人々は読み書きを習うだけでも死の危険にさらされていた[19]。先住民の子どもたちは、家族から連れ去られ、白人の行動規範に順応するよう強制された。ヒスパニック系、アジア系、その他人種的・民族的にマイノリ

ティ化された子どもたちとその家族も、白人の人々が白人の規範を乱暴に普及させるために建てられた学校に入学し、同じような運命をたどることになった。この時代やそれ以降に、有色人種の女性たちが中心となって、自分たちの子どもの才能を高めるために闘ったという力強い抵抗の物語がたくさんある[20]。しかしながら全体的に見て、公教育の物語はジェンダーと同様に、白人性と白人至上主義に染まっている。

　教職のジェンダー史について言えば、教職の女性化は、20世紀に学校教育が拡大したことで、安価で豊富な教養のある教師が必要とされたことが主な要因となっている。しばしば他の専門職から除外されがちであった白人の一般的には中流階級以上の教育を受けたクリスチャンの女性がこのギャップを埋めたのである。若い心を形作る役割に女性を奨励して正当化するために、教師は女性を子どもの自然な養育者とみなす「家庭的であることの賞賛」を含む女性の役割について他の風潮と一致するような方法で形作られた[21]。やがて教職はこのような職務の延長として理解されるようになり、教師は子どもの心を育てる存在として形作られた[22]。

　伝統的に女性が教職に就くことが多いという現実が今日においても続いている（2007年には教員全体の76％、小学校教員の89％、高校教員の64％が女性であり、その大半が白人女性である）ことを考慮すると、教職は低賃金や低い評価など、多くの女性が就く職業という性質を帯びている[23]。さらに、良い教師であることの意味についての認識や広く共有される話は、生徒との関係構築に重きが置かれており、女性の教師がしばしばこれらの見解を内面化し、管理職はより技術的な仕事であるため男性が務める取り組みであるとみなす傾向があった[24]。このような考え方は、男性や白人が圧倒的に多い管理職や、女性教員には男性の専門家が提供する管理と監視が必要であるという意見や説明に基づく政策を通じた外部からのメッセージによって、より強いものになり現在においても続いている[25]。（現代のアカウンタビリティ運動や主に女性教師の視察も、こうした考え方の延長線上にあると言えるのかもしれない。）未だに多く

の女性教師が、管理職は教授学習という人間関係を中心とした仕事の外に存在するものだと考えており、それゆえ管理職になることを控えるか、もしくは管理職になったとしても役割の矛盾を感じていることは、今でも変わらない[26]。

## ケアワークと感情労働 (emotional labor)

　本節ではまず、ケアや母性志向が本質的な問題であるわけでもなく、リーダーシップから排除されるべきものでもないことを明らかにする。ケアと人間関係は、効果的なリーダーシップや円滑に機能している学校及び学校制度にとって極めて重要なものである[27]。むしろ本節では、特定の種類のケアに対する期待がどこからきているのか、教育の中でどのような役割分担が発展してきたのか、そしてこれらのパターンが、どのように女性のリーダーシップの役割を追求したりアクセスしたりすることを妨げているのかについて、いくつかの状況を提供することを目標としている。

　第一に、女性は教職には適しているが、リーダー職には適していないという考え方は、女性がより優しく、より道徳的で、より傷つきやすい存在であるという好意的性差別 (benevolent sexism) として理解することができる[28]。あらゆる形の偏見と同様に、好意的性差別は、記述的な側面（「彼女はなんて素敵な教師なんだ、生徒に対して無私無欲で思いやりがある」という側面）と、規範的な側面（「彼女は仕事の要求に応えながら、自分の2人の小さな子どもを育てることは不可能だろう。私たちは彼女を校長として採用するべきではない」という側面）がある。このように好意的性差別は、実際にも想像上でも、母親らしい要求をイメージさせたり、ケアワークを当然視する傾向があったり、あるいはリーダーシップをとる行動と相反するものとみなす傾向があったり、また潜在意識があるかどうかは別として、家庭でのケアワークとリーダーシップをとることのどちらかを選ばなければならない重荷から女性を「守りたい」と

いう願望などから、女性のリーダーシップへのアクセスを制限する可能性がある。さらに、女性が生徒たちと効果的な関係を築くことに成功し、その生徒たちが教室で良い成績を収めると、この成功は、たとえ教師たちが全く異なることを望んでいたとしても、教師たちが現在の教師としての役割にとどまる必要があることを示唆する妥当なこととして、一種のパフォーマンスへの罰のように利用される可能性がある。

　第二に、女性のキャリアは家庭内の義務と思われることによってしばしば制限されることがあるが、男性のキャリアは一般的にパートナーがいて、子どもの世話に最低限でも従事しているとみられることで恩恵を受ける[29]。さらに、男性はしばしば彼らの職業生活の中に家族を組み入れる方法を見つけることがあるのに対して、女性はこの仕事と家庭の境界線を曖昧にすることに抵抗感を示す。このことが、夜間や週末に様々な課外活動に参加することを標準労働量とする高校の校長や教育長になることへのアクセスを制限する要因となっていることが指摘されている[30]。

　女性がリーダーシップを発揮できるようになると、「生まれつき」の気遣いの性質に沿った振る舞いを期待されることがよくある。研究者たちは、女性がしばしば気遣いを見せたり、冷静さを保ったり、愛嬌を示したりして、自分の本心や願望とは関係なく、職場を円滑に運営するために追加の仕事をこなさなければならない習慣を強調している[31]。この現象を「感情労働（emotional labor）」と呼び、研究者たちは、個人の感情がいかに仕事の一部になるかを強調している（例えば、いじめをする保護者や委員会のメンバーの前では温厚な態度を示すことなど）[32]。おそらくそれは、自分の本心とは相反する感情を見せざるを得ないと感じている女性たちが、しばしば感情的に疲れ果てて、自分の本心から疎遠になるのも当然のことかもしれない[33]。感情労働やケアワークは、どこにでも存在することであるにもかかわらず、学校と職場全般の正式な制度や構造の中では、しばしばなおざりにされている[34]。このように軽視されていることは、雇用や昇進の基準、業績評価、業績に基づく昇給

の構造などを含めたリーダーシップへの門番となるメカニズムになってより強固なものになっていることが想像できるかもしれない。実際に、第3章で論じるように、女性はより面倒見の良い存在であることが期待されているにもかかわらず、そうであることがリーダーとしてふさわしい役割に就くことを妨げたり、業績評価に影響したりすることさえあることが、研究で明らかになっている。

## ケアの価値の引き下げ：
## フランチェスカ、ジョセフィン、マリアの話

　ここまで本章では、女性化された職業に社会化されることが何を意味するのか、またどのようにケアワークと感情労働の両方が学校において女性に期待され、軽んじられているのかについて論じてきた。本節では、現場で働く女性の物語に話を移し、これらの要素（女性化と、ケアと感情労働の価値の引き下げ）が、教育リーダーシップの役割に向かう女性たちの軌跡や成功にどのように影響するかを論じる。ここで紹介する女性は、学校改善に取り組み正式に管理職（leadership position）へのアクセスを手に入れるために働いているフランチェスカ・ロマノ、母親としての役割についての考えがあるため管理職を拒否された教育次長であるジョセフィン（ジョー）・キム、新しく校長職を務め始めると同時に、家庭生活では劇的で前向きな変化を経験しているマリア・ブラウンが含まれる。

　これらの事例は、性差別が（善意であろうがなかろうが）教育リーダーシップへの道を歩む女性の経験を形作るものとして、微妙なもしくは明確な方法を提示することに役立つ。それぞれの女性は、それ以前の多くの女性たちと同様に、「良い」母、良い娘、良い妻、良い教師、良いリーダーになるという、しばしば両立しない役割と期待をバランスよくするために多くの犠牲を払っている。彼女たちは、自分たちの貢献が低く評価されていることや、女

性としての立場が自分たちの機会や人々の反応を形作っていることに、驚き
と失望を感じている。本書では、この女性たちの軌跡や選択に関連する多く
の問題を目にすることになるが、彼女たちの経験がジェンダー化されている
ことや、ケアと「育児」の考え方が彼女たちの決断や他者からの扱いにどの
ような役割を果たしているのかについて、注目してほしい。その方法の一つ
は、これらの物語に登場する人物を男性に置き換えて、物語がどのように異
なる展開を見せるか想像してほしい。

　それぞれの事例の後には、読者の思考をさらに掘り下げ、本章の大きな考
え方との関連性を見いだすために考察できる質問を掲載している。ディス
カッションは、一人でも仲間とでも考えられるものなので、あなたにとって
最も重要で役に立つと思われる事例を読むことをお勧めする。事例の後には、
共有されたテーマをハイライトとして要約を掲載し、更なる探究のためのい
くつかの考えや、ケアの価値を軽んじる物語を打ち砕き、現場で働く女性の
仕事を励ます方法を結論として示す。

## フランチェスカ

　フランチェスカ・ロマノは、インドの私立学校であるインターナショナル
スクールで働く教師リーダー（teacher leader）である。この学校は、民間企
業や外交官として働く米国駐在員の子を主な生徒としており、子どもたちに
欧米式の教育を受けさせたいと考えている裕福な地元出身の人も少なくない。
フランチェスカは、白人で、シスジェンダーであり、異性愛者の女性であり、
アメリカ人一世である。

　フランチェスカはこの学校が創設当初から勤務しており、生徒の育成と新
任教師のスキルを高めるために尽力してきた。彼女は、学校のリーダーにな
ることを熱望しており、長い間、自分の努力が将来より大きく、より良い機
会につながると信じていた。しかし最近、彼女はみんなを助けようとするあ
まり、自分の昇進の機会を広げるどころか、むしろ制限しているのではない

かと思い始めている。

　生後3カ月の甥っ子であるニコラスにキスをして、彼女の妹にさようなら
と手を振って、6,000マイル以上離れたところにいる妹と甥っ子に別れを告
げ、フランチェスカはノートパソコンを閉じてため息をついた。土曜日の朝、
彼女のEメールボックスは、彼女の助けと時間を求める要求のメールでいっ
ぱいだった。小学校第2学年の教師は、授業計画をすぐに見て欲しいと頼ん
できた。幼稚園クラスの教師は、エスカレートしている乱暴な問題行動につ
いて子どもの保護者にどのようなアプローチをするのが最も良いか質問をし
てきた。高学年のチームリーダーは、フランチェスカが新しい採点ソフトに
ついての質問に答える手助けをしてもらえないかと考えていた。スクロール
しながら、これから月曜日の朝までに同僚をどのように助け、自分の第3学
年のクラスの授業計画を立てられるか考えていると、また別のメールが届い
た。今度は、校長のシーラ・ヘイマンからで、月曜日の早朝にフランチェス
カとの会議を希望するメールであった。明らかに、ヘイマン校長は、フラン
チェスカが金曜日に送った仕事に対する率直な気持ちについて書いたメール
を読んでいたようだ。フランチェスカは、その内容を思い出した。

　ヘイマン校長へ
　金曜日の遅い時間にメールをお送りしてすみませんが、私はいま本当に
　もがいて葛藤しています。私は同僚と協力しながら仕事をすることが好
　きで、低学年（K-3学年）のチームリーダーの役割を任されたことを光
　栄に思っています。しかし一方で、みんなからの要求についていけず、
　教師としての役割を果たせる気がしません。自分のクラスの計画を思い
　通りに立てる代わりに、チームメンバー間の対立に対処したり、学年外
　のさまざまなニーズを抱えた教師の手助けをしたりすることに、すべて
　の時間を費やしています。私はあなたや学校の役に立ちたいと思ってい

るのですが、私も助けを必要としています。少し休暇をいただくことは
できませんでしょうか。もしくは、正式な指導の立場（coaching position）
の職への異動ができるようにしていただけないでしょうか。以前、管理
職の役割を担うことについて話し合ったことは覚えているのですが、い
まがその時ではないかと思っています。繰り返しになりますが、この
メッセージを送ることに時間がかかり待たせてしまったことをお詫びし
ますが、もしすぐに変わらないのであれば、地域や私の生徒たちに私の
能力を最大限に提供できないと感じる今のポジションに留まり続けるこ
とができるかどうかわかりません。

フランチェスカより

　フランチェスカは不安を感じながら、ヘイマン校長からのメールを読み始
めた。しかし彼女はすぐに、ヘイマン校長が共感してくれたことに安心した。

　フランチェスカへ
　あなたがとても大変な思いをされていると聞いて、本当に申し訳なく思
います。あなたは私たちの学校コミュニティの大切な存在です。私たち
は、あなたがしてくれることすべてに感謝しています。あなたがいなけ
れば、私たちは成功することはできません。月曜日の授業が始まる前に
話し合いましょう。たとえ新任教師があなたの知恵とサポートを受けら
れなくなるとしても、あなたの仕事量をより管理しやすくする良い方法
を見つけられると確信しています。

シーラより

　月曜日のミーティングが、彼女が必要としている追加の支援や彼女がふさ
わしいと感じている報酬を提供してくれるかもしれないという期待を感じな
がら、フランチェスカはもう一杯のコーヒーを入れに行った。彼女は長い週

末の仕事を控えており、常に山積する要求に対処するために、しっかりとカフェインを摂取しておきたかった。

**インターナショナルスクール：成長の苦しみと可能性**　ある意味でフランチェスカは、現在の困難な状況をヘイマン校長のせいにはできないと感じていた。結局のところ、フランチェスカは学校の繁栄を望んでいたし、彼女が採用された時、学校のことは「どんなことでもやる」という方針に身を捧げてきた。この姿勢とそれに伴う努力は実を結び、その後5年かけて学校の評判は高まり、入学者数は急上昇した。今年は記録的な願書の数であり、多くの新しい家族がこの学校にやってきた。このような増加は素晴らしいことであるが、シニアスタッフの中には、新しい保護者は学校の理念よりも評判にひかれているのではないかと感じている者もいた。その結果、学校の目的について家庭への指導に多くの労力が費やされるようになった。ベテランスタッフの一人であるフランチェスカは、保護者とのミーティングに引っ張り出されたり、方針や実践に疑問を抱いている家族のフォローアップを頼まれたりすることが多かった。

　生徒数の拡大に対応するため、学校は毎年新しいクラスと教師を増やしていた。クラスサイズも拡大させ、各クラスに2名の教育者を配置し、1クラスあたり約20名の小学生がいた。同時に、小学校低学年（K-3学年）の教師たちのチームは、7名から13名へとほぼ倍の人数になった。フランチェスカはそのチームの委員長として、新しい教師たちにオリエンテーションとメンタリングサポートを提供する任務を負っていた。そして彼らはこのサポートを必要としていた。これらの教師たちの多くはエリート大学に通っていたが、教室での重要な経験が少なかったり、教育学的な訓練をしっかり受けたりした者は、ほとんどいなかった。

**フランチェスカが救出に駆け付ける**　フランチェスカは、この学校で最も経

験豊富なスタッフの一人として同僚よりも大きな責任を負うことには慣れていた。学校に着任して間もない頃、彼女は同僚たちのために職能開発を主導し、管理職の要請で、複数の学年にまたがる新しい学習単位のチームを作ることがあった。フランチェスカは彼女のリーダーシップスキルを伸ばせたことに感謝し、カリキュラムをつくる手助けの機会を得たことを有難く思った。彼女もまた、彼女の指導チームの力に支えられていた。しかしながら、その後、彼女の最も親しい同僚たちは、アメリカでの機会を追い求めて学校を辞めていった。彼女たちの後任は、「さらに一歩先を行き、期待以上の努力をする」という気持ちが無いように見えるもっと若手の教師たちであった。最後に残った女性の一人として、彼女は学校を成功させるために、もっと責任を負わなければならないと思った。子どもたちは彼女を必要としていたし、同僚たちも彼女を必要としていた。

　彼女は彼らを失望させることはできなかった。

　昨年、彼女は自分の指導に加えて、生徒の社会性と情動の成長に関する研修会や、保護者会の企画をした。校長はフランチェスカに2人の新任教員のメンターになることを正式に依頼したが、彼女は非公式でチームの大半のメンターになっていた。フランチェスカは、すべての教室がスムーズに運営されるように気を配り、家庭のためのスケジュールを作成し、教室の備品を発注した。

　最近、フランチェスカは燃え尽きたような気分になっていた。多くの夜、リラックスしたり、学校以外の人間関係を築いたりする代わりに、フランチェスカは同僚と話をしたり、問題を抱えている生徒やその保護者にどのように向き合うか、同僚たちに指導していた。このような会話は、フランチェスカが自分でその仕事を引き受ける約束をすることで終わることが多かった。フランチェスカは、このような関わり方の段階では持続可能なものではないことは分かっていたが、チームメイトや校長からの肯定的な誉め言葉や感謝の言葉は、彼女を続けさせる気持ちにさせていた。彼女もまた、これらの経

験が将来、正式なリーダーシップをとる役割への足がかりになると信じていた。

**ほころび始める**　フランチェスカは同僚たちを助け、彼女自身の学級への責任を果たそうと最善を尽くしていたけれども、12月になると、物事がほころび始めたように感じた。まず、チームメンバーの中で、全員が彼らの力を発揮できているというわけではないと感じた。チームメンバーの一人であるホワイト先生は、時間内にカリキュラムの仕事を終わらせることに苦労しており、授業計画の共同作業の性質上、チーム全体の進捗を遅らせていた。

　チームが苦しい状況に見えたのと同じ時期、フランチェスカのクラスも荒れていた。例年なら数週間前までにはすべての準備を終えていたのに、いまは毎晩遅くまで次の授業計画を練っている。さらに彼女のストレスに拍車をかけたのは、2人の生徒が頻繁に1対1のサポートを必要としていたことである。公平を期すためにいえば、ヘイマン校長はフランチェスカに、これまでの彼女の実績とベテランであることを考慮して、これらの生徒たちを受け入れる意思があるかどうか尋ねた。ヘイマン校長は、「生徒たちはあなたのクラスで最善のサポートを受けるであろうことをわかっているのですが、あなたには荷が重すぎるかもしれないことも理解しています」と言った。フランチェスカは、ヘイマン校長が自分のことを教育者としての能力を高く評価してくれていることに感動し、生徒たちを引き受けることに同意した。

**月曜日のミーティング**　授業準備のために急いで資料をまとめながら、フランチェスカはヘイマン校長とのミーティングを振り返った。会話の中で、校長はフランチェスカの仕事ぶりに改めて感謝し、「あなたがいなかったら、私たちはどうなっていたかわかりません」と言った。またフランチェスカが提案したように正式な指導コーチを雇うことや、彼女の昇給については、学校にその資金がないことも話した。その代わりに、ヘイマン校長は「teacher leader（教師リーダー）」という新しい肩書を与える提案をした。フランチェスカはこの提案に感謝しながらも、彼女の同僚たちがこれをどう見るか、特にもしこれに権限が増えないのであれば、同僚たちがどう受け取るかについて疑問を抱いた。フランチェスカがヘイマン校長に、ホワイトさんの仕事全般の進捗状況や仕事のペースについて直接話してもらえるかどうか尋ねた時、彼女の懸念は深刻化し、これは実際にフランチェスカが対処できるチームの問題だとヘイマン校長に言われたのである。結局、フランチェスカはヘイマン校長にその肩書はいらないと言い、その代わりに彼女の責任のいくつかを取り下げるよう求めた。多くのチームメンバーはいまだに彼女のことをチームリーダーだとみなし、そのように行動していたことを認識しつつも。ヘイマン校長は、サポートを求める場合は他の人を頼るべきだということを明確にすると同時に、校長自身のフランチェスカへの要求も減らすことを約束した。

　いま歩きながら教室に入り、フランチェスカは彼女の決断について葛藤を感じていた。リーダーシップの肩書をもらうべきだったか？　それが新しい役割への移行に役立ったのではないか？　履歴書に正式な記載がない中で、どのようにして他の人たちに、彼女がインターナショナルスクールで行ってきたすべての仕事を明確に示すことができるのだろうか？　彼女は、ヘイマン校長の次のステップに対する同僚の反応についても不安に思っていた。もしヘイマン校長が他の教師たちに、サポートを求める際には他の人を頼るようにと明確にした場合、同僚たちと彼女の関係にどのような影響を与えるだろうか？　校内で頼りにされる存在でなくなることを彼女はどう感じるだろうか？

---

### 振り返りと対話のための質問

▪ フランチェスカが独身女性であることと、他の人々が彼女にサポートを求めることは、どのように関係しているのでしょうか？

- フランチェスカが同僚をサポートし、組織の中でケアワークに従事してきた歴史は、彼女がリーダーシップをとる役職に移行するうえで、どのように役立ち、どのような妨げとなっているのだろうか？　なぜあなたはそのように思うでしょうか？
- フランチェスカと彼女のキャリアパスをよりよく支援するために、ヘイマン校長はどんな違う対応ができただろうか？　ヘイマン校長は、正式な監督者としてだけではなく、スポンサーやアドバイザーとしてどのように行動すべきだったのか、考えてほしい。
- もしあなたがヘイマン校長で、フランチェスカとの会話をやり直す機会があったら、何か違う行動を取ったり、どんな違うことを言ったりするでしょうか？
- 他の女性がリーダーシップのキャリアパスに沿って進むことを、より効果的にサポートするために、あなたの振り返りはどのような示唆を与えているか？　あなた自身の進むべき道についてはどう考えますか？

## ジョー

　韓国系アメリカ人でシスジェンダーの異性愛者の女性であるジョセフィン（ジョー）・キムは、過去10年間、中規模学区で生徒へのサービスコーディネーターとして働いてきた。彼女は長い間、自分で学区を率いることを熱望していたが、彼女の子どもたちの年齢が比較的若く彼女の夫の仕事が忙しいため、この目標を追い求めることを控えてきた。しかし最近になって、子どもたちが少し大きくなり、夫の仕事も安定してきたため、彼女は自宅から40分ほど離れた大都市近郊のより裕福なベッドタウンにある学区の教育長に志願することにした。ジョーはこの挑戦に成功し、そのポジションのオファーを受けた。しかしながら、土壇場になって、年配の白人女性である教育委員長から電話があり、そのオファーを撤回すると伝えられた。

「何？　ちょっと待って、どういうこと？」ジョーの夫であるピーターは叫んだ。ジョーは夕食が終わるまで、新しい職場への通勤用の新しい車を買う必要がなくなったことを彼に話すことを待っていた。「オファーが撤回された」とジョーはお皿を片付けながら説明した。「教育委員会のクラウディア委員長から電話があって、別の方向に進むと言われたの。結局、私は教育長にはなれないみたい。」ピーターはキッチンで怒りを爆発させ、弁護士を呼ぶとぶつぶつと言ったり、ジョーへのアドバイスを叫んだりした。「彼らに手紙を書き、こんな扱いを受けるわけにはいかないと伝えろ！」と夫は言い、彼の怒りがおさまるのをジョーは待ち、失望のあまりに彼の怒りに加わることができなかった。結局、ピーターはあきらめたような口調になった。「もう忘れよう。そのうちもっと良いことがあるだろう。その方が、我々の生活も楽になる。みんなにとって大変なことになるところだったよ。」ジョーは12歳になった双子の娘であるジュリアとジェニファーが、お泊り会に行っていたことに感謝した。ジョーは、娘たちの混乱に対処したり、計画の変更を説明したりすることをしたくなかった。

　ピーターは彼女を抱きしめ、メールの続きをするために席を外した。彼女は食器を片付けながら、翌週の献立を考えた。しかしジョーは、教育長になる機会を台無しにされた会話を何度も思い返さずにはいられなかった。

**ワーク・ライフ・バランスの取り方**　ほんの1週間前まで、ジョーは絶好調であった。彼女は地方学区の特別支援教育部長を長年務めた後、アジア系女性として初めて学区のリーダーシップのポジションに就いており、ついに彼女は教育長という頂点まで登りつめようとしていた。特に娘たちと夫の人生を順調に進めるために行ってきたすべての犠牲を考えると、とても興奮し、夢のように感じていた。夫であるピーターは、町の歯科医で、ちょうど10年前、ジョーが学区で働き始めた時に開業した。ピーターが患者の診察や診療所の運営に長時間を費やしている間、ジョーは家庭と娘たちに関するすべて

のことをこなしていた。彼女の多くの友人たちが学区を去り、教育長が良くも悪くも入れ替わる中でも、彼女はこれまでの間、より大きくて高給な仕事を辞退してきた。

　彼女が現在の職に就いた時、娘たちはまだ2歳だった。オフィスまで車で5分という距離と、彼女の前の上司が柔軟であったため、夫であるピーターの長時間勤務が可能になっていた。娘たちが成長するにつれ、ジョーは自分の仕事のおかげで学校への迎えや多くの活動やイベントに参加できることに感謝していた。間もなく娘たちは高校に進学するけれども、彼女たちにはまだ母親が必要であることはわかっていたが、それでもようやく自分のキャリアの目標や野心を追い求めるための余裕が少しできたと感じるようになっていた。

**計画の変更**　家族の状況が変わってきたため、ジョーは目指していた教育長の役職に向けて動き始めた。ジョーは夫のピーターにそのことを話し、娘たちも彼の仕事もうまくいっていることと、ピーターが職場で過ごす時間を減らして、娘たちを学校に送り迎えしたり、増え続ける放課後の活動や社会活動の手伝いをしたりすることに合意した。ジョーは家族の役割の変化を受け入れる覚悟を決め、予測できるリスクを取り除いた。そして彼女が教育長に選ばれた時、すべてが報われたかのように思えた。

　そして今、そのすべてが一本の電話で奪われようとしていた。

　この前の火曜日の午後、ジョーは午後4時30分に職場を出て、隣り町で行われる双子のバスケットボールの試合に急いで向かっていた。スタンドの席に着いたところで電話が鳴った。その電話は、彼女の新しい教育委員会の委員長で人事委員会の責任者であるクラウディア・ブラウンからであった。ジョーは何か重要な用件だと思ったが、採用書類に関する内容で早く済む用件だと考え、電話を取った。クラウディアは、「終業間際のお電話になり申し訳ないのですが……」と言い「あなたの退職計画についてお尋ねしたいこ

とがあります」と伝えてきた。ジョーは「もちろんです。実は、娘たちのバスケットボールの試合を見るために少し早めに職場を出たので、まったく問題ありません」と答えた。会話は和やかに続いた。クラウディアの質問に答えたジョーは、そのことについて特に何も深くは考えていなかった。

しかし、金曜日の午後5時にクラウディアから再び電話があり、これが悪い知らせの電話であった。彼女はジョーに、火曜日の夜の会話について考えていたこと、そして高校に進学する子どもを持つ母親として、その時期は二度と取り戻せないことを話した。彼女は、自分の子どもが中学校から高校に進学する重要な時期に母親を必要としていたことや、その時期に家にいられたことにどれほど感謝しているかをジョーに話した。「つまり、あなたが働いている母親であることはわかっていますが、たとえこの小さな学区でも、あなたに2人の子どもがいるという人生のこの段階で、教育長になるための時間を拘束することはおそらく難しいでしょう。私はあなたが娘たちのためにそこにいられないことや、学区が必要とすることを提供できないことに責任を負いたくありません。そのためこのオファーを撤回しようと思う。」

ジョーはあまりの驚きで、意味のある返事をすることができず、「そのように感じられたのは残念ですが、分かりました。良い週末をお過ごしください」と言った。

クラウディアは「あなたも娘さんたちと良い週末を楽しく過ごしてね。彼女たちはあっという間に大きくなってしまうわよ」と言い、ジョーは電話を切り、いま起こったことを理解するのに苦労した。彼女は、公平な採用手続きに従って、これまでの採用会議や面接の際、クラウディアからも他の誰からも、子どもや夫について尋ねられたことはなかった。そのため、彼女は一度も家族のことを話さなかった。もし話していたら、最終面接に進めなかったかもしれない、といま気がついた。

いま台所に立ち、ゴム手袋をした手を食器用の洗剤が入った水に浸しながら、彼女は頭を振った。「こんなことが本当に起こるの？」彼女は考えた。

「私は高いレベルのポジションを与えられていたのに、私が10代の2人の娘の母親だからという理由でそれを奪われてしまった。」

---

### 振り返りと対話のための質問

- 好意的性差別は、ジョーのオファーが撤回されたこととどのように関わっているのだろうか？ ジョー自身は、これが主な原因だと認識していると思うか？ なぜそう感じるのか、またはなぜそう感じないのでしょうか？
- クラウディア教育委員長とおそらく他の教育委員は、ジョーの家庭での役割や、それがリーダーシップの立場で活躍する能力にどのように影響を与えるかについて想定されているように思う。この想定されることについて、あなたはどう思うか？ もしジョーが男性だった場合、このような想定はなされるものだろうか？ なぜそう思うのか、またはそう思わないのでしょうか？
- あなたはこれまで、仕事よりも介護や家族を優先すべきだというメッセージをそれとなく伝えられたり、はっきりと伝えられたりしたことはあるか？ またそのようなメッセージを人に伝えたことはあるか？ もしそのようなメッセージを受け取ったら、あなたはどのように反応しますか？
- もしあなたがジョーで、クラウディアとの会話をやり直す機会があったとしたら、何をどのように言ったり、行動したりするでしょうか？
- 他の女性がリーダーシップのキャリアパスに沿って進むことを、より効果的にサポートするために、あなたの振り返りはどのような示唆を与えているか？ あなた自身の進むべき道についてはどう考えますか？

---

## マリア

　マリアは白人でシスジェンダーの異性愛者の女性である。彼女と彼女の夫で救急救命室の看護師であるポールは、結婚して10年になる。不妊治療に

長い間苦しんだ後、彼女とポールは赤ちゃんの里親になることを決めた。マリアは数学教師として8年、中学校の数学指導者として7年勤め、大きな成功を収めてきた。マリアはSTEM教育を行うマグネットハイスクールの校長として新しい仕事を始めるにあたり、このポジションに就くまでの道のりや、その中で直面した功績と課題の一部を振り返っている。

　月曜日の朝5時、マリアは化粧の仕上げをしていた。「43歳にしては悪くないわ」と思いながら、彼女は鏡に映った自分を見てほほ笑んだ。彼女は喜びで満ち溢れていた。1つ目の喜びは、新しい家族である。弁護士や子ども家庭サービス局との会議を経て、2階のベビーベッドで寝ている美しい娘が、ついに合法的に自分たちの子どもになる。この1年間、ポールとマリアは、現在2歳半になるキンバリーの里親をしていた。最近、キンバリーの実の母親が、ポールとマリアが公開養子縁組を結んでキンバリーの法的な保護者になることに同意した。彼らの小さな家族がついに完成したのである。

　マリアの2つ目の喜びは、仕事面にある。今日、マリアはワシントンにあるSTEMマグネットハイスクールに校長として赴任する。数学の教師としてやSTEMの指導者として15年間働いた後、マリアはついに自分の学校を率いる機会を与えられたのである。さらに信じられないことに、彼女は学校と学校のミッションの創始者の一人として教育長から選ばれていた。さらに、この学校はマグネットスクールであったため、彼女は前のポジションで一生懸命に開発した革新的な実践の多くを実施する自由裁量性を持っていた。すべてが順調すぎるほど順調だと感じていた。

　彼女の思考は、腕時計のブザー音とメールの着信によって中断した。それはポールからのメールで、仕事に向かうこと、愛していること、彼女を誇りに思っていることを伝えるメッセージであった。マリアがキンバリーの昼食を準備するために階段を降りると、マリアは彼女のキャリアの最も大きな日と感じられる日を迎えるまでの長い道のりを振り返り始めた。

**大切なコミュニティの一員**　いまから5年前、4度の体外受精と2回の流産を経て、彼女とポールは自然に赤ちゃんを授かることを諦めることにした。お金も時間もかけて何のためだったのか？　マリアは心が癒されることはないだろうと思った。それでも、その数年間にも明るい瞬間はあった。彼女が勤務するデュボア中学校の同僚たちは素晴らしく、彼女を励ましてくれ、彼女が治療と学校のSTEM教育の指導者としての責任を両立させられるよう何度も医師の診察予約に融通をきかせてくれた。また校長のキャロウェイ先生にも特別な思いがあった。彼女が流産から回復するために1週間の休暇を求めたり、3時間離れた場所にいる専門医の診察を受けるために早退したり、彼女が校長のところを訪ねるたびに彼は嫌な顔ひとつしなかった。「マリア、あなたはここで大切にされている。健康と家族が最優先だといつも言っているでしょう。」

　失望と悲しみを乗り越えるためか、マリアはその後数年間、教員たちとSTEM指導をサポートする仕事に、より一層、深く取り組んだ。彼女は新しい数学と理科のカリキュラムの採用や、いまでは3回も州のチャンピオンになっているロボット工学チームの育成に重要な役割を果たした。マリアは特に、従来の授業で苦戦している生徒や、問題行動がある生徒をチームに勧誘することに尽力した。その結果は素晴らしいものだった。自信を持ち、サポートを受けたと感じた多くの生徒たちは、この成功体験を授業の中や他者との関係性の中で、生かすことができた。多くの教師たちは、彼女が生徒たちを落ち着かせ、ポジティブな影響を与えることをたたえて、彼女を「STEMのささやき」と呼ぶようになった。地元の新聞社がチームの成功物語を記事に掲載した時、彼女の同僚の一人は、「マリアは、問題を抱えた生徒に自信を持たせて成功を収めるように導くという素晴らしい仕事を成し遂げた。彼女は本当に奇跡を起こす人であり、彼女がいなければ私たちも子どもたちもどうなっていたのかわからない」と語っていた。

　このような学校での仕事と並行して、彼女は学区レベルの多様なSTEM

教育の改革に参加するように頼まれ、教育長とともに新しいSTEMマグネットハイスクールを建設するために州への提案書を作成した。

　彼女はリーダーシップのポジションに異動することを考え始めた。彼女は力強く、成功し、何年も前に取得した資格を用いる準備ができていると感じていた。彼女は、信頼する校長であるキャロウェイ先生のところへ行き、そのことを話し合った。

　校長先生は彼女に次のように質問した。「本当にいまがその時なのか？あなたは異動の準備ができていると感じているかもしれないが、あなたの気が変わったらどうするのか？　あなたとポールが養子縁組を考えていることは知っているし、幼い子どもを持つ校長というのは本当に大変なことだ。急いで何かにとりかかり、後で行き詰ることになってほしくはない。」マリアは彼の洞察力とアドバイスに感謝した。しかし彼女は、彼女のためというよりも、彼自身の利益のために言っているのではないかと疑問に思わずにはいられなかった。

**新たな家族の一員**　これらの点を考え直す時間や、実際に何かを考える時間は、数日後の夜に電話が鳴ったことで中断された。それはソーシャルワーカーからの電話で、生後6カ月の女の子が里親制度に入ったばかりで、その子を引き取れるかどうかという問い合わせだった。ポールとマリアは息をつく間もなく、力強く「はい」と叫んだ。その夜、キンバリーがやってきた。

　それから数年間の生活はめまぐるしいものだった。ポールは家の近くにある私立病院で働いていて、より柔軟なスケジュールで、より良い休暇制度であったため、昼間はキンバリーと過ごすために休暇を取り、週末は夜勤にシフトした。一方、マリアは変わらぬ熱意と情熱で仕事を続け、新しい高校とその成功にさらに夢中になっていた。ある土曜日の午後、彼女の姉のイライザがキンバリーをブランコで押しながら「私はあなたが自分のための時間を取っていないことを心配している」と言った。「キンバリーが来るのを長い

間待っていて、あなたは妊娠を望んでいた時よりも、今さらに働いているように見える。いまリーダーシップのポジションを目指すのは、やりすぎかもしれない。あなたが燃え尽きたり、病気になったりしないか心配だわ。」

マリアはイライザの言葉を受け止めた。彼女は燃え尽きたくなかったし、キンバリーのためにもそばにいたかったが、彼女の夢である学校のリーダーシップという夢を追いかけるために長い間、待ち続けてきた。そしていま、すべてがうまくいきそうだと感じた矢先、ポール以外のみんなから、ゆっくりして待つように言われているように感じた。

その晩、彼女は夫であるポールに「私たちがすべてに取り組むことは無茶なことなのか？」と尋ねた。「まぁそうかもしれない。でもキンバリーは順調だし、僕も対応できるので、あきらめないで」と言った。

**すべてを手に入れる**　ポールとの会話で勇気づけられたマリアは、次の日、教育長に、新しい高校の初代校長として自分の名前を入れてほしいと打診した。教育長は、「あなたがそう言ってくれることを待っていました。これ以上の適任者はいないと思っています。正式な手続きを進める必要があるけれども、この仕事はあなたのものだと考えていてください」と言い、彼女はほっとすると同時に驚いた。

マリアは興奮を抑えきれなかったが、同僚やキャロウェイ校長にこの情報を共有することをためらった。すべての書類に署名がなされ、年度末を迎えるまでは、彼らの反応やこの機会が失われることを恐れていた。このニュースを共有した時、その反応は受け入れがたいものであった。一部の教師は涙を流した。他の教師は、彼女に残ってほしいと懇願した。しかし最も驚く反応は、キャロウェイ校長からであった。彼女は祝福されるどころか、怒りを向けられたのである。

「あなたのためにしてきたことを考えると、あなたが私たちを見捨てるなんて信じられない」と彼は言った。マリアが返事をしようとすると、彼はそ

れを遮るように、「私は本当に失望した。私たちはあなたが必要で、子ども
たちもあなたを必要としているのに、あなたはこの学校を去ろうとしてい
る。」マリアは謝罪の言葉をつぶやき、授業観察に行かなければならない教
師の話をして、急いでオフィスを立ち去った。

　その後、キャロウェイ校長は謝罪し、彼女のことを嬉しく思うと同時に誇
りに思っていることを伝えた。しかし、2人きりになると、校長は彼女に、
「引き留めるために何ができるか」あるいは「もう1年間だけ残って、誰か
を育てるのを手伝ってくれないか」と尋ねた。すべてが失望と混乱の連続で
あった。

　現実に戻ろうと気を取り直して、マリアはベビーモニターで、キンバリー
が動いている声を聞いた。それは一日の始まりであり、彼女の新しい人生の
始まりでもあった。

---

### 振り返りと対話のための質問

- 好意的性差別の枠組みは、この事例を通じて、キャロウェイ校長がマリ
  アへの対応を理解するうえで、どのように役立つか？　マリアはこれら
  の反応を性差別と感じたか？　その理由は何でしょうか？
- マリアが自分のデザインした高校でリーダーシップをとる機会を得てい
  るにもかかわらず、同僚とキャロウェイ校長は自分たちと一緒に働き続
  けるために残るようプレッシャーをかけたことについてどう思うか？
  このようなプレッシャーは、教えることや学校でリーダーシップをとる
  ことについて、ジェンダーの考え方とどのように適合するでしょうか？
- マリアのメンターと姉は、マリアはリーダーシップをとることを急が
  ず、ゆっくりと歩むべきだとメッセージを送った。このアドバイスにつ
  いて、あなたはどう受け止めるか？　もしマリアが男性だったら、この
  ようなアドバイスがなされただろうか？　その理由は何でしょうか？
- キャロウェイ校長は、マリアが教師という立場からリーダーシップをと

る立場へと異動することをどのようにより良くサポートしたら良かったのか？　もしあなたがキャロウェイ校長だったら、何を進めたでしょうか？
- 他の女性がリーダーシップのキャリアパスに沿って進むことを、より効果的にサポートするために、あなたの振り返りはどのような示唆を与えているか？　あなた自身の進むべき道についてはどう考えますか？

## 前に進むには

　これらの事例は、ケアワークと好意的性差別が、教育界でリーダーシップをとる女性の機会と成功にどのような影響を与えるかを示している。また女性の家庭内での役割に関する固定観念が、リーダーシップへの道のりで女性が受ける支援や機会のタイプに、どのように波及するかも強調している。私たちは、これらの事例がパートナーや家族との関係、仕事量に関する意思決定、さまざまな選択のタイミングなど、これらの女性の生き方の他の要素についても考えるきっかけになることを期待している。私たちは、これらの事例のどの要素についても、あなたの心に響くような、しっかりとした自由な意見交換をすることを奨励するが、とくに次の問題に直接に関わることを期待している。

- 主人公たちに対して、ケアワークがどのように期待され、またそれが当然のこととして受け止められていたか。
- ジョーとマリアの周りの人々、とくに彼女たちの上司が、彼女たちの家族の責務に関して、対処できることをコメントしたり決断したりする権利をどのように感じていたか。
- 同僚、愛する人、そして彼女たち自身が、これらのメッセージをどのように強化し、標準化したか。

48

　次の節では、これらの問題について私たちの解釈を述べ、最後に、教育リーダーシップをとる道を歩む女性をサポートすることに関心のある上司や他の人々が、どのようにより良く支援できるかについて、いくつかのリソースを提供し、結論付ける。

## 過小評価と過重負担

　各事例において、主人公のケアワークは期待されていると同時に、当然のこととされている。上司や同僚から何度も、同僚をサポートし、学校運営の裏方作業に従事するよう求められるフランチェスカにもあてはまる。フランチェスカには時間とエネルギーが必要であるにもかかわらず、このような要求は、追加の報酬や正式な指導者のポジションが無いなかで実施してきた。このケアワークは、彼女の教育的役割の中核から引き離し、彼女の私生活を侵害した（彼女はしばしば夕方や週末を利用して仕事の遅れを取り戻した）。他の人々がフランチェスカに支援を求めることに安心感を覚えたのは、彼女が何度も快く引き受けてくれたことと、独身女性という立場が、配偶者や子どものいる人々に比べて、そのような女性の自由時間を軽んじる傾向があることに起因するかもしれない[35]。

　さらに、フランチェスカの追加のケアワークのほとんどが、公式なものではなかったので（彼女はチームプレイヤーになるためにやっていた）、彼女がこの仕事を履歴書に書いたり、管理職へのアクセスに利用したりすることはできなかった。フランチェスカのような事例はよくあることで、指導的立場に重点を置きながらも管理職ではない役割（指導教員、メンター教員、カリキュラム専門家）に従事することが多い女性が、専門的知識があるにもかかわらず、学校と学区のリーダーシップをとる職に就くまでに、男性よりもはるかに時間がかかることを説明する一助になっている[36]。

　ジョーに話を移すと、彼女のケアワークと、母親としての役割に対する他

第2章 「女性の仕事」に対する過小評価と過度な依存　49

者の期待が、リーダーシップへのアクセスをどのように形成してきたかが再び浮き彫りになる。この事例では、ジョーが単に子どもたちについて言及したところ、クラウディア委員長はジョーが自分の子どもたちの世話をしたい、あるいは世話をする必要があるのではないかと想像する。ジョーがこのケアワークを行うことが当然のこととみなされているのである。さらに、クラウディア委員長がこれは母親のすべきことだと認識している点では、母親の仕事の価値を見出しているともいえるが、ジョーが望む役割である教育長にとっては価値がないとみなされている。このような認識は、母親であることを価値ある財産とみなし、その役割に関するスキルや知識がどのようなものであれ、教育リーダーの仕事で求められているスキルや知識と一致して補完するものだとみなす考え方とは対照的である。クラウディア委員長はジョーの代わりに、この決断を下すことを正当化した点にも注目すべきであり、これは女性同士の間で、好意的性差別がどのように行われているかを示している[37]。

　マリアの事例では、どのようにして、このような性差別的な表現が女性を誉めておだてるために使われ、「子どもたちのために」という理由でリーダーシップをとる者の野心を犠牲にするよう仕向けられているかが見えてくる。マリアが辞めることを知った同僚や学校長は、彼女がどれほど必要とされているか、彼女が辞めれば学校や子どもたちがどれほど困るか、といった「誉め言葉」を彼女に浴びせた。マリアが生徒への奉仕を辞めることや十分に気にかけていないこととして表現することで、社会において優秀な女性がすべきことについて、深く根付いた、時には目に見えない固定観念を利用しているのだ。マリアの姉とキャロウェイ校長もまた、リーダーシップをとる道に進むことは、彼女が望むような母親にはなれなくなるというメッセージを彼女に送ることで、この固定観念が強調されている。このような枠組みの中で、彼女は学校を辞めてリーダーシップをとるという目標を追求することは、良い教師、良い母親、そして良い女性であることの規範を破ることになる。

ジョーの話における明白な男女差別を除けば、これらのケースのいずれの出来事も、学校や学校制度の日常業務からかけ離れたものとは感じられなかったはずである。教育現場では、過重労働やケアワークが常態化している[38]。そのため、女性たちが直面している差別を認識するのは難しいのも無理はないことである。フランチェスカとジョーは、自分たちが直面している問題には何らかの責任があるという権威者からのメッセージを受け入れているように見える。例えば、フランチェスカがヘイマン校長と話した時の結果は、学校が彼女の努力を正当に補償するために歩み寄るのではなく、フランチェスカが自分自身で引き下がるような指示に従ったことである。ジョーも、失望を内面化し、自分が選ばれなかった理由は自分が母親であるからだと受け止め、教育委員会の明らかな差別的行為が原因だとはみなしていない。これとは対照的に、マリアは、パートナーからのサポートがあるためか、彼女の目標達成の道から外れることをあまり望んでいないように見える。しかしながら、彼女の新しいポジションを同僚たちに隠すことを決めたということは、自分の行動に対して何らかの恥ずかしさや罪の意識を感じている可能性を示唆している。

## ケアワークを評価し、女性のリーダーシップへの道を支援する

リーダーシップのポジションを目指している女性たちは、その道にある障害に対して、ある程度の責任を負っている。事例や調査でみられるように、女性は時として、家庭内の労働をよりよく分担するための支援や戦略を見つける必要がある[39]。私たちは、女性がこのような支援を見つけ、自分が期待されていると感じるだけではなく、自分が望む形で家庭内の仕事に取り組むことを奨励する。しかし、すでにリーダーシップの立場にある人たちが、こうした道筋をクリアにするためにできることはたくさんある。私たちは、教育リーダーシップの専門家であり、家庭力学の専門家ではないため、この節

では、女性が活躍できる条件を整え、職場やその他の場所で、女性がどのように振舞うべきかという差別的な考え方に挑戦するための方法に焦点をあてる。

　ケアワークの評価を高める一つの方法は、ケアワークを評価し始めることである。具体的には、ケアワークを取り入れて、それを報いるように、雇用、評価、報酬、昇進の構造を再構築することである。行動経済学者のアイリス・ボネット（Iris Bohnet）は、彼女の著書『What Works: Gender Equality by Design（何がうまくいくか―デザインによるジェンダー平等）』の中で、これらの習慣をより公平で公正なものに変えるための具体的な方法をいくつか示している[40]。その一例として、すべての候補者に同じ質問を同じ順番で投げかけ、面接官が全プロセスの最後までメモを見比べないような構造化された面接プロセスを構築することが挙げられている。またスキルと知識に焦点を当て、自分の価値観を他者に投影しないことも重要である（例えば、ジョーの事例で示されたように子どもをどのように育てるかについてなど）。

　さらに、あいまいで、おそらく不公平な「適任」という概念に基づく評価ではなく、明確で公平な評価を行うために、仕事の要件に基づいて質問を行い、候補者を評価する必要がある。「見ればわかる」という採用の方法には非常に大きな問題があり、教育リーダーシップのパイプライン全体でよく用いられている[41]。より公平な採用習慣を発展させるためには、職務内容と必要な能力を明確に示し、面接を受けるすべての人が利用できるようにすることが重要である[42]。

　同類性（類は友を呼ぶという考え方）は、自然であり、起こりうるものであるが、雇用の人事委員会のメンバーは、単に「小さな自分（教育リーダーシップの場合、多くは白人男性あるいは他の採用メンバーで、自分のキャリア決定や好みを面接者に投影する人々）」を採用することを避けるためにできる限りのことをすべきである。視点の多様性は、チームに利益をもたらし、たとえ小さくて個人的な面接段階でも、不公平なプロセスを防ぐために積極的に管理する必要

がある。面接の過程で「私たち」という言葉を使ったり、他の面接では使わなかったり、すべての人が面接のプロセスで平等に歓迎され、心理的に安全だと感じるようにすべきである[43]。

　現在の習慣を打破するためには、監督職の立場にある人たちが、性差別や女性の同僚や従業員とのたわいもないやり取りが、彼女たちのリーダーシップの適性に欠けるという意図しないメッセージを送っているかもしれないことを研修やコーチングの機会に理解することが有効かもしれない[44]。このような偏見の例としては、女性の同僚には家族のことを、男性の同僚には仕事のことを、一貫して尋ねることが挙げられる。また役割に関係なく、女性に議事録を取らせたり、会議に食べ物を持ってくるよう頼んだりすることもその一例である。悪意は無いのだが、このような行動は、女性が意思決定者として全面的に参加するというよりもむしろ、女性は快適さを確保し、他者に奉仕する責任があるという考え方を助長するものである。このようなシナリオに対抗するために、アイリス・ボネットは、「逆を考える」アプローチを提案しており、一人ひとりが自分自身の悪魔の代弁者となり、自分の考え方が間違っているかもしれない理由や、またこの場合は、性別による偏見があるかもしれない理由を考え出すように訓練する。

　女性に対して、もっと仕事を引き受けるように圧力をかけたり、コミュニティに悪影響を及ぼすことを恐れて昇進を辞退させたりするために、ケアの言葉を武器にして用いること（家族や子どもがあなたを必要としている！）は、廃止される必要がある。女性が公式な仕事の責任と関連して従事している、より非公式なケアワークを把握する機会が必要不可欠である。さらに、ボネットも指摘しているように、ジェンダーに基づく仕事の対価を確保することも重要である[45]。学校の場合、ケアワークが評価や昇進のプロセスの一部として正式にカウントされることで、フランチェスカのような教師が、リーダーシップや管理職のポストに応募することを真っ先に考慮され、奨励されることを意味するのかもしれない。

# 第3章　女性リーダーのダブルバインド（二重の束縛）
## The Double Bind for Women Leaders

私の学区の上司は、教師たちにカリキュラムを実施するように求めるだけで、押し通すことはやめるべきだと言い続けている。彼は、それがこの職の専門性にとって自分たちの首を絞める行為であることをわかっていない。教師たちは、私が怒鳴ることを決して許さないだろうし、これまで築き上げてきた信頼は一瞬で崩れてしまうことになる。

——ミシェル（校長）

私には理解できない。学校の外で、私は尊敬され、引く手あまたの教育指導のリーダー（instructional leader）である。実際に私は、自分の専門知識を共有し、スタンダードに基づく評価に向けた実践を変える支援をするために給料を得ている。しかしこの学校の中では、まるで透明人間のようである。私の専門知識を共有しようとすると、いつも撃沈され、自分の持ち場に留まるべきだと言われる。

——ダニエル（教師）

ダイバーシティ、エクイティ、インクルージョン委員会のメンバーは、私に方向性や答えを求めているけれども、本当は私のことを必要としていないように感じる。彼らは、「また彼女は正義について叫んでいる」という感じである。「確かに、私は社会正義と公平性に駆り立てられていて、だからこそ、子どもたちのために、私の立場を用いて声をあげている。私がこれらの問題提起をすることは確かである。私は黙ってはいない。しかし同時に、私が怒っているという彼らの立場を強化し、校長になるチャンスをつぶしているような気もする。

——アンジェラ（副校長）

## イントロダクション

　教育リーダーシップは、やりがいがあり、ウキウキすることも多いが、いら立ちや困難さで、まさに疲労困憊になることもある。そのような感覚は、

研究の中でも表れていて、教育リーダーの役割は、ますます複雑で難しいものになっていることが明らかになっている[1]。同時に、研究者たちは、学校をより「説明責任があるもの」にしようとする動きや、市場主導型の改革を目指す新自由主義的な政策の実施が、一種の「脱専門職化」を生み出し、教育者が自律性を失い、有効性が減っていると感じるようになった[2]。世界的なCOVID-19のパンデミックと、人種的不平等やその他の差別の継続的な課題、そして教師と教師の意志や能力についての否定的な世論は、こうした困難を悪化させ、より一層、問題を浮き彫りにしている。最近の世論調査では、教育者たちが燃え尽きて、自分たちがどれだけ長く、あるいはいつまでその職を続けられるかを問いかけているという悲惨な警告が発せられている[3]。

　このような課題は、ほぼ普遍的に経験されていることかもしれないが、教育リーダーシップの役割を担っている、あるいは、担おうとしている女性とその他の少数派グループの人々と話すと、仕事の課題に関する一般的な議論では見過ごされがちな、ある種の疲労感を耳にすることがある。そう、彼らは白人男性と同じ理由で疲れ、ストレスを感じている[4]。さらに、パンデミック中、以前より強まった家事や介護に関するステレオタイプ的な要求にストレスを感じている。（これらの要求とリーダーシップの共通部分については、第2章で詳しく述べている。）しかし、彼らが私たちに語る疲労感は、これらの要因に留まらない。

　その疲労感は、すべての基準を満たし、批判に潔く対応し、リーダーや人間としてどうあるべきかという無理難題な期待に応えようと、身を粉にしなければならないと感じることから生じている。このようなことをしてもなお、チャンスへの扉が閉ざされているように感じることからくる疲労である。あるアジア系アメリカ人の女性校長志願者が私たちに語ったように、「他者から必要とされる存在になる」ために絶えず働き続けることから感じる骨の折れるような疲労感である[5]。

　実際、私たちが女性から聞いたこのような努力は、声を張り上げないこと、

腕を動かしすぎないこと、感情をあらわにしすぎないこと、女性らしい服装をするが女性らしくなりすぎないこと、タフであるが意地悪ではないこと、気遣いと思いやりを示すが甘くはないというようなことである。とくに黒人女性は、軽視されたり、黙らされたりすることを恐れて、怒っているように見られないように、一生懸命努力している[6]。これらの女性たちは皆、良いチームメイトであること、「良い子」であること、与えられた機会に感謝することを常に思い出させられると感じている一方で、同僚の男性たちの中でも特に白人の同僚が、女性がひどい目にあっていると感じている行動（いわゆるガラスのエスカレーター）そのものに対して報われていて、この制度の中で早く出世していくのをいら立ちながら見ている[7]。このような女性たちは、教育リーダーシップは自分たちが成功するために作られたのではないと感じることが多い。

　他の人から見て「正しい」リーダーシップをとることができない、という多くの女性の直感は実にその通りである。しかし、これは彼女たちが非難されることではない。時間を与えて適切な支援があれば、女性は教育リーダーシップの役割で成功する。実際、女性の教育リーダーに関する研究によると、効果的な教育リーダーに最も求められる行動と能力（例えば、共有型リーダーシップ）の多くは、女性が不釣り合いに示されていることがある[8]。

　私たちは、教育リーダーシップとそれに関連する採用、雇用、昇進、評価の在り方が、多くの女性にとって役割へのアクセスを制限され、不安を感じる原因になっていることを論じる。本章では、役割一致論（role congruity theory）の研究[9]と、女性の教育リーダーに関する実証的研究を紹介し、現在のリーダーシップの定義が、いかに男性らしさ（と白人らしさ）を好むステレオタイプに染まっているかを提示する。このようなステレオタイプは、誰がリーダーシップの潜在能力を持っているか持っていないか、そして誰がリーダーシップの役割で成功できるかできないかを形づくる役割を果たす。

　役割一致論に関する基礎的な研究の多くは、ステレオタイプ化された女性

のジェンダー的役割と、女性リーダーに対する差別的な態度や行動に現れる
リーダーシップの役割との間に不一致を認識することが示されているが、人
種やその他の形態の違いの問題には言及していない[10]。そのため、大半の研
究者たちは、「ステレオタイプ化された女性のアイデンティティ」について
語るとき、白人女性とその経験について論じていることがほとんどである。
有色人種の女性に関するステレオタイプは、ジェンダー差別に染まっている
だけではなく、人種的なものでもあり、白人女性のステレオタイプとは異な
ることを認識することが重要である。研究によれば、有色人種の女性は、人
種的、性別的なアイデンティティの交差（すなわち、ジェンダー化された人種差
別）に関する複数の形態の差別に直面していることが明らかになっている[11]。
例えば、黒人女性のリーダーが発言したり、独断的な行動を取ったりすると、
（白人男性が受ける反応のように）より中立的な反応を受けるのに対して、白人
女性はそのような行動を取ると「エージェンシーペナルティ」（すなわち、強
い行動を取ったことで罰せられる）という状況に直面する可能性が高いことが
研究で示されている[12]。なお、ここでは、民族や人種によって女性のアイデ
ンティティを特定する研究について言及しているが、これらの経験が有色人
種の女性や白人女性にとって、一枚岩ではなく、人種的、民族的、そしてそ
の他の違いの中で、重要な違いがあることを認識している。

　とはいえ研究では、ジェンダーバイアスが、多くの人種的な境界線の内外
を含む、他の種類のアイデンティティを超えたリーダーシップにおける女性
の経験の顕著な特徴の一つであることを示している[13]。それゆえ、役割一致
論は、教育リーダーシップにおけるジェンダーの役割を理解するための一つ
の方法ではあるが、限定的なものであることを認識する必要がある。

## リーダーシップ：社会的構成物であり、事実ではない

　社会的役割理論に入る前に、教育リーダーシップが社会的構成物であると

いう意味を明らかにしたい。最も簡単な言葉でいえば、誰かをリーダーとみなす集団の理解は、客観的な事実ではないということを言っているのである。むしろ、それは特定の場所における社会制度と社会構造に深く根差している。例えば、アメリカは集団の利益よりも個人の成功の方が重視される個人主義的な文化を持つ国であり[14]、この世界観に根差した特徴（たくましい個人主義、起業家的な行動、野心）が、一般的にリーダーシップと結びついていても不思議ではない。これとは対照的に、アフリカやアジアの文化の多くは、集団主義的な志向により深く根差しており、個人のニーズよりも集団のニーズを優先させる行動を重視する傾向がある[15]。このような国では、リーダーシップがこのような志向に合致し、「サーバントリーダーシップ」の要素[16]、特に謙虚さ、組織の執事役、奉仕に根差したものと一致することが多い。

　アメリカの個人主義的な文化が、我々の文脈におけるリーダーシップの定義を強く形作っているのと同時に、効果的なリーダーシップの本質について、研究と経験では全く異なることを示している。これは教育リーダーシップにも当てはまり、効果的な意思決定をするために、リーダーシップの共有と教師への信頼が、継続的な改善を構築する鍵であることを示す研究が豊富にあるにもかかわらず、教育リーダーシップに関する政策やレトリックは、意志の力によって状況を変えることを求める英雄的なリーダーを称賛し続けている[17]。次に述べるように、このような方向性は、リーダーシップについて効果的ではない考え方を強化するという点だけでなく、女性がこれらの役割にアクセスし、成功する能力を形作る点でも問題がある。そこで、まず、ジェンダーの役割とそれが一般的に、そして特にリーダーとしてのジェンダーの行動に対する期待をどのように形成するかについての議論から始める。

## ジェンダーの役割

　私たちは小さい頃から、家族、学校、メディア、そして宗教のリーダーた

ちからでさえも、ジェンダーが果たしてきた役割について様々なメッセージを受け取ってきた。女の子であるとはどういうことか？　女性になるとはどういうことか？　ジェンダーの役割とは、女性と男性の性質について社会的に共有された信念であり、日常生活の中では、これをジェンダーのステレオタイプと呼んでいる[18]。このようなステレオタイプは、私たちがジェンダーアイデンティティ（女性がどのように見え、行動し、振舞うか）について、どのように考えるかを形作るだけではなく、特定のジェンダーを識別する人々がどのように行動すべきかという集団的な期待にもなっている。このように、ジェンダーのステレオタイプは、女性的、男性的な行動に暗黙の期待を押し付けるという点で、記述的であると同時に規範的であり、それが満たされないと、社会的さらには身体的な罰（トランスジェンダーやノンバイナリーの人々に対する暴力など）が生じることがある。

　では、これらの期待とは何であろうか？　白人女性やアジア系女性は、感情やケア（気遣い）を中心とした、より共同体的な特徴を持つとよく言われる[19]。規範的に言えば、これらの女性は、愛情深く、養育的で、助けになり、柔らかいことが期待される[20]。対照的に、男性はしばしば攻撃的で、支配的で、自信に満ちていると主体的な性質を持っていると言われる。このようなステレオタイプ化された期待が、リーダーシップを発揮する女性にとって、どのような意味を持つのかを解明し始めるにあたり、同様に重要なことは、多くの女性が共同体的であると理解され期待されるだけではなく、彼女たちが主体的でないと認識されるということである。例外として、一部の研究では、黒人女性はしばしば攻撃的で支配的であるとみなされることがある。しかしながら、我々が論じるように、この枠組みもまたジェンダー化された人種差別に根ざしているため、縛られたものである。黒人女性は、同じような特性を持つ男性（白人であろうとなかろうと）に与えられるのと同じ利益を得られないのである[21]。

　繰り返しになるが、これらはステレオタイプ化されたジェンダー観である。

もちろん、積極的な女性もいれば、柔らかく感情的な男性もいる。実際、共同的なものから主体的なものまで様々な人々が存在し、中にはノンバイナリーやトランスジェンダーと自認する人々も含まれる。とは言え、これらのジェンダーのステレオタイプは根強く残っており、あらゆるジェンダーの人々にとって許容できる行動の要因を定義する上で、硬直性と狭さがある。これらは、ジェンダーアイデンティティを持つ人々がどのように行動し、存在するかという多様で信頼できる方法を反映していないため、実際にダメージを引き起こしている。だからこそ、この問題には名前をつけて、解決できるよう取り組む必要がある。

## リーダーシップと男性らしさ

　リーダーシップとジェンダーが、社会的に構築されたものであることを示したうえで、これらの構築がリーダーシップにおける多くの女性の経験を理解することに役立つものになるよう考える。まず、アメリカの研究では、リーダーシップはしばしば男性的な努力であると長い間みなされてきており、「管理職と言えば男性」というデフォルトが長年示されてきた[22]。多くの研究において、様々なジェンダーアイデンティティを持つ参加者が、リーダーシップの資質として男性の方がより合致していて、女性はあまり合致していないとしている[23]。

　このような男性的な枠組みは教育にも及んでおり、強くて、カリスマ的で、革新的で、野心的な個人が、学校や地域を救うために登場するという一匹狼のヒーローという概念が依然として主流であり、よりステレオタイプ化された男性らしい主体的な性質と一致する[24]。このステレオタイプの一致は、なぜ男性が教育リーダーシップの役割を担うために育成され、昇進が早く進められる一方で、女性は「リーダーシップの素材」とみなされることが少なく、同様のメンタリングサポートを受けることが少ない理由を説明するのに役立

つ[25]。

## 役割一致論

　女性が共同体的であり、リーダーシップが主体的であるという2つの役割のステレオタイプが交わるとき、役割の不一致が生じる。リーダーシップの役割に関するステレオタイプは安定している一方で、共同体的な特徴を示す、あるいはそのように認識されている人々（多くの場合は女性）は、その役割の期待に応えられないとみなされる[26]。その結果、リーダーシップの立場にある女性、とくに教育リーダーシップでは、しばしばダブルバインド（二重の束縛）に直面している。一方で、リーダーシップに対するステレオタイプ化された期待に関連する行動（すなわち、主体的な行動）を取り、その結果、女性の行動に対するステレオタイプと矛盾を起こすことがある。他方で、彼女たちは女性のステレオタイプに沿った行動（すなわち、共同体的）を取り、それがステレオタイプ化されたリーダーシップへの期待と対立することもある。この縛りは、どちらを選択しても、リーダーシップの役割へのアクセスや成功にとって否定的な結果を伴うものである。

　例えば、女性リーダーが主体的な態度を取る時、彼女たちは有能であるとみなされる一方で、対人関係能力や方針決定について否定的なフィードバック（男性嫌い、強気、意地悪）を受ける可能性が高く、出世や成功に現実的な影響を及ぼすことが研究で報告されている[27]。同時に、男性はこのような反発を受けることが無いか、同じような主体的行動（自慢、支配、口論）に対しても報われる傾向さえある[28]。その結果、男性は女性に比べて、リーダーシップを取るに至るまでやリーダーシップを取っている中で、許容される行動の幅が広くなる[29]。例えば、ジェンダーと採用の習慣を調べた研究では、男性が自己アピールを行うと、自分の能力に対する認識と採用される可能性が高まるが、女性には逆効果である[30]。

また女性のリーダーが、より共同的な特性（すなわち、よりステレオタイプな女性の特徴）を示すと、弱々しいとか、過度に感情的であるとみなされ、「リーダーシップの素材」とはみなされない[31]。さらに、我々が研究した野心に燃える方向転換をする校長のグループに見られたように、女性はリーダーとして「真剣に受け止められたい」のであれば、よりステレオタイプ的な女性の行動やコミュニケーションスタイル（話すときに手を動かしたり、感情を示したりすることなど）を抑える必要があるとフィードバックを受けることがしばしばある[32]。さらに言えば、一部の男性は、過度な共同体的になると否定的なフィードバックを受けることがあるのも事実であるが、子育てに関するものを含めて、そのような行動が報われる場合もしばしばある[33]。同時に、第2章で述べたように、女性は無償労働を含めて、より思いやりのある利他的な行動を取ることが期待されることが多い（これは高等教育におけるリーダーシップへのアクセスをさらに難しくしている）[34]。

前述したように、役割の一致に関する研究の多くは、交差するアイデンティティと、特に有色人種の女性のリーダーの経験にどのように影響を与えるかを考慮していない。最近の研究では、マイノリティ化した人種グループの女性の経験が、人種とジェンダーの両方から影響を受けていることが明らかになっている[35]。例えば、黒人女性が主体的な対人関係の志向のためではなく、黒人の能力やリーダーとしての能力について根強い人種差別的な考え方があるため、逆に罰せられる。さらに、黒人女性のリーダーは、ジェンダー差別と人種差別の二重の危険に直面し、白人女性のリーダーとは異なる角度から吟味される[36]。ラテンアメリカの女性もまた、ジェンダーと人種的なアイデンティティの両方からくる様々な形の差別に直面することが多く[37]、この経験は役割一致論によって十分に捉えられなかったり、正しく捉えられなかったりすることがある。

実際には、有色人種の女性が、ジェンダー化され人種化されたアイデンティティに関するステレオタイプと、男性（および白人）の役割に関するステ

レオタイプの解釈との衝突を示唆するような形でリーダーシップに従事することで、どのような反発を受けるかということが研究によって記録されている。例えば、アジア系アメリカ人女性のリーダーグループの経験に関する研究では、研究者たちは「従順で、物静かで、引っ込み思案であるというアジア系アメリカ人女性のステレオタイプが、リーダーシップの立場にある人たちに不利に働き、リーダーシップの役割を目指す人たちにリーダーシップの可能性を否定している」ことを強調した[38]。さらに、怒りっぽいという黒人女性に対するステレオタイプは、彼女たちのコミュニケーションスタイルをプロフェッショナルではないと病理化し、それによって彼女たちの声を封じることにつながる[39]。

つまりこの研究は、女性のリーダーシップにおける経験のすべての重要なニュアンスや、それを生み出すメカニズムをすべて取り上げるという点では不完全であるが、役割一致論は多くの女性がリーダーシップに適していないと感じ、その結果として、リーダーシップのポジションから離れたり、辞めたりする可能性があるかについて、観察の機会を提供できることを示唆している。この現象は、第二世代のバイアスと呼ばれ、学者のハーミニア・イバーラ、ロビン・エリー、デボラ・コルブが説明するように、「女性を不利な立場に置く一方で、軽率に男性を有利にする文化の前提や、組織の構造、習慣、相互作用のパターンから生じる強力であるが、複雑でしばしば目に見えない障壁」を築く役割を果たしている[40]。

## 実践における役割の不一致：ミシェル、ダニエル、アンジェラの話

役割一致論とダブルバインド（二重の束縛）の重要な要素について概説した後、次に、それが女性の教育リーダーの仕事の経験をどのように形作っているかについて説明することにする。そのため、ここでは3人の女性リーダーの物語に焦点をあてる。継続的な改善に取り組んでいる新しいターンアラウ

ンド校長であるミシェル・ボックマン、学校でリーダーシップを発揮しよう
と尽力している教師であるダニエル・ジョーダン、校長職への転身を望んで
いる副校長であるアンジェラ・グリフィンの3人の女性リーダーの物語であ
る。

　これらの事例は、女性が経験するダブルバインド（二重の束縛）と、それが
自分自身についてどのように考えて、リーダーとして行動するかに与える影
響を示している。それぞれの女性たちが、行き詰まりや失敗を感じ、リーダー
シップを効果的に発揮する能力に関して否定的なフィードバックを受けてい
る。しかしこれらの女性は、つまずきがあったり、もっと学ぶべきことが
あったりする可能性はあるが、リーダーとしての洞察力と潜在能力を証明し
ている。

　これらの物語を読む際には、彼女たちの個人的な志向や動機に注目するだ
けではなく、ジェンダー、人種、リーダーシップに関するステレオタイプを
含め、ある出来事がなぜ起こるのかについての別の説明にも目を向けてほし
い。どのようにして組織のシステムや構造（採用や評価システム、ガバナンス、
職能開発のモデル）が、こうしたステレオタイプを強化したり軽減したりする
のか、注目してほしい。これらの女性たちの上司とその行動は、前に紹介し
た概念と理論に照らし合わせて吟味し、批評すべきである。

　前章と同様、各章に続くディスカッションの質問では、集中的な分析を行
う機会を提供する。同僚と一緒に、あるいは個人的に振り返りを行うことを
勧める。あなたの現在の立場や興味関心に応じて読んでも良いし、相違点や
類似点に注意をしながらすべての事例を読んでも良い。最後の事例のあとに
は、事例内及び事例間のテーマの短い要約を提供し、これらの問題にどのよ
うに対処し、実践において考え続ける方法について議論する。

## ミシェル

　ミシェル・ボックマンは、ルーズベルト小学校の校長である。この小学校

は、主要大都市郊外の経済的に困窮している製造業の町にあり、慢性的に成績不振の小学校（就学前教育から第8学年までのK-8学校）である。ミシェルは、白人のシスジェンダーで、異性愛者の女性である。彼女は家族で初めて大学に進学した。彼女の父親は地区の清掃員で、母親は地元の病院で看護助手をしていた。彼女の経験と生い立ちから、ミシェルは教育こそがチャンスへの鍵であると信じ、生徒のために人生を捧げてきた。

　ミシェルは最近離婚し、現在14歳の娘を持つシングルマザーである。この職に就く前、ミシェルは中学校の歴史の教師をしていた。彼女は一連の校長たちが「濡れた紙袋から自らを導き出すことができない」というように無能であると思い、彼女は自分ならもっと良いリーダーになれると決心した。州が運営する無料のターンアラウンド校長養成プログラムに参加する機会が訪れたとき、彼女はそのチャンスに飛びついた。

　この事例の時、ミシェルは養成プログラムから直接ルーズベルト小学校に校長として採用され、校長1年目が終わるころであった。


　ミシェルが時計を見たら午後9時になっていた。どうしてこんなに遅い時間になったのだろうか？　コンピューターの電源を切ることで、一日の中での成功（新任教師の一人がより高度な質問を彼女にするようになったこと）や、難しいやり取り（組合の代表が彼女のオフィスに来て、次の職能開発セッションの議題について「みんな満足していない」ことを知らされたこと）があった長い一日が終わったということを意味していた。この時間帯には誰もいない学校内を歩き、ミシェルはいつまでこんな気持ちで一生懸命に働き続けられるのだろうかと思った。確かに学校は、生徒の学業成績が上がり、学校文化も改善されて、前進していた。しかしミシェルのリーダーシップとビジョンに対する同僚からの抵抗は依然として根強く、その抵抗は彼女がその役職に就いていることを教育長がどのように受け止めているかにまで及んでいた。ミシェルは自分のリーダーシップを取り巻く否定的な意見が多いことが理解できなかった。

彼女は最善の実践と学校を前進させていることをわかっていた。なぜ彼女は休みを取れないのか？

　彼女はルーズベルト小学校の校長に採用されたと聞いた時の喜びを思い出した。彼女は友人たちに、「子どもの時にお世話になった学校に校長として戻れるなんて、夢のようだわ」と話した。さらに、州が運営するターンアラウンド校長養成プログラムから卒業したばかりで、多くの同級生、特に女性がこの職を得られなかったのを見ていたため、彼女はとても幸運で誇りに思っていた。

　彼女は非常に興奮しながら1年目を迎え、養成プログラムの講師の指導に従うことを決めた。まずは、学校の課題と機会をより良く理解するために、教師、スタッフ、生徒とその家族と話をするリスニングツアーから始めることにした。その結果、教師たちはワークショップモデルを用いていると言っているにもかかわらず、それを十分に実践していないことが明らかになった。学校に着任して間もない多くの教師たちは、協力し合い、実践を共有する機会を増やしたいと望んでいることが明らかになった。同時に、彼らはミシェルに、前任の校長によるこのような取り組みは、一部のベテラン教師たちが反対したため成功しなかったと話した。ミシェルがベテラングループに話を聞いた時、彼らはより生徒中心の教授モデルに移行することについて不満を示しており、その代わりに「手に負えない」生徒たちにもっと介入し、自分たちの教室を運営する教師の能力を尊重するよう校長に主張した。

　この情報を得たミシェルは、養成プログラムで学んできたことに再び従い、この問題について能力構築のための方向性を示した。彼女は、リーディングワークショップの指導と新しいルーティーンのための職能開発を教師たちに提供することに焦点を当て、より大きな協働と透明性の機会を与えるようなことに重点を置いた。彼女はいくつかの抵抗勢力も経験して、教職員の会議で何度もワークショップモデル（ミシェルはモデルの複数の利点を共有しようと試み、教師たちは繰り返し、証明するよう求めた）について、彼女の主張に反論し

続けて、就任から3カ月が経ち、彼女は楽観的に感じていた。彼女は、研修プログラムから提供された支援をリーダーシップの指導者に次のように話したことを覚えている。

　物事は正しい方向に進んでいる……会話が刺激的である。私たちがやるといったことは、実行していると感じている。カリキュラムや指導をめぐって、人々と本当に関わることができていると感じている。本当に思慮深い会話ができている。私は、「ネガティブ・ナンシー」と呼ばれる悲観的な人たちに厳しい態度で接しなければならなかったにもかかわらず、たくさんの良いフィードバックを受けている。つい先日も、ある教師が来て、「あなたはとても良い仕事をしています。そのことをあなたに伝える必要があると本当に感じています。あなたはあなたの立場を確立して、そのままの姿勢を続けてください。あなたは正しい方向に進んでいます。私たちにはこれが必要なのです」と言ってくれた。

　彼女は、希望と期待の感覚があったことを思い出した。いつから、どのようにして、物事がこんなに悪くなってしまったのだろうか？　初めの頃の会話以来、教師の抵抗は良くなるどころか、悪化しているように思えた。一部の教師たちが、彼女の生徒たちへの柔らかい接し方と、彼女が強い決断をできないことへの不満を漏らしているとの情報が耳に入った。仕事が終わった後、ミシェルは友人に愚痴をこぼし、「私が「協力しましょう」「話し合いましょう」という姿勢を職場のみんなが馬鹿にしていると思う。それでも私は、物事をただ打ち切るだけの印象を与えたくない。私は協働的なリーダーシップを信じているし、彼らがそれを嫌っても、あきらめるつもりはない」と打ち明けた。

　在職からほぼ1年が経った今、彼女は帰宅しようと車に乗り込みながら、教師たちとどのように関係を築いたら良いかについて前任者のアドバイスを

聞いておくべきだったかもしれないと思った。前任者は彼女に対して、学校の「本当の」リーダーたちに気をつけて慎重に行動するようにと言った。「私のようにすれば良い。'生きて、そして生かして' という方法を取りつづければうまくいく」と彼は言った。

　ミシェルはこのアドバイスを理解していたが、学校の成績が改善しなかった理由の一端は、そこにあるのではないかと考えていた。さらに言えば、彼女の最高責任者である教育長（superintendent）は、「事態を一変させて改革をする」ために彼女を採用し、彼らは強力で、先見の明があり、革新的なリーダーを求めていることを明らかにしていた。彼女が就任したばかりの頃、反発を受けた時の対処法についてアドバイスをもらうために教育長に会った時、教育長はこうした期待をさらに強めた。彼は彼女に、「あなたは良い人すぎて、ハエも殺さないような態度である。もっと強く押し通す必要がある。これまで誰も彼らを厳しく問い詰めたことがなかった。それがいま起こっていて、彼らはそれを好まない。彼らがそれを好まないことを忘れないで欲しいし、彼らはそれに何度も何度も反発するだろう。しかしあなたは、決してあきらめないで、弱気にならずに、押し続けなければならない。」

　彼女はこの言葉を真摯に受け止めたが、強く押し通せば通そうとするほど、教師たちの抵抗も強くなっているように感じた。さらに苛立たしいのは、教師たちの反発が強くなるにつれ、教育長はミシェルと彼女の能力を支持せず、批判的になっていった。最近では、ミシェルは無能で学校をコントロールできていないという教育長の不満の声を耳にした。彼らが情報交換をする時、たいていネガティブなものであった。彼はミシェルに電話をかけてきて、「押しつけがましく」なく、カリキュラムを実施するよう要求する必要があると言い、彼女が連絡を取ろうとすると、彼は彼女からの電話やメールを無視した。

　彼女は最近、ある教師たちのグループが組合に対して、正式に苦情を提出したと聞いた。つまり、彼女はこれから数週間、さまざまな調停に参加しな

ければならない。そのうえ、彼女は最近受けた正式な評価が、予想以上に否定的なものであり、彼女が達成した前向きな生徒の成果についてはほとんど触れられていなかった。彼女はまだその評価のコメントの一つが忘れられないでいた。そのコメントとは、「教師たちは、ミシェルが攻撃的で、軽蔑的な態度や不親切な態度をとることがあると言っている」というものである。彼女は教育長が望むような指導者になるために自分自身を押し殺していたのに、評価の中で彼女は批判されていたのか？　なぜ彼女はうまく行かないのだろうか？　おそらく「私はこの仕事に向いていないのかもしれない」と彼女は思った。それでも、彼女は、仕事に、子どもたちに、地域社会に貢献していると感じていた。「私はどうしたらよいのだろうか？」

---

### 振り返りと対話のための質問

- ミシェルが置かれている状況をどう分析するか？　彼女が感じている「ダブルバインド」とは一体何か？　その緊張の「側面」を説明することができますか？

- この状況は、彼女が職場で最高の自分を発揮するために、彼女の能力にどのような影響を与えると思うか？　それはなぜか？　この時点で彼女のキャリアにとって、自己効力感がとても重要である理由は何ですか？

- 次のステップについて、ミシェルにどのようなアドバイスをするか？あなたがミシェルの親しい友人だとしたらどうするか？　あなたがミシェル自身だとして、自分自身にとって最善のコーチになろうとしたらどうしますか？

- もし、自分も他人も「生きて生かして」という彼女の前任者のアドバイスに従っていたとしたら、どうなっていたと思うか？　それはなぜですか？

- あなたが教育長だと仮定して、ミシェルが直面した「ダブルバインド」を理解したと想像した時、あなたには何ができるか？　このような事態を防ぐために、何を言ったり、どんな行動ができたりしたでしょうか？

## ダニエル

　ダニエル・ジョーダンは、州都近郊にある裕福で白人の多い高校の化学の教師である。ダニエルは白人で独身、シスジェンダーで異性愛者の女性である。

　ダニエルはノースイースト高校で10年間教師をしており、教育委員会の認定を受けている。彼女は自分の仕事に大きな誇りを持ち、常に技術を向上させ、新しく革新的な教育実践を取り入れるために努力している。彼女は、自分は理科の教師で、科学を用いて教えていると人々に話している。実際、ダニエルは多作の著者でソーシャルメディアの達人であり、教育学の実験を世界中の人々と共有し、さまざまな教育団体の幹部レベルの役職についている。理科の7人の教師のうち、ダニエルを含む3人が女性で皆白人である。ノースイーストのスタッフのほとんどは、長く勤めている。保護者の多くは、同じ教師たちに教わった元生徒である。この地域は、伝統に対する強い感覚と、そのような伝統を大事にして高めていく必要があるという感覚を築くのに役立っている。この学校は、卒業生を州立大学の優等生やエリート私立大学に送り出していることでも高い評判を得ており、保護者たちはそうした成果を非常に重視している。

　ダニエルの友人が、彼女の学校の教職員向けに行った職能開発についてその日の午後に尋ねるのは自然なことであった。ダニエルは友人のステラと過去に数回会った時、その事ばかり話していた。ダニエルは、彼女の専門知識であるスタンダードに基づく成績評価について、彼女の同僚と情報を共有できることに興奮するだけではなく、緊張感もあった。

　ダニエルが緊張していたのは、この話題の事ではなかった。彼女は革新的な教育実践によって、外部の様々な専門組織から多くの賞を受賞しており、スタンダードに基づく成績評価について全米で講演を行い、他の高校がこの

モデルを取り入れるのを支援してきた。それにもかかわらず、ノースイースト高校での10年間で彼女が同僚と新しいアイデアを共有する正式な機会はこれが初めてであった。この案内が届く前、彼女は特にフラストレーションのたまる1日を過ごした後、彼女はステラに次のように言った。「私には理解できないです。私は、学校の外で、指導のリーダーとして尊敬され求められる存在です。文字通り、私の専門的知識とスタンダードに基づく成績評価への移行を支援するために報酬を得ています。それなのに、この学校の中では、まるで透明人間（invisible）のような扱いを受けています。私の専門知識を共有しようとすると、いつも自分の役割に留まるべきだと拒絶されてしまいます。」

　彼女は、この職能開発の機会が変化をもたらすサインであり、彼女はついに彼女の専門知識が受け入れられたと期待していた。しかし彼女が思い描いていた勝利の瞬間は、災難であった。彼女が友人に話したように、同僚たちは彼女を専門家として扱うどころか、彼女が提示する革新的な実践をことごとく否定したのである。そしてスミス氏とのひどい事件が起こった。彼女はその時のことを思い出して震えた。「ステラ」と彼女の友人は悲しそうに声をかけ「私が望んでいたようにはいかなかったわ」と言った。

**学校でのダニエル**　自称「科学オタク」であるダニエルは、ノースイースト高校で10年以上、一般クラスとアドバンスド・プレースメント（AP）クラスの化学の授業を担当し、幅広い生徒から賞賛されている。こうしたポジティブな評価の理由の一つは、彼女の一風変わった態度と外見にあった。彼女は理科に関係するダジャレを言ったり、ビーカーを花瓶として使ったり、生徒の机を元素周期表に見立てたり、教室を化学に関連する装飾でいっぱいにすることで有名であった。

　彼女は服装もまた有名であった。優雅で、ソフトな声で、ブロンドヘアで、曲線美を持つダニエルは、自分が伝統的な高校教師には見えないことを知っ

ていた。彼女は自分の職業を人々に話すと驚かれることが多かった。しかし
ダニエルは自分の外見のこれらの要素を控え目にするのではなく、むしろそ
れを取り入れていた。学校がある日、鮮やかな模様のあるワンピースにハイ
ヒールを履き、実験用のコートを身につけ、明るい色の口紅をつけた彼女が
歩いているのをよく見かけた。友人にその洋服を選んだことについて尋ねら
れると、ダニエルは教室で自分が見られるための方法の一部であることを明
らかにした。「私は彼らのようにはできない」と背の高い白人の同僚男性2
人について話し、「私は、ただ教室に入っただけで尊敬されるような存在で
はない。自分を見てもらい、聞いてもらうためには、あらゆる面で声を大き
くしなければならない。」

　生徒たちはダニエルに好意的で、彼女に敬意をもって接してくれたが、同
僚全員に対して同じことが言えるわけではなかった。彼女は会議でよく話を
遮ったり、カリキュラムが時代遅れではないかと懸念を口にしたり、より革
新的な実践を取り入れるよう部局に迫ったりすると、「落ち着いて」とか「あ
なたには通用するかもしれないが、私の教室では通用しないだろう」と言わ
れることもあった。また彼女の外見について、不愉快なことを言われたこと
もあった。ダニエルが友人だと思っていた女性同僚の一人が、最近、ダニエ
ルの服装に対して、もっと露出を少なくするべきだと提案し、彼女の服装が
彼女のクラスの男子生徒の気が散る存在になっており、他の女性教師たちが
まともに相手にされにくくなっていると伝えた。

　学会での発表や数々の名誉団体への参加を通じて、ダニエルはマイナーな
有名人ではないものの理科の教育者として非常に尊敬されるようになってい
た。授業で教える時の秘訣や化学の考え方を説明する助けとなる化学の実験
を配信する彼女のインスタグラムのアカウントには、5万人のフォロワーが
いて、その数は増え続けていた。彼女は全国各地の学区や学校から講演やコ
ンサルティングの依頼を受けていた。それでも彼女は満足していなかった。
ダニエルが本当に望んでいたのは、ノースイースト高校の同僚たちに、彼女

の専門知識を共有し、リーダーとして見られることだった。残念なことに、実現するかどうか確信が持てなかった。しかしながら、校長から、スタンダードに基づいた成績評価へと移行を進める新しい改革を導くために彼女に対してアプローチしてきたとき、状況が一変した。「ついに！　自分の力を人々に見せる機会が来た」とダニエルは思った。

**大事な日**　月に２回、水曜日にノースイースト高校の生徒たちは、学校が早く終わり、教員は職能開発のために自由になる日がある。そのような水曜日に、ついにダニエルはカフェトリアムの前に立ち、パフォーマンスに基づく成績評価についてのセッションで同僚と議論する準備ができていた。彼女は縁起を担いでお気に入りの赤いヒールの靴を履き、笑顔でいたが教室を見渡した途端、笑顔は消えた。

　部屋に入ると目の前には、彼女の学科長であるロナルド・スミスが座っていた。ダニエルが自分自身と比較していた背の高い白人男性の一人であるスミスは、スタンダードに基づく成績評価（SBG）や、ダニエルが会議に持ち込んだ他のアイデアについて、しばしば懐疑的な態度を示していた。この日も、彼は腕組みをして、まるで戦う準備ができているような表情をしていた。ダニエルは彼を無視しようと試み、スタンダードに基づく成績評価の概要を説明し、それがカリキュラム全体でどのように実施されるかに注力した。その後、教員たちはグループに分かれ、より公平な評価を実施するためにF以下の成績（つまり50％以下の成績）を無くすことを提案した記事について議論をした。

　ダニエルがグループワークから共有に移った時、問題が発生した。スミスは、ダニエルのもう一人の男性同僚と並んで、彼のグループがスタンダードに基づく成績評価を採用する記事の前提に反対しており、成績の「正規分布」を変えることは、クラスの中で授業の厳密性を低下させ、基準を下げることになると述べた。ダニエルは自分の立場を守り、スタンダードに基づく成績

評価が厳格さを高めることに、どのように役立つか説明しようとした時、スミスは明らかに興奮した。「ダニエル、あなたは私の言葉を捻じ曲げている！」と彼は彼女を指さしながら椅子から立ち上がり怒鳴った。ダニエルが答えようとすると、彼はダニエルに向かって、腕を振りながら怒鳴り始めた。彼はダニエルの上に立ち、あなたは何もわかっていない「いまのままでも上手くいっているんだ」と怒鳴った時、他の同僚たちは目をそらして、小声で話したり、首を振ったりするだけで、誰も助けに立ち上がったり、介入したりすることはなかった。このような会議は、伝統的に教員が進行役を務めてきたため、管理職は不在であった。前に進める最適な方法が見つからず、ダニエルはスミスの考えについて「重要なポイント」を指摘してくれたと述べ、「おそらく今日の議論はこれで十分だ」と言った。

　彼女の黙認によってなだめられたスミスは、振り返って自分の席に戻り、荷物をまとめて帰ろうとした。彼にならって同僚たちも、帰る準備を始めた。部屋が片付き始めると、何人かの人が「ありがとう、ダニエル」、「興味深いプレゼンテーションだったよ」と部屋を立ち去る時に声をかけ、ダニエルは部屋の前で立ち尽くしながら気持ちを抑えようとした。最後に、残り数人だけになった時、彼女は女子トイレに直接行き、少し落ち着き、同僚たちが建物を離れたことを確認するまで個室に座っていた。

**その後**　いまステラと一緒に座りながら、2杯目のシャルドネを片手に、ダニエルはこの経験からどう前へ進むことができるかについて考えた。彼女がやりたかったのは、彼女の学校に新しい証明済みのアイデアを持ち込んで実施することであった。なぜ誰も聞いてくれないのか？　一つ確かなことは、もう二度と他の同僚との批判や対立に、さらされることは望まないということであった。しかし同時に、彼女は他の誰よりも、このトピックの専門家である思っていた。それなのになぜ、引き下がることが彼女の仕事だったのだろうか？　ダニエルは、自分の仕事を愛していたが、この件で仕事の多くの

側面に疑問を抱いていた。彼女は次に何をすべきか考えた。

---

**振り返りと対話のための質問**

- ダニエルが置かれている状況をどのように分析するか？　彼女が感じている「ダブルバインド」とは一体何か？　その緊張の「側面」を説明することができますか？
- 会議の状況が、彼女が職場で最高の自分を発揮する能力にどのような影響を与えると思うか？　それはなぜでしょうか？
- 会議の中で、彼女がもっと違ったやり方をするべきだったと思うことはあるか？　それはどんなことか？　あなたのやり方がうまく行くと思うのはなぜか？　彼女が他に変えることができたと思うことはあるか？　例えば、彼女の服装を変えるべきだったでしょうか？
- 次のステップについて、ダニエルにどのようなアドバイスをするか？　この学校は、ダニエルが教えるのに安全な場所だと思うか？　リーダーシップを取るには安全な場所だと思うか？　その違いは何でしょうか？
- あなたが管理職だったら、あとでこの会議のことを聞いたら、あなたはどのようにするか？　またそれはなぜですか？

---

## アンジェラ

　アンジェラ・グリフィンは、アメリカ人でシスジェンダーの女性である。彼女は夫のフランクリンと結婚して23年経つ。彼女には2人の10代の息子がいて、1人は州立大学の工学部に入学しようとしている。もう1人の息子は、地元の高校の2年生で、フットボール部に所属している。彼らはアンジェラが育った場所のすぐ近くに住んでいる。彼女が若い頃、この地域は労働者階級の白人がほとんどで、彼女の家のような黒人家庭は少数であった。最近では、有色人種や移民の家族が増え、この地域は過渡期を迎えている。

　この学区は、生徒の人口構成に一部変化がみられるものの、そのような変

第3章　女性リーダーのダブルバインド（二重の束縛）　75

化は、人種による居住地のパターンのためで、アンジェラの家に最も近い
チェリー・レーン小学校で最も顕著にみられる。生徒の構成は変わっている
にもかかわらず、学校の教職員にはまだ変化が見られない。この学校と学区
の教師たちは、白人が多く、リーダーシップを取っている指導者層も同様で
あった。現在、アンジェラは、学区で2人しかいない有色人種の管理職のう
ちの1人で、高校の副校長はラテン系で、アンジェラはこの役割を担う唯一
の有色人種の女性で管理職である。

　アンジェラはこの学区で27年以上、教師として働いている。彼女は自分
の仕事を天職だと思っており、彼女の母親、叔母、姉が同じように教育者で
あり一族のレガシーだと考えている。彼女は信仰心の厚い女性であり、地域
社会と子どもたちへの奉仕に力と目的を見いだしている。彼女は彼らのため
に献身し、常に自己研鑽に励み、地域社会の代弁者でありロールモデルであ
り続けている。


　受信トレイを見つめながらアンジェラ・グリフィンは、メールを読み信じ
られない思いで首を振った。「残念なお知らせですが……」どうしてこんな
展開になったのだろうか？　彼女はまた校長のポジションに選ばれなかった
のである。不採用はいつだって傷つくものであるが、今回は特に心を苦しめ
た。「今度こそはいつもと違うと思っていたのに。」彼女は、副校長としての
職務を果たし、この学区の3つの異なる小学校で12年間勤め、最近ではチェ
リー・レーン小学校で副校長を務め、その学校の校長職に応募していたのだ。
　彼女は自分がチームプレイヤーであることも分かっていた。学区が、彼女
に2つ目の学校からチェリー・レーン小学校の副校長へと異動することを頼
んだ時、「重い」役割の人材を必要としており、その役割とは有色人種の生
徒と家族が「親しみやすい」人物が必要だと言ったが、彼女は決して文句を
言わなかった。彼女は必要とされるところに行った。
　額縁に入った複数の学位記が並ぶオフィスを見渡しながら、アンジェラは

採用委員会が資格の欠如を理由に彼女を選ばなかったとは考えられなかった。アンジェラは最近、教育学の博士号を取得し、さらに英語の修士号と、リーディングスペシャリストの資格と、特別支援学校の資格を取得した。彼女は学校管理者と学区のリーダーシップのためのライセンスを持っていた。これらの資格だけでなく、アンジェラにはそれを裏付ける指導力があった。彼女は15年間英語教育を実施してきており、学区内のどの教師よりも高いテストの成績を達成し、生徒との関係も強力で、多くの人々から彼女は専門性の高い教師として尊重されてきた。彼女が教師として教えていた期間、学区と州は最優秀教師賞を彼女に授与した。彼女は自分がしていることをよく理解しており、それを証明する結果も出していた。

　アンジェラにとって重要であったのは、彼女の生徒たちとその家族と愛情に満ちた信頼関係を築き、維持していたことだ。彼女は学校の近くに住み、すぐ近くの教会に通っていた。教育者としての年月の中で、彼女は多くの若者たちが成長するのを見守り、卒業式、結婚式、出産祝いなど、教え子たちのお祝い事の行事によく出席していた。彼女はこうした人間関係を誇りに思うと同時に感謝しており、もし彼女が地元出身の黒人女性としてチェリー・レーン小学校の校長に指名されたら、それが彼らにとってどのような意味を持つことなのかを知っていた。

　そして今、学区から毎年毎年「適任が見つかり次第、校長職を任せる」と約束されていたにもかかわらず、またしてもそのような機会は来なかった。数日後、彼女が知った理由は見覚えのあるような内容で、彼女の傷口に塩を塗るようなものだった。「アンジェラ、本当に申し訳ない。あなたを採用するように推したのだけど」と前校長で現在の教育次長であるシェリル・ハートは言い、「でも彼らは、あなたのアプローチは強引すぎると言っていて、もう少し柔らかくて、物議を醸さない人を求めていた」と数日後に話してくれた。

　その日の晩に、隣接学区で教師をしている姉妹のシャニスと電話で話をし、

第3章　女性リーダーのダブルバインド（二重の束縛）　77

アンジェラは不満を爆発させた。アンジェラは自分が有能なリーダーであり教育者であることを、また罰せられたように感じたのである。アンジェラはシャニスに次のようなことを話した。

> 「私は、現在の校長よりも、他の誰よりも、管理職としての経験がある。私はこの学校のことも、生徒の家族のことも、教師のことも、学校をより良くするために何が必要なのかも知っている。そう、私は押しが強いのです。私が、なぜこのようなことをしているのかと、質問すると、「我々はいつもこのようなことをしてきたからだ」と答えが返ってくるが、私は「あなた方はそれが十分な答えではないことに気がついているでしょう？」と思うのです。すべての生徒が成功するために必要な教育の機会と成果を得られるようにするためには、我々はもっと努力をしなければならない。」

シャニスはアンジェラがどれほど傷ついているのかを聞き、彼女の強さと神への信仰に寄り添い、戦い続けるよう励ました。これらの言葉はアンジェラにとって癒しとなり、シャニスとの電話を切る頃には、少し気分が良くなっていた。彼女は自分が戦っていることは、矢を投げつけられるだけの価値があることだとわかっていた。彼女はそれに慣れていた。特に彼女は長い間、学区の人種や経済的な公平性の問題について、声を発して改革を支持してきたため、彼女は採用委員会からそのような批判を受けてきた。

アンジェラはまた採用のプロセスに至るまでに、彼女は自分自身をアピールしてきたことも分かっていた。特に、ジョージ・フロイドの殺人事件や、それに対応するブラック・ライブズ・マター運動、そしてCOVID-19の大流行とそれによる有色人種への不釣り合いな問題がある近年、彼女の不平等に対する取り組みは一層強まっていた[41]。これらの問題が彼女のコミュニティや、彼女の生徒たちの間で、リアルタイムで繰り広げられている中、アン

ジェラは行動を起こさなければならないと感じ、彼女の生徒たちとその家族たちが支援を受けられるようにするための複数の活動に従事した。これは彼女の学校が食料配布場所となるように奮闘したり、地元の企業と協力して支援が必要な家族に寄付したりすることも含まれる。さらに最近では、学区のダイバーシティ・エクイティ・インクルージョン（DEI）の取り組みを導くために彼女は教育長から任命されていた。当面の課題は、生徒が文化的に最適な教材を利用できるように英語教育（ELA）のカリキュラムを更新することと、教師が日々の教育実践の中で、反人種差別の原則を取り入れる方法を教師たちに研修を通じて伝えることであった。

このような活動を通じて、アンジェラは増え続ける有色人種の家庭や生徒たちから、信頼できるアドバイザーであり支持者であるとみなされていた。アンジェラの事務所は一種の避難所であり、耳や肩を貸してもらいたい、あるいは単に居場所が欲しい人たちでよく占領されていた。こうした家庭の多くが、採用プロセスの間、アンジェラを校長として採用して欲しいと教育長に手紙を書いた。

しかしながら、彼女の学校や学区レベルでリーダーとしての役割が拡大するにつれて、微妙なものから明確なものまで反発が増えていった。例えば、いくつかのDEIの会議で、彼女の同僚がアンジェラを「強引」だと非難し、彼女が彼らに怒鳴っているといった。アンジェラは同僚たちが委員ではない人たちにアンジェラの否定的な側面を伝えているのではないかと心配した。彼女はこれが昇格の機会を損なうことと分かっていた。以前、彼女がシャニスに説明したように、

「DEI委員会の他のメンバーは、時々私に指示や答えを求めるけれど、私は彼らが私を本当は必要としていないように感じる。」彼らは、「また彼女は正義について怒鳴っている」というように見ている。はい、私は社会正義と公平性に駆り立てられているので、子どもたちのためにこの

立場と声を使っている。あなた方は、私がこれらの問題を持ち出すことを信じている。私は黙ってはいない。しかし同時に、私が怒っているという立場を強調してしまうと感じており、それは校長になる本当のチャンスを潰しているようにも思う。

　今、彼女の心配事は、現実のものとなった。彼女が切望していた校長の仕事は、学区外の誰かの手に渡ってしまった。新しい校長は若くて、背が高くて、白人の男性であった。アンジェラは、それが彼らの求めていることなら、彼女にチャンスは無いと思った。シャニスのアドバイス通り、学区を離れてどこか別の場所で校長の仕事に就くべき時なのかもしれない。結局のところ、シャニスはそれで上手くいっていた。しかしもし彼女がそうしたら、誰が生徒たちやその家族たちのための味方になってくれるのだろうか？　今ここを去ることは、彼女が信じるすべてを裏切ることになるのだろうか？

---

### 振り返りと対話のための質問

- アンジェラが置かれている状況をどう分析するか？　チェリー・レーン小学校で働いていた時、彼女が感じていたダブルバインドとは一体何であったか？　その緊張の側面を説明することができますか？
- このような状況やダブルバインドが、アンジェラの副校長としてのリーダーシップ能力にどのように影響を与えたと思うか？　その理由は何ですか？
- アンジェラが抜擢されないことについて、もっと違うことをすればよかったと思うことはあるか？　それはどのようなことで、その理由は何でしょうか？
- あなたがアンジェラの友人だとしたら、あなたはアンジェラにどんなアドバイスをするか？　彼女は学校やコミュニティを去るべきですか？　なぜそう思いますか？

- あなたが学区の教育長だとしたら、何か違うやり方をしていたらと思う
  か？　あなたはアンジェラの才能と、地域社会とのつながりを認識して
  いるが、あなた自身もキャリアや現在の立場でダブルバインドに直面し
  たことがあるかもしれない。この認識は、アンジェラをサポートするあ
  なた自身の能力にどのような影響を与えそうでしょうか？

## 前に進むには

　私たちはこれらの事例とそれに関連したディスカッションの質問が、女性
が学校や学校制度の中で、教育リーダーシップを発揮しようとする際に、役
割の不一致が女性の日々の仕事にどのような影響を与えるかについての見識
を与えてくれることを願っている。これらの事例はリフレクションとディス
カッションで、様々な問題を提起するかもしれないが、私たちが重要な側面
であると考える２つの点を強調する。

- 女性リーダーたちの自己効力感が低下しているのは、彼女たちが直面し
  た偏見によるものである。
- 彼女たちの上司の役割が、差別的行動を強化してしまったかもしれない
  こと。

　これらの問題と、ここで示されたダブルバインドとの関係を検討すること
に加えて、この差別にどのように対抗し、生産的に前に進めていくのか、い
くつかのリソースを提供する。

## 女性のリーダーシップの効力

　それぞれの事例において、主人公はリーダーとしてどのように関与すべき

かについて、複雑でしばしば葛藤するメッセージを受け取っており、そのため、彼女たち自身の自己効力感やリーダーシップの役割で成功する能力について、疑問を抱くこととなった。ミシェルの場合は、そのようなメッセージは教師から発せられたもので、彼女が主体的にふるまった時（例えば、ワークショップモデルについて彼女の威信に挑戦した時）や、仕事に対する共同的な姿勢を促そうとした時（彼女が協力的な方法を馬鹿にされたと感じた時）に、彼女は罰を与えられている。ダニエルもまた、彼女の際立った女性らしさ（彼女の外見）が彼女を目立たせているが、それは必ずしもリーダーとして目立っているわけではないというメッセージを受け取った。対照的に、彼女がより能動的な性質を持ち、同僚と彼女の専門性を共有しようとすると、少なくとも部局の長からは、彼女の居場所を脅かす人として扱われた。最後に、アンジェラは周囲の人々のニーズに応えることによって共同体的に行動することを奨励された（例えば、チームプレイヤーであること、DEI委員会に奉仕していること、学校で有色人種の子どもたちやその家族たちに非公式なサポートを提供していること）が、そのような努力は彼女が校長の地位を得る助けにはならなかった。その代わりに、DEI委員会のリーダーとして自分の立場と社会正義への責任を主張し、主体的に行動した時、彼女は「怒っている」とか「攻撃的すぎる」と批判され、それは「怒っている黒人女性」というジェンダー的で人種的な図式を思い起こさせるものであり、リーダーシップの地位へのアクセスを再び妨げるものとなった[42]。

　これらの事例は、強くて有用な女性が、リーダーとしての地位を得るのが如何に難しいかや、嫌がらせや非難を受けることや、リーダーとして真剣に受け取られないことを強調しているだけではなく、そのような経験がしばしば内面化されることも示している。ミシェルとアンジェラが自分のリーダーシップの鋭さや組織に留まる能力に疑問を抱いたことや、ダニエルが自分のリーダーシップが否定的な反応を引き起こしたと感じていることは、それぞれの女性が直面した差別について、少なからず自分自身を責めていたようで

ある。このような差別の内面化は、二次的なバイアスの悪質な要素であり、女性がリーダーシップの機会から離脱する原因であったり、あるいは女性がリーダーシップを取る機会に従事した時でも、ステレオタイプに挑戦するのではなく、むしろそれを強化するようなやり方をする原因となっていたりする[43]。例えば、強引すぎると思われるのを避けるために、交渉の時に手加減をしたり、目を引くような役割で能力を示すために技術的な支配力に過度に依存したり、十分にリーダーらしいイメージを伝えるために男性的な態度を取ったりすることがある[44]。明らかに、女性が自分自身をより主体的にする（身を乗り出す）、あるいは共同的にする（ただ親切にする）ように自分自身を変えることによって、差別に対して直接的に向き合うことを女性に求める戦略は、女性のリーダーシップへのアクセスや経験を大規模に、真の意味で変えるには不十分である。

## アンカリング　錨（いかり）をおろす：荒れ狂う海で停泊所を探す

　イバーラ、エリー、コルブの３人の研究者たちは、女性リーダーは好感を持たれるか、有能だと思われるか、という２つの間で絶えず綱引きをする必要はないとして、このような戦略への代替案を提示している。これらの研究者たちは、女性リーダーが他人からどう見られるかを考える時間を減らし、リーダーシップの目的の中で自分自身を「アンカリング（固定する、いかりをおろす）」ことにもっと時間を費やすべきだと主張している。彼女らの説明によれば、

　　目的に軸足を置くことで、女性は共有された目標に向かって方向性を変えるために注意を向け、その目標を達成するために自分はどうあるべきか、何を学ぶべきかを考えることができる。ステレオタイプ的な男性的アプローチは信頼できないと感じて拒否したり、ステレオタイプ的な女

性的アプローチは無能さを示すものとして不安に思って拒否したり、というジェンダーのステレオタイプとの関係で自分自身を定義するのではなく、女性リーダーは自分が立つ目的を前進させるような方法で行動することに集中することができる[45]。

　これが実際にはどう見えるだろうか？　ユージェニア・トーレスの話は良い事例である。ラテン系のシスジェンダーであるユージェニアは、ミシェルと同じ養成プログラムに参加し、ターンアラウンド校長として採用された。しかしながら、ミシェルと違って、ユージェニアは、教師として好かれているかどうかを気にする時間はほとんどなかったようである。その代わりに、彼女は自分の価値観を伝え、指導上のことでもそのほかのことでも、すべての決定において、常に子ども第一で考えるということに時間を費やしていた。教師たちが彼女のところへ来て、不親切だとか意地悪だとか不満を伝えると、彼女は「あなたの気分を害したようでごめんなさい。後でそのことについて話しあうことはできますが、私があなたに聞きたいことは、子どもたちにとって何が最善だと感じているかについてです」と言った。最終的に、教師はその要求が学校の価値観と一致していることを認めた。彼らもまた、ユージェニアが意地悪であるというコメントを撤退させた。そうでない場合、ユージェニアは教師と、どのように教師たちとうまく協力するかについて話し合った。時間が経つにつれて、これらの会話は減少し、責任を負いたくない者は学校を去っていった。残った教師たちは、仕事をこなし、学校は成績と評判を上げ始めた。さらに、教師たちは目的とユージェニアに強い忠誠心を持つようになった。

　ユージェニアの成功は苦労の末に得られたものであり、挫折を経験しながらも軌道に乗り続け、回復力を維持するためには、継続的な集中力とサポートが必要であった。私たちは、アンカリング（いかりをおろす）を効果的に行うためには、例えば、リーダーシップ開発や養成プログラムのような低リス

クの環境の中で、リーダーとして彼らのリーダーシップの目的を振り返り「試して」みる機会を含めるべきだと論じている。また女性に与えられる（もしくは与えられない）一種のフィードバックや機会の中で、ジェンダーバイアスがどのような役割を果たしているのか認識するための知識とツールを与え、彼女たちの経験を安全な場所で共に語る機会を与えることも必要である。女性もまた、そのような差別に直面しても、自分の目的に集中し続けるためのコーチングからも恩恵を受けることができる。アンカリングは、自分の仕事を中核に据え続けるための成功戦略となりうるが、差別を無くすわけではない。人々は、女性がリーダーシップを発揮することに対して否定的な反応を示すだろう。彼女たちが直面した差別に、より積極的に対処するためには、他の支援や介入が必要である。

## 公平性のための監督

　ミシェル、アンジェラ、ダニエルの事例で、彼女たちの上司は、自分たちのフィードバックとやり取りの中で、ジェンダーや人種的な偏見を強いていることには気づいていないようであった。

　これはミシェルにも当てはまり、教育長は常に「もっと頑張れ」、「教職員に弱音を吐くな」と言っていた。おそらく、教育長は自分が白人男性として効果的だった主体的なアプローチについてアドバイスしただけだろう。しかしこのようなアドバイスは、異なるアイデンティティを持つリーダー、この場合は女性というアイデンティティを持つリーダーを効果的に支えるために必要な視点を欠いたアドバイスであった。さらに、ミシェルは自分の状況ではその方法はうまく行かないと告げると、教育長は耳を傾けたり、理解しようとしたりするのではなく、ミシェルの主張を真剣には受け止めず、彼女のアプローチを疑問視した。彼が与えたアドバイスの交差点と、彼女が「攻撃的」で「不親切」と言われたコメントを評価することについての振り返りが

第3章　女性リーダーのダブルバインド（二重の束縛）　85

欠けていることは、これらの問題をめぐる深刻な盲点を示唆している。

　アンジェラの上司たちは、彼女に対する教職員の反応という点で、彼女のアイデンティティと彼女が唯一の黒人管理者であるという役割が何を意味しているかについて、問題深く注視していなかった。むしろ採用委員会の決定に異議を唱えたり、彼らの結論の人種的でジェンダー的な性質（アンジェラは「強引すぎる」「攻撃的だ」という考え）を指摘したりすることは無く、教育次長は単に中立的な立場として情報を提示した。そうすることで、彼女は委員会の決定は適切であり、問題はアンジェラの行動にあるというメッセージを送った。学校レベルでは、アンジェラが有色人種の生徒や家族に接するという感情的な労働を引き受けることについて校長は許可をしたが、白人の教職員がこの一貫したニーズにどれだけ応えているか、アンジェラに追加の支援、後援、補償を提供するか、有色人種の教職員をもっと雇うように動くか、といった深い質問はしなかった。教育長や教育次長は、DEIの会議に出席しておらず、アンジェラが受けた批判（彼女は「強引」で「怒鳴っている」という批判）は、人種的やジェンダー的なものとして正しく名指ししなかった。

　ダニエルもまた、彼女の管理職からサポートを受けていなかった。おそらくその場では極端であったが、スミスの行動と他の教職員の反応は、いじめ行為を常態化させるパターンを示唆している。また管理職はそのような行動に目をつぶり、コミュニティの中で、誰かがより過大評価をされるか、あるいは誰がより過小な評価をされるかについて、明確なメッセージを送っていたことも示唆している。ダニエルが同僚の前でプレゼンテーションをすることに、明らかに不安を感じていたのに、なぜ管理職は誰も出席せず、少なくともプレゼンテーションを依頼した校長でさえサポートするために出席したりせず、潜在的な実直さを示したりしなかったのか、疑問が残る。

　これらの事例を統合すると、上司たち、そして我々、専門職である学校と地域社会のすべての人々が、ジェンダーバイアスと、ジェンダー化された人種差別、そしてその人たちのリーダーシップが、どのように定義され、実行

されるかについて学び、バイアスのパターンを意図的に破壊する必要がある
ことがわかる。さらに、私たちは、ジェンダーバイアスや性別に基づく人
種差別が、政策の中でも特に、教育リーダーシップの政策、構造、慣習に深
く根付いていることを理解する必要がある。イバーラ、エリー、コルブによ
れば、「第二世代の偏見は、ステレオタイプや組織の慣行の中に埋め込まれ
ており、それを発見するのは難しいが、人々がそれに気づくようになれば、
変革の可能性が見えてくる(46)」ので、このような取り組みは非常に重要であ
るという。アンジェラの場合、このような認識は、学区の採用基準の中で、
成功の実績、家族の声、資格、経験を軽視し、それに代わり、影響の程度、
適性の認識、「柔らかく、物議を醸さない」ことを重視している採用基準の
見直しを促すものかもしれない。これは同様に、ミシェルに対する否定的な
評価を生み出したり、ダニエルが彼女自身で築き上げてきた専門的なリー
ダーシップを発揮することを難しくしようとしたり、というような同様のバ
イアスについて、リーダーの昇進や評価システムを見直すことにつながるこ
とかもしれない。次のステップは、これらのプロセスを変化させるために、
アイリス・ボネットが書いているように「より良く、より公平な組織と社会」
という公平性のための行動的なデザインの原則を用いていくことかもしれな
い。「行動的なデザイン」とは、ジェンダーや人種に関連した問題をすべて
解決するものではないが、時には、驚くほど低コストでハイスピードな改革
になるだろう(47)。イーグリーとカウラは、次のように説明している。

　　時間が経つにつれ、このような取り組みは、権力を持つものに、リー
　　ダーシップの役割の実際の内容を変えるよう促し、それに伴って、リー
　　ダーシップの役割の理解と定義も変わる可能性がある。
　　　もしこれらの役割が、女性に典型的なものとされてきた共同体的な特
　　徴をより多く要求し、男性に典型的なものとされてきた主体的な特徴を
　　より少なく要求する方向に進んでいけば、既存の女性のジェンダーの役

割は一致するようになり、女性リーダーが経験してきた偏見は減り、その有効性が認められるようになる[48]。

　私たちは、皆さんが、これらのアイデアと行動のいくつかを自分たちの組織で取り上げて、女性リーダーや、皆さんの学校と学校制度にふさわしい公平な機会と結果を生み出すための努力をして欲しいと願っている。男性がリーダーシップのスタイルに幅を持たせて、必要に応じて、主体的であったり、共同体的であったりする能力が賞賛されることが多いように、女性もまた、主体的で共同体的な「両利き性（ambidexterity）」が評価されるべきである。上司、同僚、採用者の誰もが、リーダーシップの有効性が決して1つの「最善」の方法が必要なのではないことを認識する役割を担っている。それらの「最善」の方法は、しばしばステレオタイプなモデルの上に築き上げられており、女性がリーダーとしてふさわしい機会から取り残されてきた偏った実践や認識を解きほぐす必要がある。

## 第4章 ガラスの天井を打ち破って、
## ガラスの崖に着地する

Shattering the Glass Ceiling and Landing on a Glass Cliff

学区のこれまでの低学力や離職率から、困難な職務になると分かってはいましたが、教委がこれほど自分の取り組みを妨害するとは思いませんでした。

—ケイシャ（教育長）

これは自分にとって役目を果たすチャンスなんだ、自分が—自分のような外見の、同じような経歴を持つ人が—リーダーに必要な能力を持っていると皆に証明するチャンスなんだ、そう何度も自分に言い聞かせています。　　—アマラ（教頭）

私はこの学校全体の状況を好転させました。誰もがそんなことは不可能だと言っていたのに。そうしたら、彼らはどんなふうにそれに報いたと思います？　学校の閉鎖を決めたんです。それも、そんなことを計画しているなんて私に一言も言わないで。

—ロベルタ（校長）

## はじめに

　数年前、ジェニー（Jennie Weiner）は勤務校の教育学博士課程に在籍している、女性校長たちのグループに声をかけた。彼女らは、州のある大きな学区で、複数の黒人女性が校長として採用されたことについて話し合っていた。良いニュースと思えるもの—これまで、その学区で指導的地位に就いた女性、そして非白人女性はほとんどいなかった—を彼女らがあまり喜んでいないように見えたので、ジェニーがその理由を尋ねると、今回女性校長が採用されたのはすべて、長年にわたって低学力でリソースが不足している学校だという。「私たちに声がかかるのは、他に誰もイエスと言わないような時だけ。」

一人の黒人女性がそう言うと、他の女性たちがうなずく。「でも、私たちに何ができる？」彼女は続けた。「子どもたちが大好きだし、私たちにはスキルもあって、リーダーになる準備もできている。」

この女性たちが語る経験—女性と非白人は、組織が危機にあるか、リソースが不足しているか、その他何らかの高リスクな状況にある場合にのみ「チャンスを与えられる」ように思われる—は、教育部門に固有なものでも、限定的なものでもない。この現象は「ガラスの崖」と呼ばれ、女性がかの有名なガラスの天井を打ち破り、指導的地位を得た後も、往々にして困難な、あるいは敵対的でさえある組織環境に対処しようと試みる中でさらなる課題に直面することを表している。2005年、ミシェル・K・ライアンとS・アレクサンダー・ハスラムは、ロンドン証券取引所に上場する主要企業100社を対象とした、女性取締役が組織の業績に与える影響についての研究に基づいて、この「ガラスの崖」という用語を考案した[1]。女性が取締役を務める複数の会社で売上が減少しており、そのため彼女らは会社に「大損害を与えた」と示唆する新聞記事に触発され、ライアンとハスラムは、この見解とはまったく異なり、取締役に任命されたこれら少数の女性たちが採用された時点で、すでに会社が下降期に入っていたことを明らかにした。実際には、そうした業績の下降が発生して初めて、これら企業は女性リーダーの採用に踏み切ったようだった。さらに、これら女性たちが任命された後、各企業の株価は、採用前の水準には及ばないとしても、大幅な上昇傾向を示していた。

的端に言えば、女性たちがやっとのことでリーダーとなるチャンスを得た時、彼女らは困難な状況下で極めて有能にその職務をこなしていたのである。

しかし、彼女らはその努力や成功に対する称賛を受けていない。ライアンとハスラムをはじめ、この現象の検証者たちは、女性が受ける称賛は多くの場合、白人男性に比べて少ないことを明らかにしている[2]。対照的に、男性がそうした困難な役割で成功した場合、「救世主（savior）」として並外れて高い評価を受けるだけでなく、報酬の増額など他の報奨を得る可能性が高い[3]。

また、女性は多くの場合、意思決定とリーダーシップに関してより厳格な審査を受け、在職中に受ける支援がより少なく、そして、たとえ成功の見込みがかなり少ない場合であっても、失敗をより厳しく扱われる[4]。こうした差別的な評価は、当該女性の将来的なキャリアだけでなく、他の女性たちにも重大な影響を及ぼす。現在の女性リーダーの退任後に、他の女性たちがリーダーになる道が閉ざされてしまうかもしれないのである[5]。実際、女性が組織のリーダーとして危機を乗り切ることにあまり成功しなければ、その組織はリーダーに関して従来のパターンに回帰し、その女性に代えて男性を採用する傾向にある[6]。

　もしこれがそれほど難解でないなら、ガラスの崖の人事は同時に、女性リーダーの幸福にも悪影響を及ぼし、そのリーダーとしての能力に関する、より大きな差別的な考え方を具現化してしまう可能性がある[7]。女性はよりストレスの高い指導的地位に置かれるため、よりマイナスの精神的および身体的状態（うつ、不安、高血圧）を経験する可能性も高い[8]。しかし、こうした状態は職務の困難さに帰せられるよりも、彼女らに回復力（レジリエンス）が欠けていると非難される可能性の方が高い。ライアンとハスラムが説明するように、「このことは、彼ら［女性たち］はリーダーとしての役職に不適であり、ゆえに高位の役職に就く機会を「正当に」否定され得ることを示す証拠となり得る[9]。」

　ガラスの崖に関する初期の研究の多くは企業を対象としていたが、他の文脈（学術界、政治、学校行政・経営、法曹など）でも同様の知見が得られてきた。多くの場合、女性と非白人はそれぞれの組織が危機にあるかまたは業績が悪化していると認識された場合、および職務が高リスクとみなされた（「毒杯」を提供される）場合にのみ、リーダーとなることを「許可される」[10]。

　第2章の女性化に関するいくつかの考え方を振り返って、組織の危機に対する認識と、指導的役職が従来参入を阻まれていた人々（女性および非白人）に対してより開かれることとの間には往々にして関連があることに留意され

たい。ある業界でリーダーとしての地位がより女性化される（そしておそらくより人種的に多様化される）と、そうした役職は自律性の縮小、作業量の増大、そして報酬の減少によっても特徴付けられることになる[11]。このように、ガラスの崖は負のサイクルとして存在する可能性がある。すなわち、その地位がより高リスクとなるほど、女性や非白人が指導的役職にアクセスできる可能性が高まり、そしてより多くの女性や非白人がリーダーの地位にアクセスできるようになるほど、そうした役職がより高リスクとみなされるようになるのである。その場合、採用された高リスクの状況に鑑み、リーダーたちが成功しているとみなされる可能性は低い。

　上述の内容の一部が、初等・中等教育の指導的役職の文脈で不気味なほど当てはまるとすれば、それも当然である。近年、アカウンタビリティ運動に触発され、そしてパンデミックが追い風となり、学校指導者の業務負担は増大しており、多くの場合不可能な水準に達している[12]。これに関連して、多くの論者が、リーダーたちはその自律性について、そしてそれに伴い、自らが有能であるという実感について、絶えず挑戦に直面しており、その点でリーダーの業務は「非専門化」されていると主張している[13]。そうしたシフトは、ガラスの崖が初等・中等教育の領域で生じている可能性が高いことを示唆しているが、それを裏付ける研究は一つしか見つからなかった[14]。しかし、隣接テーマの実証研究の多くは、それが生じていて、しかも大規模だということを示唆している。

　例えば、我々は特に非白人女性が、男性の同僚と比較してより貧しく、学力の低い学校に配置される可能性が高いことをすでに知っている[15]。黒人女性はそうした領域で「クリーンナップ」女性として位置付けられ、途方もなく困難で支援を欠いた状況の下、変革を生み出す役割を担わなければならない[16]。さらに、そうした状況に置かれた女性リーダーは、しばしば高度な審査、批判および非難に直面し、その結果、失敗のリスクがより高く、より大きな影響を受けることになる[17]。それでも意欲的な女性リーダーたちは、そ

れが与えられる唯一のチャンスであることも多いため、そうした地位を受け入れざるを得ないと感じる可能性がある。

## ガラスの崖の要因とは

危機的状況における、または高リスク組織のリーダーとして、女性および非白人が好まれることに関係する要因とは何だろうか[18]。こうした帰結を生み出す可能性のあるものを検討する上で、一部の論者はあからさまな性差別主義が—そして具体的には男性の間にある、女性がリーダーとして苦しみ、失敗するさまを見たいという欲望が—原因であると主張している[19]。しかし、こうした見解を裏付ける証拠はほとんどない。仲間内のえこひいきなど、より暗黙の形での性差別主義がその要因である可能性の方が高い[20]。例えば、学校・教育制度を含め、ほとんどの業界で多くの白人男性が権限のある地位に就いていることは、男性は各役職について男性の候補者を好む可能性が高いことを示している[21]。また、男性は無意識のうちに自らの特権を行使し、仲間をよりリスクの高い役職に就くことから守っている可能性もある[22]。

もう一つの俗説が、女性はどういうわけか危機や高リスクの状況下で男性よりも成功を収められると感じ、そうした役職に魅力を感じやすいというものである。しかし、研究ではまったく逆であることが明らかとなっている。女性よりも、むしろ男性の方がリスクの高い役職に魅力を感じる可能性が高く、特にリスクが社会的支援の欠如に関連する場合にそれが当てはまる[23]。そうは言っても、代替的選択肢がないために、なお女性の方が、ガラスの崖の役職を受け入れる可能性が高い可能性がある[24]。ある研究者が端的に述べているように、「結局のところ、物乞いにえり好みはできないのである。」[25]

最後に、上で暗に示した通り、ほとんどの研究者はより微妙な、しかし有害さの程度においては劣らない形でのジェンダー差別を、ガラスの崖現象の要因として特定している。例えば、前章において、我々は社会的役割の適合

性という概念と、指導的役割がしばしば男性に典型的と考えられている主体的な属性（agentic attribute）（野望、力、イノベーションなど）を高める形で構築されているという考え方について記した[26]。女性はより共同志向性（communal orientation）が高い（親切、思いやりがある、情意的など）という固定観念があるため、多くの場合—つまり、組織がうまくいっている場合には—、指導的役割を担う能力が不足している、あるいは適性が低いとみなされることが多い。

　組織の業績が下降している場合、人々は目の前の問題に対処するために共同的特性を持ったリーダーを求める傾向にある[27]。そのため、実験的研究により、人々がリーダーを特定の文脈に対して選択する場合、女性に典型的と考えられているスキルは危機的状況で好まれ、そのため女性リーダーも好まれる可能性があることが明らかとなっている（「危機になったら女性を頼れ」think crisis, think female）[28]。

　一部の人々は、こうした、危機対応に最も力を発揮できるリーダーとしての女性リーダーへの支持を歓迎するかもしれない。しかし、こうした地位の向上が、女性リーダーがどういう人物か、あるいはどういう人物であるべきかについての固定観念から生じていることに留意することが大切である[29]。言い換えれば、危機において必要とされるリーダー像の転換は、必ずしもリーダーに関する新しい、あるいはより包摂的な考え方によって生じているわけではなく、リーダーとして女性に（そして男性に）許容される行動の制限は根強く残っているのである。むしろ、ガラスの崖が我々に教えてくれるのは、単に、人々がどんな時に、より男性的な固定観念に基づくリーダー像を進んで一時的に放棄するのかということである[30]。このようにして、我々はこの現象をガラスの崖としてだけでなく、白人男性が一貫して優遇され、最もたやすく、居心地のよい地位を与えられる「ガラスのクッション」としても理解できるだろう[31]。指導的役割にある女性や非白人の数を増やすことは重要だが、差別を終わらせるという点では十分ではない。必要なのは全体としての平等なアクセスだけではなく、質の高いリーダーとしての役職や機会、

支援や審査の水準、そして業績に対して例外なく、すべての対象者に一貫して適用される基準に対する平等なアクセスである。

## ガラスの天井の次に現れたガラスの崖：
## ケイシャ、アマラ、ロベルタの話

本節では、ガラスの崖と、それに関連する困難を直接体験した3人の女性リーダー（いずれも非白人）の事例を紹介する。まず、ケイシャ・ジョーンズ（PhD）の事例を紹介する。彼女は長期にわたって学力が低迷している都市学区で教育長を務めていたが、契約からわずか19カ月で活動家が率いる委員会により解任された。

続いて、アマラ・ソクの事例をみる。彼女は最近、極めて困難としか言いようのない状況の下で教頭（assistant principal, AP）への就任を承諾した。最後に、ロベルタ・ジョンソンの事例を紹介する。ターンアラウンド校（turnaround school：一定期間にわたって継続して低学力の学校）の校長として学校の立て直しを担った彼女は、学校が真に何を必要としているかが不透明な中、在職中に学力の向上に成功したにもかかわらず、突如として、自分の学校が閉鎖される予定であると告げられた。

彼女らはそれぞれ、リーダーとなることを依頼された学校が難しい状況にあることを感じていた。我々はこれらの事例により、どれほど高度なスキルと個人としての献身があったとしても、機能不全のシステムの中で成功を収めるには必ずしも十分でないことを示したいと考えている。彼女らはそうした困難な役職に就くほど愚かだったのかどうかに注目するのではなく、役職に就くことに対する彼女らの動機と、その理由付けがジェンダーおよび人種的なアイデンティティとどのように関わっているかに注目してもらいたい。例えば、彼女らがそうした役職を受け入れるに至った要因とは何だろうか。他に自らの情熱、スキル、能力を発揮できる選択肢はあったのか。また、こ

れらの女性たちが成功するために十分かつ有意義な支援を得たのかどうかにも着目してほしい。

これら骨子となる問いに加えて、各事例の後に議論のための問いを示す。これらの問いについて、自身で、またはコミュニティで考えてもらいたい。どの事例により関心を抱くかは個々人によって異なることも考えられるため、自分にとって最も有意義と感じる事例について検討してもらいたい。さらに、本節の後半には、個々の事例に関する、および事例を通じてのテーマに関する簡潔なサマリーを記載している。最後に、今後進むべき道と、こうした問題の一部とその背景にある差別的なシステムにどう対処していくかについて検討する。

## ケイシャ

キャリアのすべてを教育者として過ごしてきたケイシャ・ジョーンズ（PhD）は、過去19カ月間にわたって、都市部の大規模学区であるオールドフォージの教育長を務めてきた。オールドフォージで育ち、学校に通ったケイシャは、同区の児童とその家族に深い情熱を注いでいる。同学区で数少ない黒人の女性管理者の一人として、彼女はロールモデルとしての責任を感じており、自身の成功や将来的な失敗が、他の女性へのチャンスに与え得る影響を認識している。

ケイシャはシスジェンダーで異性愛者と自認している。彼女は家族の中で初めて博士号を取得した。

コンピューターの画面に映る学区教育委員会の会議のライブ映像を切ると、ケイシャは首を左右に振った。終わってしまった。3年契約のうちのわずか19カ月が経過した時点で、委員会は8対1で彼女の解任を決議したのだった。彼女はたぶん、オールドフォージで教育長になるのは間違いだ、と警告していた人々の意見に耳を傾けるべきだったのかもしれない。そう、彼女は前任

の教育長2名（いずれも白人男性）が2年で委員会に追い出されるのを目の当たりにしていた。労働組合の勢力が強く、黒人や褐色人種の生徒が大多数を占める学校は長年にわたって低学力が続いており、教育者たちは州や学区の命令を無視すると評判だった。彼女はそんな学区の歴史を知っていた。それでも、オールドフォージの学校で育った黒人女性である自分なら、もっとうまくやれると考えたのだった。自身のコミュニティと、自分に似た、より良い教育を受けるに値するオールドフォージの子どもたち全員に対して、少なくとも学校を改善しようと試みる義務があると感じていた。そして今、一瞬にして、そうした夢がすべて消え去ってしまったのである。

　こうしたことが起こり得るという前兆がもともとなかったわけではない。第一にチャーター・スクールの問題があった。州で最も低学力の学区の一つとして、オールドフォージは学力向上への説明責任を果たすよう圧力を受けており、チャーター・スクールの創設を含め、州が命じた複数の改革を実施しなければならなかった。

　学区の有能な教師や管理者たちの多くを引き抜かれた上、チャーター・スクールは学区の在籍生徒数を減らし、それに伴い生徒一人当たりに配分される予算も減った。学区はさらに深刻な財政危機に陥り、3,000万ドル近い赤字が就任したケイシャを出迎えた。

　第二に、この学区では教師の契約をめぐる労働争議が長期にわたって続いていた。当時、賃金が州内で最低水準だった教師たちは、大幅な賃上げを要求していた。学区側は拒否し、赤字解消のために1,200万ドルの人件費削減を指示していた。

　第三に、彼女の役職に関する採用プロセスが、緊迫した、しばしば混乱したものだった。市長はケイシャに、この学区にぜひとも必要な安定をもたらすために彼女が必要だと語り、役職への応募を個人的に依頼した。「ケイシャ、苦しい戦いになるのは分かってる。でも、あなたは人々をまとめられるし、私たちには、多くの人々が今まさに感じている苦痛を手当てできる人

物が必要だ。」

委員の多くが市長に同意した。しかし、同意しない委員もいた。

こうした委員たちは、多くが教育ではなくビジネスのバックグラウンドを持っていたが、別の候補者、すなわち大きなチャーター・スクールのネットワークを3年にわたって指揮した企業投資家を考えていた。彼を支持する中で、その委員たちは、この学区には進んで断固たる姿勢を示し、他の人々が避けてきた厳しい判断を下せる人物が必要だと訴えた。「我々は、収支を改善する方法を理解している、ビジネスの知恵を持った人物を必要としている。」採用の決定に至る非公式会合の中で、委員の一人はそう訴えた。

決選投票の結果、5対4でケイシャが教育長に選ばれたが、このことは委員会の意見の対立を明白に示していた。

**就任初期**　支持者からの祝福のメッセージがEメールと電話で大量に寄せられる中で、ケイシャは委員会と一般市民の信頼を得るという難事について心配せずにはいられなかった。彼女は、自分が良い仕事をすれば、最初は中傷していた人々からも支持が得られるようになり、自分が考える変化が学区にぜひとも必要であり、その変化を起こすことができるだろうと信じた。このプロセスを円滑に進めるため、ケイシャは交渉の末、就任を4カ月遅らせた。この期間を利用して、彼女は聞き取り訪問を実施し、学区とその問題を把握するとともに、可能な限り多くの教育者、生徒および家族と面会した。

把握した内容を基に、ケイシャは教師の能力と実践の強化を最初の注力分野に決定した。彼女は、学区内ですでに好成績を収めている教師が伸び悩んでいる教師の実践をサポートする、教師コーチングプログラムを導入した。既存の教師評価データや、年ごとや特定の学校の成績のパターンをより慎重に審査し始めた。

校長一人ひとりと面談し、教師たちの有効性について一通り説明した。彼らと協力し、評価、雇用の定着、および必要に応じて解雇のためのより充実

したプロセスを構築した。学区における全般的な指導の質を改善したいからだけでなく、ケイシャはこのアプローチが人員削減という困難な仕事にも役立つと考えた。校長や教師の多くはこれほどの水準の審査には慣れていなかったため、困難な作業だったが、やりがいがあり、そして、成功のために必要なことだと分かっていた。

ケイシャは、自分の取り組みが軌道に乗りつつあり、問題を抱えた中での船出ではあったものの、委員会との関係も正しい方向に向かいつつあると感じていた。その理由の一端は、最近選任された教育委員長（board chair）、ダグラス・スコットがケイシャの支持者のように思われたことだった。ダグラスは透明性、説明責任、そして新任の教育長への支持のメッセージを喧伝した。彼は委員会の運営に関して、「協働的ガバナンス（collaborative governance）」と彼が呼ぶものを促進する新たな文化を訴えた。

しかし、やがて到来する事態を予感させる出来事だったが、表明された目的がより明確に運用されるよう、ケイシャが細則を提示したところ、ダグラスはそれを拒絶し、こう言った。「ケイシャ、私は約束を守ると言ったはずだ。君がやるべきことをやって成果を出している限り、邪魔はしない。」

**関係の変化**　ダグラスの言葉はすぐに確かめられることになった。ケイシャの就任から4カ月後、委員会は投票により、教室で椅子を放り投げた教師を解雇するという彼女の決定を覆したのである。教師に同情すると述べた委員会（ダグラスの言葉では「誰でもかっとなることはある」）は教員組合の側に立ち、ケイシャと委員会の法律顧問と反対の立場を取った。

会議の終了時、ケイシャは、自分は委員会の決定を変える立場にはないが、決定に反対したこと、および将来的な解雇に関する前例となることを憂慮することを表明しておきたいと伝えた。会議後、ケイシャがダグラスのところに行き、事態の修復と進め方について確認しようとすると、彼はそっけなく、自分は忙しいから対応できない、公開討議の場で異議を申し立てるのは遠慮

してもらいたかったと彼女に語った。

　それ以降、教育委員会との関係は急速に悪化し始めた。まず、ダグラスは教育委員会に、教育長室の日常業務（契約上の決定、技術的業務、人員の採用）に対してより強力な役割を担うよう強く求め始めた。これにはＥメールや電話、そして頻繁にケイシャを訪問して話をし、多くの場合、彼女の決定や次の施策について議論することが含まれ、そのたびに彼女が行っていた会合は中断されることになった。ケイシャが、こうした動きは自らの権限を損なうものだとして反発すると、ダグラスはいっそういら立ちを募らせ、公の場で激しい非難を始めた。彼は地元紙に次のように語った。「ジョーンズ博士が学区を前進させる決定を下したがらないことに失望している。我々が絶えず正しい方向に進むようにし、必要に応じて介入するのが教育委員長である私の仕事だ。」

　一定の境界の線引きと意思決定権を改めて明確化するため、ケイシャはダグラスに対応する際、自身の代理人や他の委員を支援者として参加させることを決めた。彼が次に、スクールバスの遅れについての苦情を抱えて業務時間中にやってきた際、彼女はダグラスに、今後方針や手順について会議を行う際には１名以上の委員および彼女の部下を同席させたいと伝えた。ダグラスは即座に、怒りをあらわに返答してきた。「何だと、二人きりにはなりたくないというのか？　なんてプロ意識に欠ける行動だ。ちょっとした質問にも答えられないで、真面目に取り合ってもらえると思っているのか？」驚いたケイシャは、おそらくダグラスには少し頭を冷やす時間が必要だと考え、数日経ってから次の手を考えることに決めた。

　翌朝、彼女は自分がいかに間違っていたかを知った。地元紙を開くと、そこには「ジョーンズ博士は私たちの子どもたちを見捨てるのか？」と題する記事があった。そこにはダグラスから「リークされた」内容として、ケイシャのこれまでの指導ぶりに関する彼の失望と、「彼女は本当に職務に耐え得るのか」を疑問視する発言が掲載されていた。彼女は戸惑いを感じただけ

でなく、こうした攻撃が、校長たちとコミュニティに対して正当性を得ようとする自らの努力を損ない、ひいては変化を推し進める自分の能力を損なうことが分かっていた。すでにあまりに多くの時間を委員会の要求に応えることに費やしてしまっており、望んでいたような機運を高めることも、自身の運営の成功を積極的にアピールすることもできなかった。

しかも、多くの祝福すべきことがあった。就任後、彼女は労働組合と協力して労働争議を終結させ、両者が受け入れられる契約を案出した。予算の赤字の一部を、大量のレイオフを行うことなく解消する方法を見出した。テストのスコアが向上しているという証拠さえあった。しかし、人々が気付いているのは、ケイシャと委員会との間で公に繰り広げられている争いだけのようだった。

支配権をめぐって続くケイシャとダグラスとの闘争は、夏に山場を迎えることになった。ダグラスは再選を目指して出馬することを公表し、公約の柱として学区全体に対する管理権限の強化を推し進めることを掲げたのである。彼は自身の選挙戦をケイシャの取り組みへの応答として提示し、公の場で役職に対する彼女の適性を疑問視する発言を頻繁に行い、他の委員に疑いの種をまいた。こうした試みこそが、委員を動かし、投票による彼女の解任につながったのだ。ケイシャはそう確信した。

**現在は？** 委員会の決定にがく然としながらも、ケイシャは将来について考え始めた。

まず気掛かりだったのは、改革の取り組みが今後どうなるかについてと、そうした取り組みを彼女と緊密に協力して実行していた人々がどう反応するかだった。しかし、自分の次のステップも悩ましかった。明らかに訴訟を恐れて、委員会は彼女の報酬1年分に近い、多額の退職手当に合意していた。すでに一部メディアは、現在の厳しい予算上の制約に鑑み、その額を浪費であり不要だと非難していたが、ケイシャは自分にそれが必要になると分かっ

ていた。解任の経緯から、同規模の学区、あるいは同様の注目度や多額の予算を有する学区が彼女を採用しようとする可能性は低かった。

　携帯電話が鳴り、彼女は我に返った。画面を見ると、『オールドフォージ・デイリー（Old Forge Daily）』紙の教育関連担当リポーターからだった。「始まりも終わりもこれね。」彼女はため息をつくと、電話を受けた。きっと、その日の出来事についてのつらい質問に答えることになると知った上で。

---

**振り返りと対話のための質問**

- ケイシャについて、どの程度、ガラスの崖の犠牲者だと思うか。理由を説明してください。
- ケイシャとの一連の否定的なやり取りを未然に防ぐために、委員会は何ができたのか、あるいは何をすべきだったのか。ケイシャにとって、他にどんなやり方があり得たのでしょうか。
- あなた自身の社会人生活の中で、この種のシナリオを見た、あるいは経験したことがあるか。類似点は何か。相違点は何か。どのような結論を得たでしょうか。

---

## アマラ

　アマラ・ソクはカンボジア系米国人で、シスジェンダー、異性愛者で30代半ばの女性である。市で最もリソースの乏しい高校の一つで数学教師を務めた後、州が後援する校長研修（レジデンシー）プログラムに参加した。彼女はプログラムを順調にこなし、校長としてスキルを発揮するのを心待ちにしていた。特に、彼女は市のターンアラウンド校の一つで自分のような生徒のために働きたいと望んでいた。アマラの家族は彼女が6歳の時に米国に移住したが、彼女は学校で認められない気持ちがどういうものかを、そして教師たちの優しさを鮮明に記憶している。不運にも、採用プロセスのほとんどの期間が最初の子の妊娠期間と重なったため、採用プロセスは困難なものだっ

た。校長職を得ることはできず、彼女は地元の小学校のAP（教頭）職を承諾した。

　近所にあるダイナー（安レストラン）のボックス席に座り、朝食を注文すると、アマラはこれからやって来る友人のマリーに何を話そうか考えた。それまでの数カ月は嵐のようだった。出産のストレスに加えて、幾度もの面接、不合格。そして今やっと、ロビンソン小学校のAPの職を得たのだった。ついに管理者としての職を得たことを、マリーが喜んでくれることを確信していたが、同時に彼女が学校や職位に関して、あまり答えるのに気乗りのしない質問をするであろうことも分かっていた。

　アマラは多くを妥協してこの職を得ており、前に進むことにただ集中したかった。あれほど訓練と経験を積んだにもかかわらず、採用はなしのつぶてで、ロビンソン小のこの職以外に選択肢はなかった。しかし、彼女はたとえ職務がどんなに困難だったとしても、自分にはこの仕事をこなせるスキルがあることを示そうと決意していた。

　マリーが姿を現し、アマラは我に返った。テーブルの反対側の席にすべり込むと、マリーはアマラに向かって片方の眉を上げた。「さあ、全部説明して。まず、校長になるために研修を受けたのに、何でAPの職を受けたの？」

　アマラはため息をつくと、首を横に振った。明らかに、彼女が思い描いていたような、単なるお祝いのブランチにはなりそうもなかった。

　質問はせめて１杯目のコーヒーを飲み終わってからにして、と頼んだ後、アマラはマリーに説明を始めた。最初は妊婦として、その後は家で新生児と共に、面接に次ぐ面接の挙句、自分の何が欠けているのか説明すらないまま、我々が求めていた人材ではないと告げられる。それがどれほどうんざりするものだったかを彼女は説いた。実際、それがあまりにうんざりするものだったため、アマラは１カ月前に目標を引き下げ、自分のコミュニティを擁護することと、学区内の指導層における東南アジア系の割合を増やすことをより

重視することにした。彼女は説明した。「人事のトップとのミーティングを取り付けて、質問を始めたの。『採用手順は対象者が誰であっても同じなのですか？　審査を受けたら、そういう結論になるでしょうか？』こうした質問をしたのは、最終的にそこに行きついたからなのよ。『ねえ、どうなってるの』っていうふうに。」

　ロビンソン小でAP職を得たのは、学区へのこうした直接的な要求の成果だとアマラは考えた。

　さらに彼女は、一般に思い描くようなAP職ではない、自分の職務の詳細について話した。第一に、学校は非常に大きく、年長から5年生まで（K-5）、1,200名近い生徒がいた。第二に、長年にわたって低学力に分類されてきた同校は、現在ターンアラウンド校に区分されていた。これは、学区側が学校に対してより柔軟に介入できることを意味し、実際にそうしていた。

　アマラが説明されたところによれば、学区では学校を一つの事業体として維持するのではなく、3分割し、2学年ずつ（K～1年、2～3年、4～5年）のアカデミーにしていた。その上で、学校全体を監督する一人のリーダーを置くのではなく、各アカデミーを指揮する3人のAPを採用しようとしていた。

　「これは珍しい状況なの」とアマラは説明した。「いわば、3つの頭を持った校長がいることになるの。私はAPだけど、学校の望ましい方向性やあれこれの対処法について、他のAPたちと一緒に決定を下すことになるわ。だから、私にとって肩書は必ずしも重要じゃないの。決定を下す場にいること、推進したいものを推し進めることができて、学区の教育のダイナミクスを変えることが重要なの。だからこの職に就くことを承諾したってわけ。」

　「ふうん、思ってたより良さそうね」とマリーは認めた。「だけど—言っても怒らないでほしいんだけど—キャリアの最初が本当にロビンソン小でいいの？　なかなかの評判よ、あの学校。」

　「言いたいことは分かるわ。」アマラは答えた。「でもね、結局のところ、自分はターンアラウンド校のリーダーとしての訓練を受けたんだし、少なく

とも必要とされていて、実際に助けになれると分かってるのよ。」

　そうはっきりと口にしたものの、アマラは自分が望む変化を実際に起こせるのか不安だった。長年にわたって、この学校は高い離職率、低い学力、そしてリソース不足に悩まされていた。それまで幾度も改革の試みが行われており、アカデミー制はそうした試みの最も新しい例だった。さらに、生徒の２割超が自らを東南アジア系としているにもかかわらず、それまで東南アジア系の管理職が就任したことは一度もなかった。アマラは、自らがこのサイクルを断ち切り、自分がこの学校、いや、どんな学校にもふさわしいリーダーだと証明しなければならないと決心していた。

　「仕事についての質問はこれで最後にするけど」とマリーは言った。「少なくとも何人か、仲間としてうまくやれそうな同僚はいる？　助けてくれる同僚が。」

　「どちらとも言えないな」とアマラは言った。彼女は説明した。学校レベルでは、どれほどAPチームのメンバーに恵まれているかを説明した。「みんな自分の仕事を分かってる。去年はほぼ自分たちだけで学校を回したのよ。あらゆることに詳しいし。だから、私としてはただ学んで、吸収して、質問して、何らかの考えを推し進めるだけ。そして、もう彼らにはこう言ってあるの。『スケジュールや状況、ここにいる人たちに馴染むまで、１カ月、あるいは２カ月ほど時間がほしい。１〜２カ月後には、きっと自分の役割をこなせるようになるはずだから』って。」

　しかし、同僚のAPたち以外には、支援してくれる存在はほとんどいなかった。秘書スタッフは学校の指導者の職務にとって極めて重要だが、彼らはその不適任さで知られていた。前任の複数の管理職が彼らを排除しようと試みたものの、その年功と労働組合幹部との政治的つながり（秘書の一人は指導者と義理のきょうだいの関係にあり、もう一人は彼のいとこだった）によって、手出しできない存在とみなされていた。アマラは、仕事のコツをつかむ上で彼らを頼ることはできないだろうと分かっていた。さらに、学区は、この役職への

106

就任は失敗すれば後がない、自力でなんとかするしかないシナリオであることを明確にしており、ほとんど支援を提供しなかった。例えば、学区事務所の職員がこの学校の管理上の目的（予算の決裁、戦略計画、評価）のために「校長代理（acting principal）」として任命されると聞かされていたが、この人物はまだ任命されていなかった—もうあと数週間で新学期が始まるというのにである。しかも、APたちがこの人物に相談や支援を依頼できるかどうかも明確でなかった。

このAPに対する指揮系統上の不透明性、および校長代理の不在は、すでにいくつかの問題を引き起こしていた。例えば、アマラが責任者に電話をかけて、どこで昨年の出席簿を入手できるかを尋ねたところ、文書は残っていないとの回答を受けた。

「データがないの。全然」アマラはマリーに言った。「当て推量でやることになるわ。でも臨機応変にやってみせないと。実力を示す最後のチャンスだから。」

次の質問が来るのか、それともとがめるような眼差しを向けられるのかと思いながらマリーを見つめていたアマラだったが、思いがけないことに、マリーは腕を伸ばし、彼女を抱きしめた。

「心配しなくていいよ、アマラ。」友人をきつく抱きしめながらマリーは言った。「きっと素晴らしい仕事ができるわ。これまでもこういう挑戦に向き合って、いつも最高の成績を収めてきたでしょう。あなたと、あなたの才能を心から信じてる。」

「ありがとう、マリー。」アマラは言った。「こうやって厳しい質問もして、でもいつも味方でいてくれて、本当に感謝してる。大変だろうけど、きっとやってみせるわ。」

---

### 振り返りと対話のための質問

▪ アマラについて、どの程度、ガラスの崖の犠牲者だと思うか。理由を説

明してください。
- この事例において、「初期条件」が果たす役割はどのようなものだと思うか（「数カ月」を要したこと、同僚間の役割分担の明確さ、暫定的な上司、データ不足およびサポートスタッフの不在など）。より一般的にはどうでしょうか。
- 友人がくれたアドバイスについてどう思うか。あなたならアマラに何か違うアドバイスをするでしょうか。
- あなた自身の社会人生活の中で、この種のシナリオを見た、あるいは経験したことがありますか。類似点は何か。相違点は何か。どのような結論を得ましたか。

## ロベルタ

ロベルタ・ジョンソンはシスジェンダーの異性愛者で、50代後半の黒人女性である。本事例の当時、ロベルタはフレデリック・ダグラス小学校の校長に就任して2年が経過していた。州内の最貧都市の一つ、ポートチェスターに位置するダグラス小は、長期にわたって州で最も低学力の学校の一つにランク付けされていた。ソーシャルワーカーとしてキャリアをスタートしたロベルタは、ダグラス小の校長に採用される以前、他の2つの学校において、ターンアラウンド校長として成功を収めていた。

ロベルタはまだショックから抜け出せなかった。校長職に就いて2年間、そして秋期に向けた戦略計画を発表する学区の大規模会議まで2日という時点で、学区指導部は、彼女に学校が閉鎖される予定だと告げたのだった。どうしてそんなことができるのだろう。あれほどの努力は何のためだったのか。せめて、もう少し早く伝えるぐらいの配慮はできなかったのか。そもそも、なぜ自分を雇ったのか。かつて、これほど失敗を仕組まれたと感じたことはなかった。

過去2年間、彼女のチームは極めて困難な状況の下、学区と州が示した目

標を達成しようと努力してきた。確かに、すべての目標を達成できたわけではないが、それでも目覚ましい進歩を成し遂げていた。

テストスコアと出席率は向上し、規律違反は減り、教師たちの満足度はこれまでない水準にまで高まっていた。ダグラス小がより良い方向に変わっていることは誰にも否定できなかった。にもかかわらず、学区側は学校の閉鎖を一方的に決めてしまったのである。ロベルタは絶望を感じた。

**ダグラス小への道**　フレデリック・ダグラス小学校に赴任する前、ロベルタはスクールソーシャルワーカーとして、そして後に校長として、長期にわたる輝かしいキャリアを歩んできた。かつて勤務した２つの学区で、彼女はまず小学校の、次に中学校の学力傾向の立て直しに成功していた。彼女はそれを、教師との緊密な協力によって彼らの指導能力と社会情緒的なスキルを育成し、あらゆる生徒が能力を発揮するのに必要なサポートを得られるようにすることで達成した。それは苛酷な作業だったが、非常にやりがいのあるものだった。そして、現在に至るまで、リーダーシップに対する彼女のアプローチは深く感謝されてきた。それほど困難な任務を何度も任されるエネルギーはどこから来るのかと尋ねる人々に対して、ロベルタはよく次のように説明した。

> 何らかの形で、困難から活力を得ているんだと思います。それを変えたいから。そうした変化を起こす触媒になりたいのです。たぶん、こうした学校を指揮する人々に性格検査を受けさせれば、全員がタイプAと判定されるでしょう。私たちは突き進むことを望んでいて、挑戦を望んでいて、そして自分の能力に自信を持っています。私たちにとって、こうした機会を掴むのはたやすいことです、なぜなら、時々思うんですよ、いちど足を踏み入れたら、自分の能力を発揮するだけだって。

第4章　ガラスの天井を打ち破って、ガラスの崖に着地する　109

　しかし、あまり語ることはなかったのだが、彼女は自分にそうした任務を受ける以外の選択肢があるのか分からなかった。たまたま同じく黒人で、彼女が以前勤務した学区のターンアラウンド校を指揮した女性校長でもあった親友の一人に彼女は語った。「時々、非白人女性として、自分自身をこういった種類の学校を変革できる人間だと規定してしまっているんじゃないかと思うの。つまり、マグネット・スクールのリーダーとか、これはもう絶対あり得ないけど、郊外の学校のリーダーとして採用されるなんてこと、想像できないでしょう？」

　実際、ロベルタの経験上、黒人女性で学区の学力最上位校や、最もリソースに恵まれている学校の指導的役職にまで上り詰めた例はほとんどないように思われた。フレデリック・ダグラス小学校のリーダーに採用された時、彼女は内心、この仕事を受けることでさらなるステップアップの可能性、あるいはターンアラウンド校以外での機会へのアクセスが狭められてしまうのではないかと危惧していた。

　しかし最終的には、自分には状況を改善できるという信念が勝った。これまでにやってきたことが、なぜダグラス小ではできないというのか？

　ロベルタがその時は知らず、今になって理解したことは、ダグラス小は彼女がリーダーを務めた他の学校とは違い、はるかに深刻な苦境にあったことだった。そのことが専門家である彼女の目にすぐ明らかにならなかった理由の一つは、それが彼女に対して意図的に隠されていたからであった。教師の一人が最終的に彼女に語ったところによれば、面接の日にロベルタが訪問したどの教室からも、いわゆる問題のある生徒が排除されていた。「学区の指導者たちは、私たちに学校がどれほどきちんとしているかを語っていたし、私たちはあなたに来てもらって、無秩序と混乱を目の当たりにしてもらうことができなかった」とその教師は語った。さらに彼女はロベルタに、「あなたが恐れをなして逃げてしまわないよう」、教師たちははっきりと、学校や生徒について否定的なことはいっさい話してはならないと命じられたと明か

した。

　しかしこうした命令も、教師たちがロベルタに質問をすることを妨げるものではなかった。ロベルタは後に教師からの質問が学校の内情を暗示するものだったと思い起こした。具体的には、彼らは規律違反や、規律を乱す行為にどのように対処するつもりかを尋ねたのだった。彼らはさらに、適切な読書指導や指導教材についての意見や、学校として誰もが準拠すべき明確な教育スタンダードを定めることが重要だと思うかについても尋ねた。就任から数カ月が過ぎた頃、ロベルタは友人の一人に、学校の機能不全の全貌が明らかになり始めたこと、そしてだまされたことに特に苦痛を感じていると語った。「おそらくみんな、私が多くを知らされたら引き受けないと分かってたんだと思う。」

**問題の露呈**　ロベルタは、期待していたのとは違う場所に足を踏み入れてしまったかもしれないと初めて気づいたその日を覚えていた。学区の新年度ローンチミーティング（launch meeting）で、ロベルタはたまたま、校長就任準備プログラムを受講した際のクラスメートであるシャーリー・ゴーエンに出会った。「ロベルタ？　ええっ、こんなところで何をしてるの？」シャーリーは大声を上げた。「シャーリー、久しぶり！」ロベルタは応えた。「ダグラス小の新しい校長になったの。」シャーリーのショックを受けた表情と返答に、ロベルタは驚いた。「ダグラス小ですって？　ねえ、絶対にやめた方がいいよ！」シャーリーの反応はロベルタの心に刺さり、疑念の種をまいた。そしてその疑念は正しかったことが後に明らかとなる。

　新学期が始まってわずか3週間後、ロベルタのオフィスにFBI捜査官2名が踏み込み、学校のすべての財務書類を見せるよう求めた。部外者だったロベルタには知り得ないことであり、そして捜査を通知されていた学区側が了解していたのは明らかなことだったが、彼女の前任者は学校の多額の資金を横領していた。ロベルタの初年度の時間の多くは、この危機の副産物への対

処に費やされることになった。

　もちろん、生徒の規律違反や、教師の能力と効果的な行動マネジメント実践の全般的な不足といった重大な問題ものちに明らかになったが、それらとは別の問題だった。生徒やその家族と強固な関係を持っている教師はほとんどおらず、生徒の成績に対する彼らの期待は総じて低かった。極めつけとして、面接の際の教師からの質問通り、指導は総じて劣悪であり、学校には標準的なカリキュラムや関連する指導用のリソースが不足しているようだった。端的に言えば、この場所は混乱の極みであった。

　これに対し、ロベルタはいつも自身がやっていることをした。すなわち自分の仕事に取りかかったのである。教師のリーダーシップチームを組織し、学年ごとに適切なカリキュラムを吟味・選択させた。複数のコミュニティ組織の助力を得て、生徒に個別指導や社会的支援を提供した。さらに、ソーシャルワーカーとしての経歴を持つ彼女は、生徒の社会情緒的育成に関する複数の専門的能力開発プログラムのセッションを運営し、徐々に教室における自らのプレゼンスを拡大するとともに、指導に関するフィードバックを増やしていった。学校は、外部のコンサルタントとの協力により修復的司法サークルを導入し、ロベルタは問題行動報告が特に多かった数人の教師に対し、学級経営スキルの強化に関して直接働きかけを行った。

　こうした取り組みは成果を上げた（問題行動報告は減り、出席率は上がり、教師の指導は改善していった）ものの、ロベルタは疲れ切り、このまま仕事を続けられるか不安を感じていた。セラピストとの最初の診療の際、来診の理由を問われたロベルタは次のように語った。「とにかく疲れています。時々、もうこの仕事を続けたくなくなります。自分の身体を犠牲にしていると感じます。2年前にあそこで働き始めてから、たぶん、少なくとも30ポンドは体重が増えました。自分を構う余裕がないんです。ワーク・ライフ・バランスなんてありません。助けが欲しいんです。でないと倒れてしまいます。」

　「では、なぜご自分にもっと時間をかけることができないのでしょう？」

とセラピストは尋ねた。「なぜそんな大変な仕事に関わろうとするのですか？」ロベルタはこの質問に、自分が知っている唯一の方法、すなわち生徒への献身を思い起こすことによって答えた。彼女は医師に、「そうした犠牲を、私は払わなければならないのです。なぜなら自分ひとりの問題ではないから。子どもたちのために自分がここにいて、彼らに正しいことをすることが大切なんです」と語った。そして、ロベルタはこれがいまでも真実だと信じている。学校が閉鎖されようとされまいと、ロベルタは自分とスタッフたちが、生徒と家族に変化をもたらしたことが分かっている。彼女は自らの約束を果たした。問題は、これから彼らに、そして彼女に何が起こるのかということだった。

---

**振り返りと対話のための質問**

- ロベルタについて、どの程度、ガラスの崖の犠牲者だと思うか。理由を説明してください。
- 否定的な意味での驚きの体験を軽減するために、ロベルタにできたかもしれないことは何でしょうか。
- ガラスの崖を生み出す上で学区が果たした役割とは何か。学区本部に対し、将来的な実務に関してどのようなアドバイスを提供できると思いますか。
- あなた自身の社会人生活の中で、この種のシナリオを見た、あるいは経験したことがあるか。類似点は何か。相違点は何か。どのような結論を得ましたか。

---

## 前に進むには

今回の事例の主人公たちはそれぞれ、自分がガラスの崖に立たされたこと—すなわち複数の危機に直面する組織の指揮を、上司からの支援がほとんど

ない状況で担わされたことを知った。彼女らの事例は、女性や非白人がそうしたシナリオにどのようにして、そしてなぜ追い詰められたと感じることがあるのか、およびそれに関連する代償はどのようなものかを明らかにする上で有用である。次に論じるように、責任の一端を彼女たちに帰し、どのように抵抗できたのか、あるいは就任当初において自己を守るためにどうすればよかったのかを問いたくなるかもしれないし、それは公平でさえあるかもしれない。しかし、これらの女性たちの体験の構造的な性質を検討してもらいたい。例えば、ガラスの崖現象および関連する研究を手引きとした場合、より伝統的なリーダーシップ属性を持つ人物が彼女らと同等の審査を受けると予想できるだろうか？ リソースの獲得はより容易だろうか？ 職務で成功を収めなかった、あるいは部分的にしか成功しなかった場合、キャリアパスが同程度に阻害されるだろうか？ そうである、あるいはそうではない理由とは？

　以下の問題について、直接的に取り組んでもらいたい。

- これらの女性たちがこうした役職に置かれる理由、および彼女たちの組織が危機にあるとみなされる理由を説明する上で、アイデンティティはどの程度重要か。
- 奉仕するコミュニティに対する彼女らの献身は、権力者たちが彼女らを招き入れ、さらにガラスの崖の状況にとどめておくことにどういった形で利用されているか。
- 彼女らが、指導的役職にとどまるか、退くかの二者択一を強いられているようだと感じたのはどうしてか。

　次節では、これらの問題に関する我々の解釈を示した上で、結論として、ガラスの崖とその帰結を打開するために、組織はどのような取り組みが可能なのかについて論じる。

## 教育におけるアイデンティティとガラスの崖

　指摘すべき重要な点は、ここで紹介した女性たちが率いた組織は、いずれも非白人が生徒の大多数を占め、リソースに乏しく、低学力であったことであり、これは我々の注目と行動を必要とする、あまりにも頻繁にみられる不公平である。

　彼女らの周囲の人々が彼女らを支援できなかったように、学区の職員や委員たちも、自分たちが奉仕すべきコミュニティの期待に応えられなかった。我々はこうした現実が、非白人コミュニティに一貫して不公平な機会と結果を提供する制度的レイシズムの、より大きな遺産の一部であると認識したいと考える。この問題自体について、当然ながら多くの著作があるが、我々が目的に照らして注目したいのは、そうした教育組織は優れたリーダーを緊急に必要としており、かつ、多くの場合リーダーとして困難な任務とみなされているという事実である。ゆえに、そうした組織のリーダーは、より少なくではなく、より多くのリソースの投資を期待し、かつ受けるべきである。

　ガラスの崖現象は白人女性にも起こり得るし、実際に生じているが、ケイシャ、アマラ、そしてロベルタは全員、自分を非白人の女性と自認し、自分たちのコミュニティのために働くことを意図的に選択し、グロリア・ラドソン＝ビリングスが「教育負債（educational debt）」と呼ぶもの―すなわち、非白人およびマイノリティ化されたグループ出身の生徒に成果と機会へのアクセスの不足を生み出してきた累積的な不平等―に対処していることは偶然ではない[32]。

　指導的立場にある多くの黒人女性と同様に、ケイシャとロベルタは、責任を果たし、組織を改善しようと努める中で極めて厳しい審査を受け、意図的なサボタージュとも形容できるものにも直面した[33]。こうした審査は、しばしば彼女らのパフォーマンスに対して、不当な、あるいは不均衡なものと感

じられるが、リーダーの持つアイデンティティがそれ以前のリーダーの伝統的なパターンとは異なる（ケイシャは、黒人女性として学区で初めて教育長となった）ガラスの崖シナリオにおいてはごく一般的にみられる。ロベルタのケースもこのパターンに当てはまる。彼女は学区によって、多くの黒人女性リーダーが同様にステレオタイプ化されているように「クリーンナップ」女性として行動し、引き継いだダグラス小学校の混乱を処理するよう仕組まれたのだった。連邦政府による捜査の終結後（そして、ゆえに責任を問われる可能性がなくなった後）、ロベルタの多大な尽力による改善にもかかわらず、学校を閉鎖すると一方的に決定したことは、彼らが学校に対してもロベルタに対しても、本気で投資などしていなかったことを示唆している。

## ゆがめられた献身

　ここで紹介した女性たちによる、コミュニティのために働くという献身は称賛に値するものだが、それが権力者に利用されてしまった。ロベルタの事例がこれに当てはまる。おそらく、一度校長を引き受ければ、彼女はコミュニティに背を向けることはできないと感じるだろうとの想定のもと、ロベルタはダグラス小学校の問題の真相について故意に蚊帳の外に置かれた。同様に、アマラによる自身の役職の説明からは、学区側は学校に、あるいは彼女の成功に対して、適切な投資を行うためのリソースも意思もなく、成功への道を見出す負担を彼女に押し付けたことが示唆される。この現実と、紹介した女性たちが他に指導的役職に就く機会はないと認識していたことを合わせて考えると、彼女らの献身が、ガラスの崖の縁へと彼女らを追いやるのに利用されたことが理解できるし、黒人女性校長の以下のような悲嘆が想起される。「私たちに声がかかるのは、他に誰もイエスと言わないような時だけ。でも、私たちに何ができる？　子どもたちが大好きだし、私たちにはスキルもあって、リーダーになる準備もできている。」

## ガラスの崖を選ぶ理由

　今回の事例の主人公たちが、自らの状況に対して一定の責任を負っていると捉えることもできる。学校やコミュニティに対する彼女たちの献身が、初期の前兆を見えなくさせているようにもみえる。例えば、僅差での票決や、その後の委員会と教育長との関係性に関する文書化された方針の不在について、なぜケイシャはもっと深く考えてみなかったのだろうか。業務とパフォーマンスに関して、より明確な期待事項を要求してもよかったのではないか。同様に、学区事務所でのロベルタと同僚とのやり取りは彼女を動揺させたが、それによって彼女が、フレデリック・ダグラス小学校の状況とその問題について、より深く観察してみるよう促されることはなかった。友人からの厳しい質問に対するアマラの懸念は、彼女自身もまた、ロビンソン小で成功できるか疑念を抱いていたことを示唆しているが、それでも彼女は前に進み、職務の条件を変えるための措置を講じることはなかった。

　彼女らはそれぞれ、交渉と実態調査においてより賢明であり得たが、他にリーダーとしてのスキルや知識を活かせる選択肢がほとんどないと感じていたのも事実である。アマラとロベルタに関しては、この信念は実体験に根差したものだった。APに任命される前、アマラは1年超にわたって州内の管理職のポストを探したものの、州が主催する選抜者向けの校長就任準備プログラムで研修を受けていたにもかかわらず、職を見つけることはできなかった。ロベルタはターンアラウンド校で成功実績を築いてきたが、この成功は諸刃の剣であった。彼女は「修復請負人（fixer）」と認識されてしまい、困難なポストでしか検討されなくなった。

　さらに、これらの女性が経験した圧力によって、こうしたシナリオから逃れること、あるいは助力を求めることさえそう単純なことではなくなっていたケイシャが語っていたのだが、そうした状況での失敗はキャリアを台無し

にするものだと感じられたのだった。研究によれば、これがおそらく真実であるかもしれないし、あるいは少なくとも同様の役職にある白人男性が経験しないような形でキャリアを阻害しているのかもしれない。そして、助力を求めることは、彼女らの能力、あるいは能力の欠如に関するステレオタイプ（固定観念）を強化するだけでしかない可能性がある。

## ガラスの崖を安全な着地へと変える

　指導的役職にある女性と非白人の体験における差別的なパターンに光を当てるだけでなく、ガラスの崖現象は我々に、この分野でジェンダー平等を創出するには指導的役職へのアクセスだけでは不十分だということを示している。我々はあらゆるアイデンティティを持つリーダーたちが、成功への平等なチャンスを持つ組織を生み出す必要がある。この取り組みには、リーダーたちが、直面する課題に効果的に対処する上で必要な支援とリソースを得られるよう徹底を図ることが含まれるだろう。平等を創出するあらゆる取り組みに当てはまることだが、これは一部のリーダーが同僚たちよりもより多くの、あるいは異なる支援を受けることを意味する場合がある。例えば、教育分野の指導的役職にある女性と非白人は、白人男性の同輩と比べてインフォーマルなメンタリング（mentorship）の指導を受ける可能性が低いことが分かっている[34]。そのため、これらのグループに公式のメンタリングを提供するとともに、それを行うために、授業日に会合を持つためのより多くの時間、およびリソースも提供する必要があるかもしれない。このことはまた、彼らが直面する課題の一部に対処するための予算を拡充すること、あるいは外部の組織、意思決定者、およびスポンサー候補と彼らをつなぐために追加で作業を行うことを意味する可能性もある。

　ガラスの崖を打ち破るもう一つの方法は、組織がリーダーに対する明確かつ客観的な評価基準を持つことである。リーダーに対するパフォーマンス基

準が緩いものになればなるほど、固定観念とアンコンシャス・バイアスが意思決定に影響する可能性が高まる[35]。こうした基準は、リーダーの任期の開始時に設定されるべきであり、最良のシナリオでは、当該女性とその直属の上司との協力の成果となると考えられる。そして、もし女性がより積極的となるべき場所があるとしたら、ここがその場所であろう。女性は、正式な雇用契約に基準を組み入れ、役職に関する期待事項と責任の範囲を明確化してから職務を引き受けてもよい。さらにこのプロセスによって、キャリア上であれ、心理社会的なものであれ、あるいはその両方であれ、組織内のどのメンバーに支援を頼れるかが明らかになる可能性もある。そのような支援は、こうした困難な崖を乗り越える上で極めて重要である。

　我々の最後の提案は、実用的というよりパラダイムシフトに関わるものである。すなわち、組織の全員が、問題の性質を捉えなおさなければならない。多くの先行研究、および本章において、ガラスの崖は多くの場合、女性と非白人の問題として捉えられている。それに代えて、この問題を、職務の割り当てにおいて優遇措置を受けている男性の問題として考えてみたらどうだろうか[36]。その場合、どんな解決策や介入措置が導入できるだろうか。進歩をどのように測定できるだろうか。そうした捉えなおしのためには、我々は第3章で論じた、社会的役割の適合性と我々が集合的に持っている「リーダーといえば男性を考える（think leader, think male）」傾向についてのテーマに戻ってみるのがよいかもしれない。より具体的には、ガラスの崖に対処するために、我々はリスクを取ることや、強さ、戦略的思考という、男性的（すなわち主体的）とステレオタイプ化されている特性が称賛され、組織の成功と失敗がそうした個人的特性に帰せられる「一匹狼のヒーロー」モデルについて、より深く検討しなければならないかもしれない。この種のリーダーシップは確かに重要であるが、文脈と状況の要素も重要であり、それも踏まえた上で、リーダーシップに関して採用するアプローチを構築すべきである。こうした現実を認めることは、危機にある組織を指揮する人々に責任が帰せら

れることを、特に彼らリーダーが直面した問題の多くが、就任のはるか以前に端を発している場合において、制限することに役立つ[37]。そうすることは、ガラスの崖への挑戦を助けるだけでなく、リーダーシップと組織の改善に関するより現実主義的な、そして最終的には有効なビジョンを得ることに寄与するだろう。

# 第5章　ジェンダー化された（人種的）マイクロアグレッションと千回切られて死ぬこと

Gendered (Racial) Microaggressions and Death by a Thousand Cuts

私がより文化的に配慮のあるカリキュラムを提唱していた時に、学区の指導者の一人が、「生徒たちは既に黒人や褐色人種の作家の本を読みすぎている。それが彼らの大学進学の妨げになっている。学区は厳格な教育内容にもっと力を入れる必要がある」と述べた。その場に二人しかいない黒人の指導者の内の一人が述べた言葉であり、読み書きのできる環境に居る唯一の指導者であったのだが、この発言に対して誰も異議を唱える人がいなかったことに、私は衝撃を受けた。

　　　　　　　　　　　　　　　　　　　　—サマンサ（高校の学科長）

まるで、二つの規則があるように感じる。一つは年寄りの警備員たちの為の規則で、警備員は、チャーターが始まった時から既にそこにいた人たちで殆どが白人である。そしてもう一つの規則は残りの私たちの為のものです。神は私たちがオリジナルの作品について異議を唱えたり、文句を言ったりすることを禁じます。私ははるか昔に、怒りがぶつけられる時には古い警備員は常に守られるものであるというメッセージを受け取りました。　　　—ケリー（学区の指導コーチ）

私の上司は、私の同僚の男性は心配しなければならない家族を抱えているので、私が望んでいたレジデンシーを獲得することになり、私は独身なのでずっと容易に引っ越しできるだろうと私に伝えた。その上、他の学区は私を欲しがっているが、彼には他にオファーが来ないだろうから、と言われた。より有力な候補者であるにも関わらず、私はなぜ手荒に扱われるのでしょうか？

　　　　　　　　　　　　　　　　　　　　—エレノア（教育長志望）

## 導入

　私が初等・中等教育のリーダーに就いている女性に、彼女たちの経験に関

してインタビューをすると、彼女たちは性差別や性差による差別を直接受けたことはない、ということが多い。しかし、調査をさらに深く進めると、その様な差別を受けた経験は当たり前のことであることが明らかである。例えば、女性たちは、同僚が自分たちや他の女性リーダーの信頼性を低下させるような性差別的なジョークを言ったという話をよく共有する。「シーラの行動がおかしい。彼女は多分生理中なんじゃないの。」彼らは、自らの権威とリーダーシップの洞察力が挑戦される機会が良くあると報告している。「はい、それはあなたの意見だと聴こえますが、本物の専門家は何と言っていますか？」。唯一のラテン系女性は、自分たちが部外者の様に感じられる環境で働いていると報告する。（建物内で唯一のラテン系であるため、清掃員と間違われることがよくある。）これらの話が明らかになるにつれて、女性たちが感じた痛みや、このような事件はよくあることだととらえる諦めの感情も明らかになった。

　総じていえば、これらの経験はマイクロアグレッションとして理解できる。ケビン・L・ナダル等の定義によれば、マイクロアグレッションとは、意図的か意図的でないかに関わらず、可視性や意識の下にある短い言葉でありふれた日常的な言葉、行動、または環境の上での侮辱である[1]。敵対性、軽蔑、または否定的な軽蔑や侮辱を伝えるものである。これらの事件が害を及ぼす力は、その平凡さと加害者や傍観者が事件を無害で、あいまいで、幾分取るに足りないことだとして片づけてしまうという可能性にある[2]。しかし、マイクロアグレッションの影響は決して小さなものではない。それらは、グループ間の既存の力の格差を強化することによって差別的な制度を維持するのに役立ち、それらを経験する人々の身体的及び精神的幸福に非常に有害なものとなる可能性がある[3]。これは、そのような軽蔑に日常的に直面している女性教育者にも当てはまるものである[4]。

第5章 ジェンダー化された（人種的）マイクロアグレッションと千回切られて死ぬこと 123

## マイクロアグレッション

あからさまな人種差別や、差別、偏見の経験は継続しているが、これらの差別や他の形態での差別は、マイクロアグレッションとして、さらに隠れた無意識の形態で生じるものであると学者たちは説明している[5]。これらの事実は、目を丸くしたり、視線を反らしたりといった非言語的なやり取りや、「どうやって校長になったの？」「貴方はとても若くみえるね」といった、会話の受け手の身体的な特徴や行動に向けられた言葉が含まれる[6]。ジャニス・マッケイブによれば、マイクロアグレッションは「従属集団の生活の中で頻繁に起こるものであり、自己観に影響を及ぼす、微妙で驚くべき出会い」として存在する[7]。

マイクロアグレッションは、当初、有色人種たちが経験するものとして知られたが、女性、LGBTQI+のコミュニティのメンバーや、疎外され交差するアイデンティティを持つ人々に対しても行われているという一致した意見や研究が増加している[8]。次の節では、伝統的に概念化されているマイクロアグレッションの概要を示し、その後、女性、特にシス・ジェンダーの白人女性が経験することが多いマイクロアグレッションの種類に移る。次に、交差的な視点を利用し、黒人、ラテン系アメリカ人、アジア系アメリカ人のシスジェンダーの女性と、特に教育リーダーシップに携わる女性の独特の経験について、調査が何を私たちに伝えているかについて議論する[9]。

## 人種間のマイクロアグレッション

デラルド・ウィン・スー（Derald Wing Sue）と同僚たちは、最もよく知られた人種的なマイクロアグレッションの分類法を提供し、それが現場でどのように現れるのかについて論じている。これは、他の疎外されたアイデンティ

ティを持つ人々に対して行われる他の形態のマイクロアグレッションを理解する為の基本として役立つ[10]。第1に、マイクロアサルト（攻撃）とは、言語的または非言語的な攻撃によって明らかにされるあからさまな差別の事件である。これらの行動は、人々が伝統的な差別として考えているものと最もよく似ているが、多くの場合、意識的に行われている。マイクロインサルト（侮辱）とは、無意識の場合もあるが、個人のアイデンティティを軽視することが多く、アイデンティティに基づいた知性に対する非難（ascriptions）「あなたは数学が得意で当然です。あなたはアジア人ですから」といった表現や、個人を二級の市民として扱い、「私たちはアメリカに居るのです、英語を話してください」というような表現や、文化的価値観やコミュニケーションを病的なものと見做すことや、犯罪的な地位を想定していることが含まれる。

　マイクロインバリデーション（無効化）は、よく無意識に行われる。個人を外国人として扱い、「しかし、本当はどこから来たのですか？」といった質問をして、カラーブラインドを主張し、能力主義の神話を主張することによって、受け手のアイデンティティを軽視する。または、個人の人種差別を否定する。私の身体には、人種差別の骨は有りません！」これらの3つの形態のマイクロアグレッションは、個人（ミクロ）、組織（メソ）、及び環境または制度（マクロレベル）で同時に起こる可能性があり、その結果、攻撃を受けた人は連続的な暴行や、紙を千回も切られて死亡する可能性がある[11]。

　マイクロアグレッションが及ぼす影響の比喩としての「千回切られること」は、決して誇張した表現ではない。マイクロアグレッションは、心理的苦痛、抑うつ症状、不安、恥ずかしさ、およびそれらに関連する健康症状など、マイクロアグレッションを経験している人にいくつかの深刻で否定的な結果をもたらす[12]。

　さらに、ハラスメントを目撃することはマイナスの結果を生み出す可能性もあり、マイクロアグレッションがまん延する環境に対処するには多大な経費が掛かることを考えると、その影響は広範囲で深刻であると理解できるの

第5章　ジェンダー化された（人種的）マイクロアグレッションと千回切られて死ぬこと　125

である[13]。

## ジェンダーによるマイクロアグレッション

　ジェンダーによるマイクロアグレッションは、女性に対する排除、卑しめ、侮辱、抑圧、またはその他の方法で敵意や無関心を表現する、意図的または非意図的な行動や習慣と定義されているもので、環境及び対人関係のレベルで存在する[14]。実際、ジェンダーによるマイクロアグレッションは、個人によるものではなく、女性を排除したり減少させたりする可能性のある深く根づいた組織構造や慣行に起因することが多い（ゴルフクラブやスポーツイベントなど、伝統的に男性が多い環境で行われる職場の休暇などが該当する）。ジェンダーによるマイクロアグレッションを理解する事で、より平等な環境を支援するために、組織の規則や構造を変更したり、無いものとしたりする必要があるかどうかを検討する機会が促進されるのである。

　ジェンダーによるマイクロアグレッションは、以下のように発生する可能性がある。

- ジェンダーに対するマイクロアサルト（露骨であからさまな性差別的な言動）
- ジェンダーに対するマイクロインサルト（意図的ではないが性差別的な発言、ジョーク、及び行動）
- ジェンダーによるマイクロインバリデーション（女性の考えや感情を無視したり、軽視したりする微妙なコミュニケーション）[15]

　実際には、こうした微細な侮辱や無効化は、性差別的な言葉や性的対象か、もしくは組織内で女性を二級市民として扱うという形で現れることがある。これには、女性が同じ仕事をしているのに賃金を安くしか払わない事も含まれるが、幼稚園から高校までの教育現場の指導者の間ではよくあることなの

である。（全国的に見ても女性校長の収入は男性校長よりも1,000ドル少ない）[16]。ジェンダーによるマイクロアグレッションは、特定の分野における女性の劣等性についての思い込み（「女性は財務管理より人事分野に優れている」）など、職場環境に適用される伝統的な性役割の向上として現れることもある。それは、女性が常に会議にスナックを持参したり、メモを取ったりすることを期待されているようなものである。

　最近の研究では、マンスプレイニング（mansplaining）もマイクロアグレッションとして特定化されてきている。マンスプレイニングは、多くの場合、相手の女性よりも専門知識を持たない男性が相手を見下したり、恩着せがましい態度で何かを説明するような現象である。これは、女性のアイデアや提案が、男性が説明するまで無視されるか、単に男性に繰り返されるまで無視されてその後は男性の手柄にされるといった形でも現れうるのである[17]。時間が経つにつれて、その様なパターンは非常に常習化し、人々はその様な状態により女性のアイデアが男性のアイデアによるものだと思ってしまっていることに気づかなくなることすらある[18]。最後に、ジェンダーマイクロアグレッションは、怠慢（ジェンダーにおいて偏りのない方法で行動しないこと）として現れることもある[19]。この例としては、リーダーが女性の同僚に夏のカリキュラム委員会への参加を依頼しなかったりすることが挙げられる。なぜなら、リーダーたちは女性の候補者は夏は家族と過ごしたいと考えているが、男性の同僚についてはそのような思い込みをしていないからである。

## ジェンダー化された人種的マイクロアグレッション

　教育リーダーシップにおける女性の経験を考慮する時に、人種（他のアイデンティティの中でも特に）と人種に関連する制度的差別が、異なる人種的アイデンティティを持つ女性がどのように世界を経験するかについて違いを生み出しているという事を認識することは重要である[20]。例えば、ジオニ・A・ル

第5章　ジェンダー化された（人種的）マイクロアグレッションと千回切られて死ぬこと　127

イスとヘレン・A・ネビルは、黒人女子大学生の経験に基づいて、現在では広く使用され高い評価を得ている尺度を開発したが、それはルイスが「ジェンダー化された人種的マイクロアグレッション」と名付けたものである[21]。彼らは、長く存在するステレオタイプ（性的志向のイザベル、怒りっぽく攻撃的なサファイア、強い黒人女性のように）がどれだけ黒人女性がよく直面するマイクロアグレッションを強固なものにしているかを強調した[22]。他に認識されているマイクロアグレッションには、黒人女性が沈黙させられ、疎外され、目に見えないものとして扱われ、スタイルや美しさについての思い込みにさらされていることが含まれる[23]。実際に、そのようなマイクロアグレッションは、黒人女性の指導者が「怒っている」として一貫して批判され、髪や容姿がプロフェッショナルらしくないと言われ、第4章で論じたように、適切な支援なしに他の人ができない学校での問題を解決するように期待されるという形で現れる[24]。私たちの研究では、校長を目指す黒人女性が、管理職養成プログラムを履修する間に、マイクロアグレッションに直面していることが分かった[25]。それらのマイクロアグレッションの中には、参加している中で数少ない人種の一人であること、有色人種の講師が不足している（環境的マイクロアグレッション）ことが含まれる。彼らは、また会話の中で、特に人種に関する会話をする際に、彼らがトークン化されたと報告した。最後に、私たちは、リーダーシップを教える際に、カラーブラインドとジェンダーブラインドのアプローチが女性たちを沈黙させ、否定するものであることを見てきた。研究者らも、性的な誘惑に従順でありまたは受け入れやすいという人種差別主義と性差別主義に基づいたアジア系アメリカ人女性に特有の一連のマイクロアグレッションを特定した[26]。アジア系アメリカ人と太平洋諸島出身者は、外国人排斥に基づくマイクロアグレッションを経験し、外国人と見做されている子どもたちに奉仕する役職のみを期待されている[27]。

　近年の反アジア系のヘイトクライムの増加を軽視するわけではないが、アジア人に向けられたマイクロアグレッションは、加害者によって肯定的かつ

補完的と認識されることが多いというのも事実である（「あなたの訛りは殆ど目立たない」）[28]。アジア人の女性教育指導者に関する最近の研究では、彼女たちは模範的少数派の神話を反映したマイクロアグレッションにさらされており、その結果、彼女たちの人種的な経験が無効になり、文化的経験とアイデンティティが特異的なものとなっていることが明らかになった。

　恐らく入手可能な研究というものの中では最も初期のものであるが、ラテン系の人々やラテン系の教育指導者が直面するマイクロアグレッションに対する興味が高まり、それに関する研究が行われるようになっている。これらのマイクロアグレッションは、移民のステータス（あなたの家族の全員が証明書を与えられたのですか？）、またはコミュニケーションスタイル（あなたは興奮しすぎている、落ち着いて！）、またはアクセントをほのめかしている点で独特であるが、志向性においても排外主義的である[29]。ラテン系人種についてのステレオタイプの概念に基づいた人種差別的なジョークも、ある空間の中で自分が少数派のラテン系の個人であるという経験（環境的なマイクロアグレッション）と同様に、頻繁に発生する可能性がある[30]。他の有色人種の同僚と同様にラテン系の教育者も、ラテン系のステレオタイプに基づいた他のマイクロアグレッションを経験するだけでなく、このような独特の人種に基づいた（そしてジェンダー化された）経験が、無効になったり、もしくは特異化されたりすることがあるのである[31]。

## マイクロアグレッションの報告：両刃の剣

　マイクロアグレッションに対する認識が高まっている事を考えると、なぜ組織はこれらの問題に焦点を当ててそれを解決するための行動を起こさないのか不思議に思うかもしれない。繰り返しになるが、マイクロアグレッションの最も狡猾な機能の一つは、特定化するのが難しく、マイクアグレッションをしでかす人にとっては受け入れるのが難しいということである[32]。研究

によれば、マイクロアグレッションを行っていると非難されると、加害者は防衛的に反応し、自分のコメントが意図的に偏ったものであることを否定することがある[33]。(私は、貴方を怒らせるつもりはありません!)。またはターゲットとなった人が過敏である、または偏執的であることを示唆することがある[34]。その結果、マイクロアグレッションを経験した人は、静かにその影響を黙って引き受ける傾向にある[35]。

## 1000回もの切傷を経験する:サマンサ、ケリー、エレノアの話

　以下の一連の事例は、ジェンダーによる、ジェンダー化された人種的マイクロアグレッションが、3人の女性リーダーの日常経験にどのように現れるかを示している。最初の事例は、学区のカリキュラム委員会の委員を務める黒人女性であり、高校英語科の長を務めるサマンサ・ブラウンに焦点を当てたものである。サマンサは歓迎されたり、敬意を払われる環境を経験することはなく、自分の意見が却下されたり無視されたり、黒人や褐色人の作家や多様なキャラクターの表現を増やすといった優先事項が中傷されているのに気づいている。次に、チャータースクールネットワークで数学指導コーチを務めるアジア系アメリカ人女性のケリー・クワンである。ケリーは嫌がらせをして彼女を軽蔑する同僚と、不公平な仕事量、そしてどちらの面でも介入しようとしない上司に対処している。最後にエレノアという白人女性である。教育長をめざしているが、エレノアとは異なりパートナーと2人の子どもがいる男性同僚の為に、選択したレジデンシー(勤務地)を辞退するように依頼されている。

　マイクロアグレッションの性質上、これらの状況や相互作用がどの程度ジェンダー化されているか、人種化されているか、あるいはその両方であるかが曖昧であると感じる人もいるかもしれない。しかし、これらの女性たちはそれぞれ自分についての何かと自分をどのように認識しているかが自分の

経験を形づくっていると確信していた。偏見なく、恐らくこれまでよりも少し批判的な方向性を持って読んでいただきたい。例えば次の様な場合はどうだろうか？　分析を目的として、私たちはジェンダー差別と人種差別が私たちの社会にまん延しているという前提を受けいれるだろうか？　他の方法では得られないであろう何かが見えたり、理解できるのであろうか？

　また、この様な事例で人間関係の力学だけでなく、それぞれの組織内での人々の経験を形づくる構造や実践にも細心の注意を払うことを勧める。例えば、チャーターネットワークにおいて、白人が大半を占めるリーダーシップチーム、少なくとも50％が有色人種で構成される教員集団、95％が有色人種の生徒で構成される生徒集団の間にはどのような関係があるのだろうか？

　サマンサとケリーの事例でいえば、彼らが学区でリーダーシップを発揮している数少ない有色人種の女性の一人にすぎないのはなぜだろうか？　組織での採用、雇用、昇進の慣行はどのようにしてこれらのパターンを強化するのだろうか。これは、環境上のマイクロアグレッションを特定し、それに対処するという点で何を意味するのだろうか。

　前章と同様に、各事例の後にディスカッションの質問があり、さらに詳しく調べるためにテーマの概要も表示される。特に、これらの事例については、マイクロアグレッションの共通する性質、何が女性リーダーたちの経験を結びつけ、隔てているのかを探るために、アイデンティティの境界線を越えて読むことをお薦めする。この点を踏まえて、この章はマイクロアグレッションに関して様々な立場（標的、傍観者、味方同志）を持つ人が、これらの出来事とその制度的基盤にどのように反応し、破壊するために働くことができるかについての議論で終わることにする。

## サマンサ

　サマンサ・ブラウンは、ハイポイントの都市中心部にある、アームストロング高校の英語科長である。彼女はシス・ジェンダーで、異性愛者の黒人女性

であると自認している。彼女は 8 年前に Teach for America のプログラムを通してアームストロング校に来て、11年生と12年生の英語と、アドバンスド・プレースメント（AP　高校成績上位者による大学初期課程の単位取得のためのクラス）で英語を教えた。着任 4 年目に、彼女は校長から当学校の英語カリキュラムを開発するよう命じられた。新しいカリキュラムの導入以来、学校のテストの点数は向上し、サマンサのクラスは市で最高のAPでの合格率を獲得した。この成功の御蔭で彼女はまず学科長に昇進し、次に学区の英語と言語芸術のカリキュラム委員会の委員を務めるように推薦された。最初は、彼女はこの仕事に参加することに興奮していたが、すぐに挫折した。

　サマンサ・ブラウンは敗北を感じた。学区の事務所ではしばしば苦痛な会議を何カ月も続けた後で言語芸術のカリキュラム採用委員会はようやく決定を下したが、サマンサはこの決定に激しく反対した。

　ハイポイントの生徒の文化的背景を反映する作家と物語を特徴とするスタンダードに沿ったカリキュラムを選択する代わりに、学区の指導部は彼女の不安を無視して、彼女が一番好ましくないと考える選択をした。学区からの公式発表は以下の様だった。選択されたカリキュラムは、伝統的な英語のカリキュラムにより一致しており、したがってより「厳格」であるため、教師にとっては実施が容易になるだろう。

　しかし、サマンサは、この決定は、学区の指導者たちが時代遅れで白人中心主義の考えに異議を唱えることについて関心が無いことに起因すると感じていた。彼女は、学区が公言している公平性への関与は現実味がなく、美辞麗句に過ぎないと気づき始めていた。

　それは、指導者たちの残念な決定だけではなく、サマンサの委員会での扱われ方も同様であった。サマンサは委員会で、英語を教えつつ英語部門を率いていた数少ない人員の一人であったにも関わらず、しばしば邪魔されたり、話しかけられたり、軽蔑されたりした。2 つの例を挙げよう。学区のリー

ダーたちは、彼女と学校現場から来たメンバーの一人が来る前に早くから会議を開始していた。さらに、サマンサと同じ黒人と認識できるメンバーが遅れて会議に到着した。この経験は、意図していた通りに彼女が委員会に変化をもたらしたというよりは、むしろ、ハイポイントには彼女にとって未来があるのか否かについて疑問を持つようになった。

**アームストロング高校** ハイポイントでは、生徒の95%が黒人またはラテン系アメリカ人であることを自認しており、50%以上が無料または割引価格のランチを受けている。アームストロング高校の1200人の生徒はこれらの人口統計上のデータを厳密に反映していた。その時の教育長であるフレッド・バローズは、学区の制度全体、特にアームストロング校での実践を強化するために、データチームやその他の学校全体の指導改革を実施し、生徒の成績と結果に対する危機感を醸成することに懸命に取り組んでいた。学区には公正性を高めるという目標も掲げられていた。彼らは、アームストロングの教師（そのうち70%が白人）が暗黙の偏見と文化的に有能な教育方法に関連する理解を改善できるように、コンサルタントも雇っていた。

サマンサは過去1年間これらのセッションに参加していたが、白人の同僚の反応に対して驚きはしないとしても、失望していた。彼女は白人の同僚の一人が、なぜこの様な問題について話しているのか理解できないと言ってセッションを中断したという事例を思いだした。「私は肌の色に関係なく、私の生徒を全て同じ様に扱います。」彼女は叫んだ。黒人教師たちは全員同じ部屋に座っていたが、進行役の介入を期待していた。しかし、別の白人の同僚がサマンサに直接向き直り、「サマンサはどう思いますか？ ここのアームストロング校では暗黙の偏見がはたらいていると思いますか？」と尋ねるまで、部屋には沈黙が広がっていた。サマンサは驚いて、自分の経験について少し話し、一般的な内容にして特定の人に眼を合わせないように注意しながら答えた。「共有してくれてありがとう、サマンサ」「特にあなたから

第5章　ジェンダー化された（人種的）マイクロアグレッションと千回切られて死ぬこと　133

の意見を聴くことはとても重要です」と進行役が言った。サマンサは、学校で唯一の黒人リーダーとしての自分の立場についてさらに自意識過剰になり、身をすくめてセッションを離れた。

　実際に、学区が公正を宣伝してきた一方で、サマンサは一般的に有色人種が権威ある地位についていないことに気づかずにはいられなかった。学区事務所は殆どが白人の男性リーダーで構成されていた。さらに、彼女は学区で数少ない有色人種の行政職員の一人であり、他に唯一いる有色人種は学区の工業高校の教頭であるトーマス・ハインズであったが、彼はカリキュラム委員会にも抜擢された黒人男性であった。トップに有色人種がいないことと、学区の中央集権的な性質により多くの有色人種の教師たちが自分たちの意見が意思決定においてあまり求められていないと感じる力関係が生まれた。その決定も教師たちの優先順位や生徒のニーズを反映していないことがよくあった。

**新しいカリキュラムの必要性**　最近、ハイポイントの殆どの学校で生徒の成績が停滞または低下していることが分かった。それはアームストロング校を除いて、特にELA（英語の文化芸術科目）について当てはまった。この成績低迷の理由の一つは、州が州評価の難易度を引き上げたことに関係している。もう一つは、学生の関与とモチベーションの低下に起因すると考えられる。教師らは生徒や家族から学区のカリキュラムは時代遅れだと感じているという声を聴いていた。彼らは、時事問題を取り上げ、自分たちの経験や歴史を反映するより多くの資料を望んでいた。原因が何であっても、生徒の成績の低下は学区にとって大きな懸念事項であった。ハイポイントにおける強力なチャータースクールの存在感は既に多くの生徒を引き付けており、学区の成績の低下は間違いなくさらに入学者の減少とそれに伴う予算の減少につながるだろう。点数が迅速に向上することが重要であり、その為の一つの方法は、新しくより優れたELAのカリキュラムを採用することであると学区のリー

ダーは考えた。

　学区が新しいELAのカリキュラムを導入しようとしていると初めて聴いた時、サマンサは興奮した。彼女は既に、より多くの有色人種の作家や同様の背景や経験を持つ人々の話を盛り込んだ物語が、自分のクラスや彼女が教えているクラスの生徒たちにどんな影響をあたえるものかということを確信していた。生徒たちは新たな熱意を持って授業に臨み、作文や成績全体としても向上していた。校長が最終的にサマンサをELAのカリキュラム委員会に参加するように誘った時、彼女は、これこそが自分の成功を分かち合い、可能ならば他の人たちにもこの方向性に進むようにと説得するチャンスだと悟った。

**カリキュラム委員会の一員として活動する**　サマンサは、カリキュラム委員会の委員長であるクリス・ジョーンズから、委員会の仕事の範囲を説明する電子メールを受け取った。会議は6回開かれたが、それぞれの会議が、提案された各カリキュラムを評価する為に共通のルーブリックを含む厳格な議定書によって進められる。資料を見て、サマンサはすぐに気づいた。彼女とトーマスは委員会で唯一の学校レベルの人々であり、唯一の有色人種であるということであった。彼女はまた、提案されたルーブリックには、文化的関連性や、提供されたテキストに反映されている文化や時代の範囲についての言及が全く含まれていないと指摘した。さらに、会議の議題は詰め込まれており、質問や議論のための十分な時間が確保されるのか彼女は懸念していた。

　最初の会議で、メンバーはルーブリックを確認した。トーマスは、なぜ資料の文化的関連性に関する尺度を含めなかったのか、質的な検討についての余白を持たせなかったのかと尋ねた。クリスは、「委員会の焦点は、州テストで生徒の成績を向上させる厳格なカリキュラムを選択することである」と答えた。文化的関連性は、彼らの推論によれば、その範囲外のものであった。

　サマンサは、厳密さと文化的関連性は相互に排他的であるというコメント

第5章　ジェンダー化された（人種的）マイクロアグレッションと千回切られて死ぬこと　135

と仮定に関して、クリスに圧力をかけた。「文化的に関連したテキストは厳格です。さらに、私たちの生徒の構成を考慮すると、彼らの経験がカリキュラムにおいて向上していることが重要である」と彼女は話し始めた。

「そこで止めさせてください」とクリスが遮った。「私たちは既に、黒人と褐色人種の作家の本を沢山読ませている。テストの点数が下がっているのはあなたもよく知っているでしょう。もし私たちが生徒たちを大学に進学させる準備をするならば、彼らは真の古典に触れる必要があるのです」

「そのコメントを推進させる思い込みには私は憤りを感じます」とサマンサは答えた。「私のクラスは黒人と褐色人種の作家による文章を沢山用いています。私の生徒は全体として州の基準を上回っています」

「それは本当かもしれません」とクリスは答えた。「しかし、先生たち全員があなたと同じ方針という訳ではない。彼らがあなたと同じ結果を再現できるとは思えません。私たちには、誰にでも利用でき、より良い結果が得られるカリキュラムが必要です。私たちは既にそれを進めています。あなたにも私たちの様にもっと声をコントロールしていただきたいと思います」

彼女の冷静でプロフェッショナルな態度を受け止めると、サマンサは残りの会議で殆ど何も言わなかった。次の会議で、委員会はカリキュラムのオプションを検討した。サマンサは要求された事前の作業をするために何時間も時間を費やし、各オプションの長所と短所を慎重に検討した。

自分の推薦するカリキュラムを発表する番になった時、サマンサは、自分の選択するカリキュラムは生徒たちの得点が州平均を大きく下回っていた精読能力の向上に重点を置いたものであることを強調した。彼女はまた、このカリキュラムには最も多様なテキストのセットが含まれていると付け加えた。同地区のELAコーチ、アナベル・ローチ氏はサマンサに「正直に言うと、このカリキュラムは黒人作家による文章が多いので、あなたの好みなのではないですか？」と尋ねた。サマンサは、これらの気落ちするコメントに反論したがったが、自分が何を言ってもプロフェッショナルではないと受け取ら

れると感じたので、返答しないことを選択し、会議の残りの間再び沈黙のままでいた。

前回の会議では、メンバーはカリキュラムに関する最終的な推奨事項を提出するように求められた。結局、選択肢は2つになった。サマンサが宣伝したものと、もう一つのカリキュラムであった。サマンサの意見では、2番目のカリキュラムは重大な欠点が2点あった。それは、授業計画がそれ程厳密ではなく、多様なテキストが少ない点である。これがこの点を主張する最後のチャンスだと感じたサマンサは、グループに自分の意見を主張した。しかし、そうしている間、彼女はクリスとアナベルによって頻繁に邪魔された。彼らは、カリキュラムの最も重要な要素は、授業サイクルを忠実に実行する教員の能力であると主張した。サマンサは、「例えば質の高い指導ができたとしても、カリキュラムに厳密さが欠けていれば州テストに対する準備は十分にできたとはいえないでしょう」といって彼らに反論しようとした。クリスは、「自分が正しいとそんなに確信しているのなら、この点を証明する研究結果を見せてくれませんか？」と応じた。サマンサは腹が立ったので、この問題をもう追求することはやめた。彼女は自分のいうことを聴いてもらえないのは分かっていた。投票が行われた結果、彼女とトーマスだけが他のカリキュラムに投票した。

その日、家に帰る車の中で、サマンサはアームストロングと別れるべき時期がきたのではないかと考えた。

彼女は生徒たちと地域社会に貢献していると感じていたが、自分が感じた失望を完全に飲み込めるかどうかわからなかった。そして同時に、どこか他の場所では本当にそんなに違うだろうかと彼女は考えた。黒人と褐色人種の生徒が成長するために必要だと彼女が知っていた変化を起こすことは可能であったのだろうか？

第5章　ジェンダー化された（人種的）マイクロアグレッションと千回切られて死ぬこと　137

---

### 振り返りと対話のための質問

- サマンサはどの程度マイクロアグレッションの標的になったと思いますか？　あなたの推論を示していただきたい。

- 委員会の具体的な組織の方法（規範など）は、サマンサに敗北感を抱かせる一因となっていたのか？　あるいは、これらの会議でサマンサの経験に何らかの形で貢献したのは、制度や構造の欠如だったと思うか？　相互に敬意を持って生産的な会議を行う可能性を高めるために、何が役立ったのでしょうか？

- サマンサとその上司を含む会議に参加した人々が、決定や意思決定の展開を変えるために何かできることはあったのか？　なぜ、あるいはなぜそうでなかったのでしょうか？

- あなた自身の社会人生活の中でこの種のシナリオを見たり経験したりしたことがあるか？　何が似ていたか？　何が違っていたのでしょうか？

- その結果、あなたの職場についてどのような結論が導かれるでしょうか？

---

## ケリー

　ケリー・クワンは、タイトルスブルクとその周辺の15の学校とチャーターネットワークで数学コーチを務めている。彼女はネットワークコンテンツコーチのグループの一人で、カリキュラムと指導部局の副監督であるエレン・スティーブンスに報告をすることになっている。ケリーは東アジア系の異性愛者でシスジェンダーの女性であることを自認している。以前、学校で数学のコーチをしていた時、彼女は、15の学校のキャンパスの中でアジア系アメリカ人で指導主事をしている僅か3人の内の1人であった。ケリーには学区とチャータースクールの両方で、10年以上の教員歴と、カリキュラムと指導部局の指導者としての経験がある。彼女の経歴も、小学校、ミドルスクール、高校の内容とコーチングと多岐にわたるものである。彼女は白人

として認識されておらず、チームで最近雇用された唯一のメンバーの内の一人である。

「ある日、エリカとまた不快な衝突があった」とケリーは答えた。彼女は自転車に乗って家に帰った。今日、エリカ・スミスという人事部における対応者は、普段とは違う様相でした。朝、コーヒーステーションで、エリカはケリーに、なぜ自分はそんなにひどい顔をしているのかと尋ねた。ケリーは、彼女の無礼を見逃して、彼女の外見は彼女の精神状態の影響だと答えた。彼女はダウンタウンで別の反アジア人襲撃について聴いたところで、恐怖と悲しみを感じていた。

エリカは肩をすくめた。「でも、あなたには何も起こらなかったでしょう？つまり、ここではあなたは安全なのです。オフィスで襲われることはありません。この町では毎日悪いことが人々の間で起こってはいますが。あまりドラマチックになるのはやめてください。」

そして、ケリーが応答しようとしたちょうどその時にエリカの電話が鳴り、エリカは向きを変えて急いでオフィスに向かった。

このやり取りを目撃した別の同僚のビルは、「こんなことになってしまって、本当に残念だね」と語った。「エリカは今日大事な会議があって、それでストレスを感じているのを僕は知っている。僕は、彼女があなたに本気で不親切にするつもりではなかったと思うよ。」と言った。自分はそうは思わないとケリーは思ったが、ビルに微笑んで肩をすくめただけだった。

**ネットワークオフィスで働いていると**　ケリーの主な役割は、教員がネットワークで数学カリキュラムを実施する際にコーチングと支援を提供することであった。彼女は、自分の仕事と一緒に働いた教師たちが大好きだった。エリカとのやり取りとは対照的に、教師たちは概して非常に親切で、ケリーを信頼できる尊敬される同僚として扱った。確かに、彼女の支援に抵抗したり、

彼女を不快にすることを言ったりする教員も何人かはいた。彼女は中学教師を長く務めたテリーの事を思いだした。テリーは、自分のやり方を変えたり、新たに提案された数学のテクニックを実践したりするには、あまりにも圧倒されると嘆いていた。ケリーがテリーに彼女はそれを学ぶ能力が十分あるのだと伝えた時、テリーは、「言うのは簡単だ。あなたは生まれつきそれが得意だった」と答えた。ケリーがその意味を尋ねると、テリーは補習を受けられなかったことをつぶやき、新しい州テストについて不満を言い始めた。また、ケリーがネットワーク内の幾つかの学校に初めて行った時には、保護者の連絡係と間違われたり、英語が流暢ではないかのように話しかけられたりすることがよくあった。しかし、彼女はこの種の間違いには慣れていたので、それほど驚きはしなかった。

　しかし、彼女が慣れることができなかったのは、エリカの態度だった。ネットワークオフィスで働く前、エリカは、ネットワーク内で最も成績の良い小学校の一つで校長を長く務めていた。エリカは人文科学の教育改善を在職期間の主要な業績にしていたが、リベラルアーツカレッジに通い、アメリカ研究を専攻していた。彼女は正式なカリキュラムによる教育や教員養成のトレーニングを受けておらず、学位もなかった。彼女の経験は全て最初は教師として、次に行政職として、チャーターネットワーク内での地位を高めてきたことから生まれた。さらに、エリカの夫ジェイクは、ネットワークの高校の一つで英語を教え、英語科の部長を務めていた。エリカとジェイクは両方ともネットワークの創設時から参加しており、システム全体で良好な人間関係を持っていた。

　対照的に、ケリーは教育学の学部と修士号の両方を取得していた。彼女は地元の大学のEdDプログラムにも登録しており、教師による公正性に基づく数学指導の実践の支援をテーマにした博士論文を執筆した。彼女は中学校の数学教師としてキャリアをスタートし、様々な学年レベルの役職を経て、最終的に中学校の数学コーチに昇進し、昨年、ネットワークオフィスで働く

140

ことになった。ケリーは、チャーターネットワークの小学校の一校で3年間働いていたことはあったが、社内の他の人と比較すると「新人」であり、学区の学校での経験は資産ではなく、「ほんの少し」として扱われることが多かった。ケリーは、自分の「部外者としての立場」が、エリカからの扱いにどれだけ影響を及ぼしているのかについて疑問に思った。

**コーチごとにルールが異なる**　ケリーがネットワークオフィスに勤務し始めた当初から、エリカとの関係は不完全なものとしか言いようがなかった。

そもそもケリーはエリカの仕事ぶりがそれ程好きではなかった。エリカは頻繁に遅刻し、早退した。エリカが指導していた教師たちはエリカを探すために事務所に電話をかけてきたが、ケリーはエリカが何処にいるのかわからないと説明しなければならなかった。

ケリーとエリカの間には記録保持の責任にも違いがあるようだった。ケリーは、コーチが訪問や記録を入力する為のウェブサイトにログインするたびに、エリカが観察を全く記録していないことに気がついた。エリカは、コーチングのルーブリックを使用する必要があるのにもかかわらず使用しなかった。ケリーはルーブリックを使用したが、彼女のすべてのデータがシステム内にあったため、彼女は新入所員としてシステムの傘下にあると感じただけだった。

年度の半ばに中学校の校長の一人が評価を完了せずに辞任し、上司がケリーとエリカにその補充をするようにと頼んだ時、事態はさらに悪化した。ケリーは数学教師と、普段勤務している人文科学教師のすべての観察をエリカと一緒に実施した。ある時ケリーが白人男性の歴史の教師にフィードバックをした後、その教師がケリーの態度について教育次長に不平を言い、ケリーは不必要に厳しく内容を理解していないようだと述べたことがわかった。ケリーは自分の役割に慣れていないため、効果的な評価経験のために必要な信頼を構築できていない可能性があることに気づいた。しかし、彼女はまた

一方で、その白人男性教師が、ケリーがアジア系のアメリカ人女性としての
アイデンティティを持っている結果として、より大胆になってこれらの主張
を行っていたとも感じた。直観を確かめるために、彼女はエリカにそのこと
を話し、教師との関係を考えると何か洞察が得られるかもしれないと期待し
た。しかし、代わりにエリカはケリーに「それが彼のあり様だ」と言い、ケ
リーはもっと強くなった方がいい、そうでなければ彼女は決してうまくはい
かないだろうと言った。

　ケリーがエリカについて同僚に話した時にも、彼女の経験が矮小化される
同じパターンが続いた。エリカは社内で「とげとげしい」という評判があり、
あまり人付き合いができないと言われたという。しかし、その様なコメント
には、エリカが多くの個人的な課題に直面していることや、「彼女は本気で
そう思っている訳ではない、ただストレスを感じているだけだ」という言い
訳が含まれていることが多かった。

　ケリーの上司のエレンもその様なことを言った一人であった。ケリーが
ワークロード分担に関する懸念を伝えようとしたときに、エレンはエリカを
擁護した。「エリカは夫と同様、この学区に人生をささげてきたのです。」と
彼女は語った。「彼女は何年にもわたって肯定的な結果を出しており、彼女
のアプローチが効果があることを示している」このやり取りの後、ケリーは
エレンとの関係が変化していることに気づいた。以前エレンは、ケリー、エ
リカ、その他のコーチと決定を下す為に会っていた。

　今や彼女は、頻繁にケリーの所に指示を持ってやって来ていた「エリカと
私は、チェックイン中に草案を書いた。新しい指針をあなたに送ります。」。
ケリーは、エリカが注目されるべき存在ではなく、認められている存在でも
ないことを理解するようになった。彼女は単に「慣れる」ことを期待されて
いた。

　うんざりしていて通常の方法を使い果たしたと感じている中で、ケリーは
「核開発」の是非を天秤にかけて、自分の懸念を教育長に直接伝えた。一方

142

で、彼女は自分が生み出した仕事の質と量に基づいて、彼女が疎外され、過小評価されていることを彼に知ってもらうことが重要であると考えた。一方で、彼女はそうすることが報復をもたらしたり、時間の経過とともにネットワーク内で昇進するチャンスを損なったりする可能性があることを知っていた。結局、急いで自分の財務状況を確認した後、ケリーは結果がどうであれ、自分自身のためだけにではなく、こうした差別的行為の影響を受けている全ての人たちのために声を上げる必要があると決断した。そのように考えて、ケリーは教育長に宛てたメールの草稿を書き始めた。

---

**振り返りと対話のための質問**

- どの程度、ケリーはマイクロアグレッションの標的になっていたと思うか？　あなたの推論を説明していただきたい。
- 組織の社会構造がこうしたマイクロアグレッションの可能性にどのような影響を与えたと思うか？　組織の文化についてはどうでしょうか？
- ケリーはメールを送るべきだと思いますか？　送るべきでない場合、ケリーは戦略的、戦術的に、次は何をすべきでしょうか？
- 彼女はこの件について上司と話し合うべきか？　はいの場合はどのようにして話し合うべきでしょうか？
- あなた自身の仕事や生活の中で、この種の話の筋書きを見たり経験したりしたことがあるか？　何が違っていたのか？　その結果、あなたの組織についてどのような結論が導きだされるでしょうか？

---

## エレノア

エレノア・ピーターズは、自分を白人でシスジェンダーへの異性愛者女性であると認識していた。彼女は現在、州立大学での2年間の教育長プログラムの課程を終えたところである。

この教育長プログラムは、学生が数カ月をかけて学区事務所内で特別プロ

ジェクトに取り組み、教育長に直接報告し、可能であれば指導するというレジデンシー・滞在型モデルを含んでいるという点で革新的であると考えられている。

　プログラムに参加する前、エレノアは10年間小学校教師を務め、5年間は学区の指導コーチを務め、さらに6年間同じ小学校で校長を務めていた。彼女はその革新的なアプローチとパートナーシップ活動が評価され、同州の年間最優秀校長賞を受賞し、彼女の学校は在任中にブルーリボン賞の学校に選ばれた。彼女は教育委員会の認定を受けており、EdDを取得している。エレノアは、地元の学区で職級を上げるのが難しいと感じた後にプログラムに参加した。学区事務局からは、彼女が今いる場所で必要とされているというメッセージを受け取り、また内部の友人たちから「教育長が、彼女は常に教育長の予想を上回っているとは評価していない」というメッセージを受け取ったためだった。エレノアは、自分のアイデアが十分に評価され、長期的に滞在できる地域に居住地が決まることに興奮して期待していた。


　エレノア・ピーターズは、授業が終わった後、ドアの近くで長居して教授が来るのを待った。メアリー・グリーンはエレノアの最後の同僚に別れを告げた。それは彼女の教育長準備プログラムの最後の授業であった。来年、彼女はレジデントに入り、少人数グループでコーチと一緒に練習することになった。しかし、エレノアは、達成感や安堵感を感じるどころか激怒していた。プログラムの開始時から、エレノアはやるべき事を全て優秀にこなしているつもりだった。

　彼女は授業の準備をしっかりしており、準備ができていることや、興味があることを示すのにちょうど良い貢献をしていたが、知ったかぶりと思えるほどではなかった。効果的なコミュニケーションについての授業の中で、彼女と15人のグループの他の2人の女性が「顔をコントロールしないでください」「手をあまり動かすのはやめてください。気が散るから誰も真剣に受け

入れようとしません」と言われた時も、彼女は文句を言わなかった。

　講師の一人は、エレノアの服装についてもコメントした（彼女は通常、ズボンとセーターを着て授業を受けていた）。採用委員会に好意を寄せてもらうために、もう少し「女性らしい」服装をした方が良いかもしれないと示唆した。

　さらに、グループの中でエレノアは、パートナーのいない唯一人のメンバーであることや子どもがいない唯一人の女性であるため、デートについて絶え間ない質問に遭ったり、働きすぎのために出会いがなくなるんじゃないか、というような質問を絶えず浴びせられていた。しかし、ユーモアを交えて答えていた。同時にエレノアは、グループプロジェクトで働いている時に、自分が「何も所属しない立場」であるために、同僚とは違う扱いを受けることが多いことに気づいた。具体的には、彼女には無制限の柔軟性があり、彼女の同僚が週末にできなかった追加の仕事を補ったり、追加の仕事を引き受けたりできると想定する傾向があった。

　懸命に働いた結果、そうしない決断をしたと彼女は考えた。自分の経験の問題だと感じたことについて不平をいう。そのため、エレノアはプログラムのトップの生徒の一人に上り詰めた。つい最近、エレノアはチームの学区改善計画プログラムのプロジェクトとして地元の学区と改善の取り組みを開始したが、非常に有望であると考えられたために、教育長はチームに次のように依頼した。実施に際しては、学区と協議してください。その機会に興奮しながら、チームリーダーとして紹介されたにも関わらず、エレノアは次のことに気がついた。教育長は、全ての質問を彼女の同僚のビルとリチャードに向けた。そしてその後で、ビルに再びつながろうとするメールを受けた。

　後日、チームがバーで祝っていた時、エレノアは警戒を緩めてビルに、なぜ彼女がチームリーダーであること、彼女にも質問に答えてもらうことをもっと明快にしなかったのかと尋ねた。「えーっ、エレノア、なぜ全てを競争にする必要があるのですか？」と彼は答えた。「彼が質問したから、私はそれに答えた。私たちが勝てたことが嬉しくないのですか？」

第5章　ジェンダー化された（人種的）マイクロアグレッションと千回切られて死ぬこと　145

　「ごめんなさい」とエレノアは答えた。「あなたのいうことも一理あると思います」。それでも彼女は、もし教育長がエレノアを将来のメール配信をするチームから追いやったらどうしようかと考えずにはいられなかった。ビルは彼女が確実に情報を得ていると思っている。最近起きた出来事の衝撃が押し寄せて来て、彼女の顔は怒りで赤くなった。

　ようやく部屋に誰もいなくなった時、エレノアは何カ月も溜まったフラストレーションがあふれ出しそうになりながらメアリーに近づいた。頬を紅潮させて怒りの表情を浮かべたエレノアに反応して、メアリーはエレノアを椅子に案内し、隣に座った。「どうしたの」と彼女は尋ねた。深呼吸をして気を引き締めて、エレノアは話を始めた。

**レジデンシーの配置**　「全ては約1カ月前、改善のプレゼンテーションの直後に始まりました」とエレノアは語り始めた。

　「その翌日、ダグは私を彼のオフィスに呼び、プログラムディレクターとして、そして私のパフォーマンスを考慮して、レジデンシーの第1希望を与えるつもりだといいました」

　「でも、それは素晴らしいことじゃない」とメアリーは言った。

　「そうでしょうね。」「でもそれだけではないのです」とエレノアは言った。

　次にエレノアは、この議論と翌年の研修プログラムの希望候補者をマッチングさせるために、州の中から選出された教育長グループに候補者ポートフォリオを送るという典型的なプロセスを取っているにも関わらず、彼女のプロセスはどうして違うパターンを取ってしまったのかを説明した。

　「ご存じの通り、私の第1希望の学区はノースポイントだったのですが、それは実現しないようです。」とエレノアはメアリーに語った。それから彼女は、自分が優秀な成績を収めているのも関わらず、そして今年の始めにその学区の教育長が彼女に連絡を取った時その学区に来るように自分に勧めてくれていたにも関わらず、ビルがその学区の住民になった経緯を説明した。

エレノアはショックを受けた。プログラム参加者は通常、複数の学区から選択することができるが、これらのポジションの中には他のポジションよりも競争率が高いものがあることも事実であった。特に、州の幾つかの都市中心部の居住は、給与、規模、知名度が高いため、より望ましいレジデンシーであった。プログラムの卒業生の軌跡を調査したエレノアは、ノースポイントの様な場所に居住している卒業生は、希望する別の都市学区にほぼ確実に就職できることを知っていた。対照的に、郊外や田舎の小さな学区に居住した人は、職を見つけるのに苦労したり、同様に小さな学区に居住したりすることがよくあった。

さらに、エレノアは、ノースポイントの教育長との個人的なやり取りを通して、今年が彼女のノースポイントでの最後の年であること、彼女が既に非公式に中西部の大都市の教育長に就任する交渉を行っていることを知った。その都市はエレノアが育った最終的に戻りたかった場所だった。エレノアは、ノースポイントでの滞在が教育長との関係を築き、自分の異動を後押しする機会になるかもしれないと感じた。そのため、ノースポイントで働くことは彼女に家に帰る潜在的な機会を提供するものでもあるため、彼女はノースポイントに行くことに大変熱心になった。

ダグからの知らせは、エレノアの腹を痛めるようなものだった。どうして、そのレジデンシーのポジションをもらうのはビルで、自分ではないのか？

ビルは行政職の授業を取っている時あまり準備をしないで授業に来ていたが、高校のフットボールのコーチと副校長を務めることに強い希望を持っていた。ビルはプログラムの仕事量についていつも不平を言っており、あまりにも多くの授業を欠席したのでコーチングを辞めなければならなかった、と言っていた。ビルはいつも少し準備のできていない恰好をしていたが、エレノアは毎日何時間もかけて授業の準備をしていた。「彼がその仕事に就いたなんて信じられない！」とエレノアはメアリーに言った。

「それでダグは何と言ったの？」とメアリーは尋ねた。「確かに、彼には、

第5章　ジェンダー化された（人種的）マイクロアグレッションと千回切られて死ぬこと　147

この決定について何らかの説明があったはずだ」

エレノアは慎重に言葉を選びなから、彼女はノースポイントでの優先候補者としてリストに上がっていたが最終的にはノースポイントでビルとマッチングすることに決められたとダグに告げられたことを説明した。ダグの説明によると、ビルの家族はノースポイントの隣の町に住んでいた。彼の子どもたちはその隣町で学校に入学していたが、ビルは彼らをその土地から引き離したくはなかった。

「彼は、またもう一人子どもが産まれる予定だ」「ノースポイントでの給料がわずかに高ければ、彼らにとっても大きな違いになるだろう」とダグは言った。「そしてエレノア、あなたにはそのような出費になるようなものがなく、彼より柔軟なので、他の場所に配置されても気にしないだろうと思いました」

「でも、気にしますよ」とエレノアは口ごもった。彼女はダグに自分がノースポイントでどれだけ働きたいか、そしてその理由を説明していた。

それに対してダグは次の様に答えた。「ごめんなさい、エレノア。私はあなたが前に進むのに慣れているのは知っていますが、この決定は既に下されました。あなたにはフェアビューでの第二希望がある」。

彼女が同僚のフレッドにアドバイスを求めた時、彼もビルとダグの側に立った。

「分かります。」とフレッドは言った。「しかし、正直に言いましょう。あなたはどこに行っても大丈夫ですし、あなたにはもっと機動力があるのです。正直に言うと、私はあなたがそのようなことをするのに驚いた。」

エレノアは、他の人の方が自分よりも正しいのか？　とも思い始めた。彼女は幾ばくかの権利のある行動をとっていたのか？　それとも単に自己中心的だったのか？

メアリーに会いに来る前に彼女が最後に立ち寄ったのは、彼女のアドバイザーで教授のランディ・マケイン教授だった。当初、ランディは同情的なよ

うで、エレノアをそのポストに就かせるという教育長の要望にもかかわらず、単純にビルをそのポストに据えることをダグが選択したのは行き過ぎに見えるという事実に同意した。エレノアは励まされて、「そうですね、私が男性だったらこんなことは起こらなかったでしょう」と言った。

その時、ランディの態度が変わった。「それは非常に深刻な告発である、エレノア。それには私は賛成できない。問題は機会と可能性に関するものである。例えば、私は知っているが、あなたが他のオファーを受けていた間、ビルは他にオファーを受けていなかったので、あなたが他の場所に配置される方が簡単だったのでしょう」「自分の性別で利益を得ている人がいるとすれば、それはあなたです。この業界では白人男性は二束三文だ。女性であることは財産であるというでしょう」。

彼女の同僚やアドバイザーの中で、同情を表したのはメアリーだけだった。「このようなことが起こって本当に残念だ」とメアリーは言った。「それから、もっと良いアドバイスができればよかったのですが、もう選択肢は尽きたようですね。恐らく一番良いのは、この研修期間中にノースポイントの教育長との関係を継続するように努力することである。そうなることを願っている。これが目標を達成するための遠回りではなく、昇進への追加点となるようにしてください。」

エレノアは時間を割いてアドバイスしてくれたメアリーに感謝し、次のステップについて考えた。そう、彼女はノースポイントの教育長と連絡を取り合い、いつものように目標を達成する方法を見つけ出すつもりであった。

---

### 振り返りと対話のための質問

- エレノアはどの程度マイクロアグレッションの被害者であったと思うか？　あなたの推論を説明してください。
- ダグとフレッドとのエレノアの話を思い出してください。エレノアが何か別の発言や行動をすれば、状況が変わった可能性はあるだろうか？

第5章　ジェンダー化された（人種的）マイクロアグレッションと千回切られて死ぬこと　149

なぜそうなのか、そうでないのか？　ダグとフレッドについてはどうで
あろうか？　エレノアの反応を聴いた時、あなたなら彼らにどんなアド
バイスをするでしょうか？
- メアリーのアドバイスについてはどう思うか？　それはなぜでしょうか？
- あなた自身の社会人生活の中で、この種の話を見たり経験したりしたこ
  とがあるか？　何が似ていたか？　何が似ていなかったか？　その結
  果、あなたの組織についてどのような結論が導き出されるでしょうか？

## 前に進むには

　いずれの事例でも、主人公は複数の相互作用や組織構造を経験し、その空
間で自分が居場所がない、または大切にされていないと感じた。これに応じ
て一つの選択肢としては、これらの出来事を個別に考慮することであろう。
しかし、そうすることで、一見小さな否定的な相互作用が、より大きな差別
パターンの一部であること、それらが標的となる者に及ぼす累積的な影響を
見逃してしまう可能性がある。対照的に、マイクロアグレッションの枠組み
を理解すると、これらの経験が強化されているのと同時に、環境的な性質と
その大きな犠牲を理解することができる。例えば、エリカがケリーに話した
問題のある話し方のみに焦点を当て、それらを対人関係の問題または礼儀に
関連した問題として扱うことで、これらのやり取りの潜在的な人種差別的お
よびジェンダー化された性質や、同僚側の動きや上司の介入の欠如が曖昧に
なる。マイクロアグレッションをレンズとして使用することで、これらの女
性の経験をより全体的に見るのに役立つだけでなく、差別がどのように意図
的であるのか、非意図的なものになるかを理解する能力を高めるだろう。例
えば、これらの事例の一部の個人は、自分がケアの立場から行動していると
考えているようであった。例えば、サマンサの学校のファシリテーターはサ
マンサに自分の経験を共有するように求めたり、同僚は、ケリーにエリカは

唯の「嫌な人」と言ったりするだけだった。しかしながら、これらのやり取りは快適さを提供するどころか、トークン化や無効化を通じて更なる損害を及ぼした可能性がある。最後に、マイクロアグレッションのフレームワークを使用すると、これらの経験の一部を分類する機会が提供される。そうすることで、方向性のある対応や介入が促され、これらの関係性を修復する可能性が高まるのである。

## 環境におけるマイクロアグレッション

　これらの女性たちは、環境の上でのマイクロアグレッションに直面したが、代表と所属に欠けていた点が特に顕著であった。それぞれの女性の周囲には、権威ある立場にある人や同僚の間にあっても、同じ様な立場の人が殆どいなかった。これは、間違いなく、彼女たちがリーダーシップを獲得してリーダーとして成功する可能性について、彼らの見解に影響を与えていた。代表者の不足も、彼らの利益とニーズが権力のある人によってどの程度理解されているか、真剣に受け止められているかに関して影響を与えているようだ。エレノアの人事決定について性別の性質を否定した権威者とのエレノアのやり取りは、この一例に過ぎない。さらに、サマンサとケリーにとって、彼らが直面した環境のマイクロアグレッションは、人種差別化された方法でもあることに注目することが重要である。組織内で最も正式な権限と権力を持つ人々は白人である傾向があり、最も権威と権力を持たない人々、学生や家族は一般に有色人種であった。どちらの場合でも、この二人の女性は都市部で働いていたが、そこでは学校の資源が不足し、成績が良くなく、過剰に管理される傾向にあり、教育制度に組み込まれた組織的な人種差別が残存している。同様に、私たちはサマンサの学区のカリキュラムでは有色人種たちの制限された表現も、環境上のマイクロアグレッションの別の形態として理解できるかもしれない。

## マイクロインサルト

　女性たちは複数の些細な侮辱にも直面した。たとえば、各女性のコミュニケーションの様式の病理化が見られた。エレノアの場合、これは、彼女や他の女性が教育長のプログラムで受けた、彼女たちのコミュニケーションのスタイルが感情的すぎるというフィードバックでの文脈（「顔をコントロールせよ」「手で話すのはやめろ」）で明らかになった。社会的役割理論に関する第３章で学んだように、そのようなコメントは性別に基づいているものであり、リーダーシップの場でステレオタイプの女性の行動を表現することは不適切である、または悪いことであるというメッセージを送っている。サマンサのコミュニケーションが病的であり、単に指摘された点に同意しないことを表明した時には、「口調をコントロールする」ように言われた。そのコメントは、どういうわけか市民的な議論に参加できない「怒っている黒人女性」といった、サマンサの固定観念を呼び起こした。別の形態のマイクロアサルト・侮辱は、多様な作家やキャラクターを確保すべきという彼女の専門性と意図に対して、サマンサが受けた見下しによってもたらされたものであった。実際、サマンサの知識は強力な成功実績を持っていたにも関わらず、委員会で高められた白人中心の「質の高い構造」と一致しないため、無視された。ケリーも同様にコーチをしていた教師の一人から無視された。しかしながら、この場合、ケリーのアジア人としてのアイデンティティに関連して、教師たちは模範的な少数派の神話と、ケリーの指導の有効性に異議を唱えつつも、アジア人には天性の数学の能力があるという固定観念を引き出した。ケリーは、教師を支援するために学校を訪問した時、彼女が英語のネイティブスピーカーでもコーチでもないと見做されたため、母国では外国人として扱いを受けた。

　これらの女性たちは、また、二級クラスの市民としての立場を経験した。

エレノアにとって、これは、家族の男性としてのビルの立場を、独身の女性としての彼女の立場よりも高いものとするような性差別的な考えを通して表現された。ケリーの二流の地位は、追加の報酬や承認さえも与えられずに、彼女に与えられる重労働と期待から来るものであった。最後に、サマンサの事例では、学校に所属している（拠点とする）メンバー抜きで会議を開始するという委員会の動きは、彼らがチームに必要なメンバーとはみなされていないという明確なメッセージを送った。

## マイクロインバリデーション（無効化）

マイクロインバリデーションに関して、これらの女性たちはそれぞれ、彼女たちのジェンダーや人種的な経験を否定するような発言に定期的に直面した。

ケリーの場合、これにはAAPIコミュニティへの攻撃と、エリカに立ち向かう気のない同僚と、エリカの行動に対する同僚の言い訳の為にケリーが悲しみと恐怖を感じているエリカの言葉が含まれていた。サマンサは、委員会の他のメンバーから同様に支援が無いことを経験した。また、学区の代表者とは異なり、カリキュラムに関する彼女の意見は主に自分のアイデンティティによって形成されていると示唆されたことも経験した。最後にエレノアは、自分の感情や経験にも関わらず、彼女の配属先ではジェンダーが問題ではない（問題であることは明らかだったが）という複数のメッセージを受け取り、会話の方向をエレノアの意欲と競争心への批判へと方向転換させられたのだった。

## 発言したことで罰せられる

それぞれの女性が声を上げようとしたときに何が起こったのかを強調し、

第5章 ジェンダー化された（人種的）マイクロアグレッションと千回切られて死ぬこと 153

彼らが経験したマイクロアグレッションを挙げてみよう。彼女たちはそれとなく、あるいは暗示的に自分たちが過敏になっていないかを問われ、エレノアの場合は状況の読み方が間違っていると言われた。彼らはまた発言したことで叱責されたり、微妙な罰を受けたりした。例えば、ケリーは上司にエリカのことを話した後、会議に参加できなくなったように見えた。エレノアとサマンサの事件では、権威ある人物からの不承認という形で罰が下された。支援や介入が無かったため、こうしたマイクロアグレッションに対処するという全負担が、マイクロアグレッションを経験している女性に課せられ、それがサマンサが自分を守る手段として集会での発言を控える決断をしたことを説明する契機となっている。

　同時に、これらの経験は、マイクロアグレッションによって最も被害を受けた人々は、マイクロアグレッションに対応してそれらを破壊することに対して最も責任のある人物の役になることができないことを強調し、強化するものである。むしろ、こうした努力をすべきなのは傍観者と味方の役割である。

## マイクロアグレッションを破壊する

　マイクロアグレッションは、さまざまなレベル（対人、組織、制度）で作用し、さまざまな方法で人々を巻き込む可能性がある。具体的には、マイクロアグレッションを行う人（加害者）、マイクロアグレッションを経験する人（標的側）、そしてマイクロアグレッションを目撃する人（傍観者）がある。場合によっては、標的（味方）に代わって声を上げたり、直接介入したりする人物もいる。継続的な訓練と支援によって、後者の2つのグループを勇気づけることが重要である[36]。実際、マイクロアグレッションを破壊するための戦略は、マイクロアグレッションが組織全体および参加グループのそれぞれにどのように現れるかについても同時に注意を払う必要がある。

ただし、マイクロアグレッションを破壊するための主要な負担が標的となった者に課されるべきではないことに注意しなくてはならない。多くの場合、差別によって最も被害を受けているのは、個人としても仕事上でも大きなリスクを負いながらも、声を上げて差別と闘わなくてはならない使命を背負っている人々である。むしろ、傍観者と味方がマイクロアグレッションへの対応については集団的責任を負うべきで、マイクロアグレッションが発生する度にそうすることが重要である。

伝統的に傍観者として行動してきた人々は、行動に移すように教育され、支援されなければならない。これは、これらの傍観者が特権的な社会的アイデンティティグループのメンバーである場合に特に当てはまる。なぜなら彼らは恐らく偏見に対抗し、加害者に対して影響力を及ぼすのに最適な立場にあるからである[37]。組織は、人々が行動パターンを中断して、変更する効果的な方法を学ぶことを支援するだけではなく、訓練に投資することによって組織のメンバーがマイクロアグレッションについて名乗りを上げて、それがどのように機能するかを学修するのを支援できるのである。この種の訓練と支援は、マイクロアグレッションの標的者にとって、彼らの経験を正当化し、周囲の曖昧さを打ち破ることによって特に役立つのである[38]。これらの訓練は継続的に行う必要がある。研究によれば、定期的に受講しないと、訓練のプラスの効果は時間の経過とともに薄れてしまう可能性があるからである[39]。

傍観者と味方は、どうすれば最もよくマイクロアグレッションに介入できるだろうか？　スー（Sue）と同僚は、まず、マイクロアグレッションについて武装解除（敵意を取り除く）することが重要であると示唆する。これを行うための戦略はいくつかあるが、反対意見を表明することが含まれる。「そのような冗談は全く面白くないと思うし、聴きたくないです」。あるいは、言われたことや行われたことに異議を唱えることだ。例えば「ステファニーは話を中断されたら、議論を終わらせたいだろうか？」と述べるように。または、その有害な影響を排除することだ。例えば、「あなたが常に公の場でフラ

ニーの意見に異議を唱えるのは、彼女が苦労して獲得した専門知識に対する敬意の欠如を示唆しているようなものですよ。」と述べることだ。次に、彼らは、加害者のコメントと特定のグループに関する彼らの思いこみや信念との関係についての会話に参加させ、加害者を教育するよう努めることを推奨している[40]。これは、ジャスミン・D・ウィリアムスらによって論じられるように、人種や人種差別、性差別やその他の差別に関する議論にはしばしば問題が伴う性質があることを考慮すると、この種の会話を行うためには人々が安全にリスクを冒して学習することができる心理的な安全を保障される文化が必要である[41]。

　最後に、マイクロアグレッションと闘う人々にとって、特により大きな権威と権力を持つ人々からの協力や支援を求めることが重要である。これはまた、権力者が偏屈な行動は容認させないというメッセージを送り、組織の方針をこの感情に整合させていく必要があることを意味する。マイクロアグレッションに対応して取るべき行動は、単に対人関係だけでなく、制度に基づく変化にも注意を払わなければならない。これらは、組織内の採用、評価、昇進、報酬のモデルと、それらのモデルが組織内でどれぐらい平等なアクセスと成果を提供しているかについて、深入りした徹底的な調査を必要とする場合がある。

# 第6章　今は何をすべきか？

## What Now?

　この本の中で、私たちは、初等・中等教育のリーダーとして働こうとしている女性の経験を説明するために、感情労働、ダブルバインド（二重の束縛）、ガラスの崖、ジェンダー化された差別、またジェンダー化された人種的マイクロアグレッションなど、さまざまな枠組みや現象を提示してきた。

　具体的には、差別制度がどのように機能し、女性のリーダー的役割に対する適合性やその有効性についての固定的観念や偏見をどのように強化するのかを解明することが私たちの目的であった。私たちがそうするように駆り立てられたのは、女性が公平な機会を確保し、これらの役割において自分自身とその価値観を十分に表現できる唯一の方法は、そのような制度、構造、そしてそれらを繰り返す傾向にある行動パターンを明らかにすることによるものであると信じているからである。私たちは目に見えないものに対抗することはできない。したがって、私たちはジェンダー化された差別とジェンダー化された人種差別が、特に学校制度や日常生活においてどのように機能しているのかを認識することを学ばなくてはならない。

　メンタリングからインタビューの質問、評価、会議の開催時期と場所に至るまで、あらゆる場面でそのような差別がどのように発生するのかを見て認識することができなければ、私たちはそれを修正し、よりよく解体して、より平等なものを好むような構造を存在させる可能性が低くなってしまう。代わりに、理解不足や、権力者側の故意による無知のせいで、差別制度はそのまま残り、差別的なアクセスと結果を再現し続けるのと同時に、これらの結果の責任を女性に押しつけることになるのである。第3章でも述べたように、第二世代バイアスと呼ばれるこの現象は、教育界の様々な指導的役割におい

て女性及び有色人種の女性の代表が不足していることや、女性が組織を離脱するか、実際にはそのような役割を求める要求を持たないことを示唆する話として現れることがある[1]。このようなナンセンスな事態は、様々な女性の地位向上のプログラムや文献を通じて広められ、女性たちにもっと勇気や野心を持たせるように促してはいるものの、実際には女性たちがお互いにつながりを持ったり、より体系的な方法でその様な差別に対して行動する方法を学ぶのに役立っている訳ではない。私たちが知っている女性リーダーは皆、十分な勇気と野心を持っている。彼女たちが常時持っている訳ではないのは、差別がどのように機能するか、差別に対抗するために展開される具体的な戦略をどう展開するか、あるいは彼女たちに相応しい方法でリーダーシップを高めるために協力する準備ができている仲間同志のネットワークについての知識である。

　この本が、あなたの生活（またはあなたが世話をしている人や一緒に仕事をしている人の生活）に存在する差別制度の幾つかに名前を付けることができるように、必要な知識とふり返りの実践を構築するのに役立つことを願っている。また、この本が共に前進する方法を提案するものであることを願っている。この取り組みは挑戦的なものであることに注意して欲しい。新しい考え方には、あらゆる変化と同じように、喪失感が伴うものである。

　実際、ワークショップや教室で同僚とこれらの問題について話し合いを続けると、女性たちはこの新しい知識を得るのが嬉しい一方で、悲しくて怒りを感じることも多いといわれる。彼女たちの悲しみは、自分たちがリーダーシップに近づきその成功を決定づける力が思ったよりも低いと認識した時に生じる。多くの人にとって、差別的な制度を受け入れることは、教育リーダーシップは能力主義であり、最も価値があり熟練した者が最も成功し、影響力を持つ最高の機会を得ることができるという信念と真っ向から対立するものである。これは、私たちが差別の影響と同時に、より良いものを構築するために影響を検討することから引き留める操作的な偽りともなる。

女性は一旦悲しみの時期を経験すると、日常生活の中でジェンダー化された差別や、ジェンダーを反映した人種差別がいかにまん延し、根強く残っているかを知り、怒りを感じることがよくある。彼女たちはまた、自分やその友人たちが自分のリーダーシップの可能性や力を支援するというよりも、差別的な制度に従わせるためのアドバイスやフィードバックを何度も受けてきたことを考えると腹を立てる。この様な感情は正常であり、実際には前向きな第一歩であり、それ自体が性別による行動規範に異議を唱える枠組みである。私たちは女性とその支持者に対して、怒りを受け止め、その怒りを彼女たちの計画や行動の原動力とすることを奨励する。私たちは女性の怒りが世界を変えるのを何度も見てきた。それを取り除いたり、押し下げたりしないで欲しい。代わりに、本書の全体で提案したいくつかアプローチを使用してそれを戦略的に導き、自分や他の人に変化をもたらす方法を検討して欲しい。作家であり活動家のソラヤ・チェマリー（Soraya Chemaly）氏は、私たちに以下の様に伝えた。

　　今後数年の内に私たちは、怒りはコントロールすべき破壊的な感情であるということばを再び耳にすることになるだろう。全ての女性がこれを同じやり方でやるように求められるものではないことに十分注意してほしい。特に、女性は怒りを横において、より親切で穏やかに変化するようなアプローチを取るようにと言われる。これは誤った併記である。改めて考えてみると、怒りは、思いやりがあり、激しく、賢く、力強いという美徳の中で最も女性的なものになりつつある。私が最も尊敬する女性たちは、自分と向き合い、私たちの身体に伴う制限や逆境、彼女たちに寄せられる期待と向き合ってきたが、すべて、怒りを有意義な変化へと変える方法を見出した。彼女たちの中で、怒りは衰弱から解放へと動いたのである[2]。

この解放は、女性が誰かと繋がり、我々の経験について真実を語る女性の能力にも根差すものでもある。差別的な制度から最も恩恵を受けている人たちは、女性同士が会話することを望まないし、ステレオタイプの考え方や主として白人男性の努力家にリーダーシップを持たせるような考え方に対して集団で挑戦することを好まないものである。対照的に、女性たちが常にお互いその能力を高め合い、全ての女性と女性の必要性のために女性たちが団結して行動している世界とはどのような社会だろうか？　女性たちがつながり、共有し、集団的に行動を計画すると、その力は一層高められる。各章の最後に示されたいくつかの考えの範囲を超えて、そのような行動は、日常的にどのようなものになるのだろうか？　私たちが望まない制度の中で、私たちはどうすれば主体性を持って行動できるだろうか？　あらゆるアイデンティティを持つ女性や、その他のすべての人々が最高の仕事をし、成功できるような条件をどのようにしたら作りだすことができるのか？　これらは私たちが全ての仕事において長年問い続けてきた重要な質問であり、皆さんにもぜひご検討いただきたいと考えている。

## 差別的な制度の下でのエージェンシー（agency）

制度について理解と分析を進めることは、決して女性や他者のエージェンシーの役割を否定したり軽減したりするものではないことを理解することが重要である。しかしながら、それは女性のエージェンシーの形状を変化させるものである。私たちは、エージェンシーを理想としては、報復や暴力を恐れず、誰かが行動を始めて行動できる能力と定義する。エージェンシーの最初の段階は知識を得ることである。人々が差別的な制度に気づいていない、あるいは気づこうとしていない場合、そこでの人々の唯一の選択肢は、差別に応じて行動することである。この例としては、自分は感情的または情熱的すぎると言われ続けている女性が、自分は実際にその通りであり、優れた

リーダーは禁欲的であるべきだと信じ込むようになり、批判を避けるために自分の声や表現から感情を取り除くようになることが挙げられる。あるいは、彼女は反発して叱責され、自分のパフォーマンスに対する否定的な評価を受け、それが真実であるかのように内面化する可能性がある。このような懲罰を認めることは、女性が自信を欠いていることを示唆したり、女性の反応を「詐欺師的症候群（imposter syndrome）」として病理化することとは対照的なものである。しかし、リーダーシップの構造がジェンダーに依存している（しばしば人種化されている）と彼女が認識した場合、女性自身ではなく、進められてきたリーダーシップの定義が問題となる。

差別的な制度が存在することを認識するだけでは、差別的な制度を消滅させることはできない。また、そうした認識によって伝統的に疎外されてきたグループが差別から守られるわけでもない。しかし、そのような事態は、これらの制度の内部にいる人々が、特定の信念を強化することに参加するのか、それらに挑戦することにどの程度参加するのか（またはそれらを集団的に解体できるネットワークや行動を作成するか）、そのようなシステムにどのように反応するかについての選択を行うことについて互いに支援する。そうすれば、女性が素直に声を挙げたことで報復に直面した時（恐らくそうするだろうが）、問題の原因を集団で認識し、連帯と支援のために団結することができる。

これらの選択肢について考える時、私たちは様々な選択肢を想像するかもしれない。そのような制度に参加することを完全に拒否することから、制度によって定義されたリーダーシップの重要な属性の多くに基づいて外向きに参加することまで、多様な選択肢が含まれる。私たちは、（1）敵対的な環境で生き残るために、誰かの意見を判断するのは私たちの責任ではない、（2）私たちは、内側、外側、そしてその中間で戦う人々が必要であり、制度に挑戦しながらその中で誰かがそれを持続するように促すようなアプローチを勧める傾向がある。これは、抑制された急進主義と言われるもので、この状況の中で個人は、派手な宣伝やドラマもなく変化を継続的に押し進める。そし

てその上で、女性が安心して梯子を上ることができるようにしながら、制度を変えるためにより強力な権威や能力を得られるようにしている[3]。私たちは、女性が文化的な慣例を無視することは勧めないが、むしろ女性たちが規範を疑うべきものとして扱い、どの程度自分がゲームに参加したいのかを女性に選択をさせるべきだと思う。女性たちは同時にそのゲームは不正操作されていることを認識しながらも、同時に規範を変えようとする選択肢を作っているのである。そして、規範を変えることがうまく行かないならば、彼女たちの最善で最も勇敢な行動は有害な環境から離れること、時には弁護士を雇うことである。

　ジェニーは、私たちが推薦する中でも最もエージェンシーを有する女性のタイプの実例と言えるだろう。彼女は、教育と執筆の仕事に加えて職場では、ジェンダーと人種差別に関する専門家としての証人を務めるという特権を持っている。そしてこの役割の為に、彼女は時々法廷で罷免されることがある。ジェニーは、性差別的な考えに異議を唱えたいと強く思っている。例えば、専門職として女性は男性的な服装をする必要があるが、そうしなければ彼女は専門的ではないと見做されるからである。しかし、彼女は法廷に行く時大抵濃い色のブレザーを着ている。彼女がそうするのは、この服装が彼女をより優れて有能であると証明すると信じているからではない。周囲の人がそれを信じている可能性があることを理解しており、顧客の訴訟が真剣に受け入れられるように全力を尽くしたいと考えているからなのだ。彼女は偏見の可能性を理解しているが、それでも自分が誰であるかに誠実であり続けようとしており、今後も他の女性の状況がさらに良くなるように戦うつもりである。

　実際、ジェニーが自分の専門性が事実として受け入れられていると感じる状況では、例えば彼女のコース、講義、コンサルティングの仕事では、着たいものを着たり、髪を好きな色に染めたりするといった計算されたリスクを冒すこともある。それ以外の場では、自分のアイデンティティとは別の特徴

（例：白人、階級、性的志向など）により、自分がより利用できると理解している特権を選択した方法で表現している。それでもそれは、他人が制度に反対するのを助ける反抗的な行為である。さらに重要なことは、この様な訴訟において、彼女は法廷でブレザーを着ていた時と全く同じ専門職であることを彼女が気づいていることだ。彼女は 目標を達成するため、いつ、どのように戦うかを自分で決めることで、自分のエージェンシーを活性化させている。彼女は、制度が自分をどのように定義するのかについて内面化しないように努めている。彼女は粘り強く、女性の差別の専門職として活動することによって、できる限りあらゆる方法で制度を前進させるべく取り組んでいる。それは大変上手くいくこともあれば、時にはやりすぎることもあるが、彼女はそれを継続している。私たちは、あなた方もそうしてくれることを願っている。

　個人の選択を超えて、差別的な制度の中でのエージェンシーは、女性やその他の人々が行動や制度が働いていると認識していることを示すだけでなく、それらの制度に変化をもたらすために取ることのできる小さな動き（micromoves）のようにも見える。小さな動きの例としては、会議長の男性同僚が女性のコメントを自分のコメントとして言い直そうとした後で、それを基にして女性が発言することが考えられる。これにより、男性同僚と直接対決することなく差別的行動のパターンを修正し、帰属と拡大を確実に行うことができる。「上向きの発言（upward voicing）」として知られるこの戦略は、耳を傾ける必要がある少数派の視点であるにも関わらず、見逃されがちな多くの状況で検討されてきた[4]。

　さらに、会議前のマイクロレベルのコーチングは、個人の意見や専門知識が真剣に受け止められるようにするのに効果的である。次の会議でモニカの意見を聴いたり、今後の会議でモニカが共有する内容に感謝するのを貴方が楽しみにしていることを他の同僚に伝えることを検討してみて欲しい。このような会議の事前と事後の小さな動きは、本来聴いてもらうべき時に感じら

れなかった、あるいは実際に聴いてもらえなかった女性の専門知識を強化する可能性がある。会議に向かう途中や会議後のコーチングは、心理的に安全な職場環境を構築するのにも効果的である。会議に向かう時に、「あなたの意見を聞くのを楽しみにしている」、または会議から戻る時に「あなたの意見に本当に感謝している」と伝えることは、人種、地位、性別を問わず、人々の心理的な感情を高めるのに役立つミニ・コーチング（小さなコーチ指導）の筋書きである[5]。後者は私的な活動だが、私的な活動と公的な活動は両方とも重要であり、時間が経つにつれてそれらが積み重なり、全ての人の声が真に評価される文化へと変化する可能性がある。

　現在、人々がハイブリッドまたはリモートワークの環境で働いていることや、非言語的な合図（cues）を読んだり、会議の行き帰りに同僚に意見を確認したりすることがより困難になっていることを考えると、これらの小さな動きはより困難になる可能性がある。ビデオでの通話では、コーチングは確実にさらに難しくなる。「控室」または待合室を作ることが重要な場合もあれば、サイドチャットを設定することが役立つ場合もある。ある意味、これらの新しいオンラインの場は、まだ研究されていない方法での中断やコーチングの可能性を増大させる可能性もある。

　具体的な例を挙げてみると、モニカは5人の古参の委員からなる選考委員会のオンライン会議に参加していたが、その中で女性はモニカだけだった。彼女は、チャットに蓄積された候補者のリストには、8人の名前のうち、女性は1人しか含まれていないことに気づいた。モニカは、多様な候補者の集団を出すという共通の目標を掲げ、会場から同意があるのを確認すると、候補者リストには多様性が欠けていると指摘した。データが目の前にあると、人々の思い込みや間違いはより明らかになる。差別的な慣習は即座にやめることはできないかもしれないが、中断することは多少は易しいかもしれない。同様に、ブレイクアウトグループのノートキャッチャーのようなツールを使用すると、プロセスと思考の透明性を高めることができる。これらは、あら

ゆる種類のリーダーが競争の場を平等にし、より多くの人々に発言権を与えるために使用し得る新しいツールである。私たちの多くはビデオ会議が主流であることにまだ慣れておらず直接対面で話すことを楽しむ傾向にあるため、これらの新しい働き方の一部は、女性やその他の人々にとって他の方法では声が消されていたかもしれない放送時間を提供する機会になる可能性がある。

## アライシップ（allyship）に関する心得

　この本を書くにあたり、私たちは男性を女性の教育指導者にとってより良い味方・アライにしようとすることが私たちの責任であるかどうか、そしてどの程度それに責任があるのかについて議論に決着がつかなかった。一方で、男性、特に白人男性が会話に誘われていると感じてもらうことが重要だと感じた。学校を含めた私たちの機関において現在最も権力を持っている白人男性は、差別的な慣行や政策を変えるという点でも最大の影響力を持っている。その一方で、男性を味方・アライとして説得する責任が、この場合には女性と有色人種の女性に課せられているということは、大きな問題を含むものであると私たちには思われる[6]。最終的に、私たちの人間性や可能性は男性と同じくらい価値があるものと誰かに納得させるのは、私たちの責任ではないと結論づけた。しかし、悲しいことに女性たちはこの議論をさらに定期的に行わなければならないと感じる。

　もちろん、男性にも味方・アライになって欲しい。しかし、彼らも私たちと同じ様にそれを望む必要があると信じている。また、男性たちがジェンダーの差別とジェンダー化された人種差別に関連する問題について自分自身を教育し、この知識に対する自分たちの力と特権について熟考するという、しばしば困難なプロセスを開始する必要がある。この本を読むことは素晴らしい第一歩となるであろう。しかし、ジェンダーとジェンダーに基づく人種差別が私たちの社会で長い間どのように機能してきたかを真剣に理解したい

のであれば、読むべき本はもっとたくさんあり、この研究を開始しており話を聴いてみるべき人たちも沢山いる（私たちは彼らの参考文献の多くを参照した）。男性の味方・アライは、男性が固定観念や偏見を取り除き、それらを強化する政策や構造を変える為に毎日積極的に取り組むように行動を起こす必要があるということを意味するものであろう。最後に、男性は自分自身の行動を考え、勇気を持って行動する必要があるだろう。彼らは、自分や男性の同僚の特権的な地位が権力に挑戦するとなると、時には対人関係で危険を感じるかもしれない[7]。私たちは、すべての男性たちにそのような第一歩を踏み出すようにと奨励し、彼らがいつか真のパートナーとしてこの活動に協力してくれるのを楽しみにしている。

　私たちは、男性を教育する義務があるとは思っていないが、白人女性としての立場から、他の白人女性たちに有色人種の姉妹たちにとってより良い味方・アライとなるように呼びかけることが私たちの義務であると考えている。もしもあなたが、人種的平等が必要だと主張していないのならば、自分をフェミニストやジェンダー化された平等の擁護者とは呼ぶことはできない。この事実を認めて、正しく認識する時が来ている。したがって、白人女性も白人男性と同様に、白人であることを尋問するプロセスを経る必要があるが、それには、白人であるという特権を有すること、そして人種中心の社会で生活し働くことの意味について批判的に省察することが含まれる[8]。多くの白人は、自分自身を人種を持つ存在として考える立場に置かれていないため、またこの事実を批判的に省察するように求められていないため、これは多くの白人たちにとって新しいプロセスになるかもしれない。繰り返しになるが、白人女性にありがちな共通の盲点をよりよく理解し、同僚の有色人種の女性あるいはより一般的な女性に対する真の味方・アライとなることのできる能力をより良く理解する為の出発点として、エラ・ベル・スミス（Ella Bell Smith）とステラ・M・ンコモ（Stella M. Nkomo）の著書『Our Separate Ways（私たちの別々のやり方）』を読まれることを勧める[9]。

この共有された内省的な実践は、ティナ・オピー（Tina Opie）とベス・リビングストン（Beth Livingston）が「シスターフッドのアプローチ」と呼ぶ実践を促進するのにも役立つものである。シスターフッドを共有することで、多様な人種、民族、その他のアイデンティティを持つ女性たちが、信頼、共感、危険を冒すこと等に基づきシスターフッドを構築し、互いに橋を架け、集団行動に参加することができる[(10)]。これは、私たちが心から支持し、仕事の中で達成しようと取り組んでいる前進の路である。また、これは、白人女性が取り組むことのできる仕事でもあり、この本当の可能性を前進させる為に、彼女たちはこの重要な取り組みを始めることができるのである。

## レンズの拡大と縮小

　この本に紹介している女性たちの多様なストーリーを通して、私たちは読者に、彼女たち、そしておそらく他の女性リーダーたちの世界を新たな方法で見るために多くの機会を提供してきた。しかしながら、私たちの視点は限られているので、他の人々がそれを理解して私たちの試みをさらに拡大していってくれることを奨励すべきであるというのを認めざるをえない。例えば、私たちは、私たちの取り組みを導く為に横断的な枠組みを使用することをめざした。しかし、教育の世界でリーダーシップを持つ女性に関して、私たちが注目したこともなく、権力や特権との関係という観点から議論したこともなかった多数のアイデンティティが私たちの社会には存在することを認めている。例えば、私たちは全ての女性を議論に取り込もうとはしたが、シスジェンダーであると認識している女性に集中して議論を進めた。私たちは、トランスジェンダーの姉妹たちの経験や、彼女たちが世界や教育指導者として直面しているのと同じような、独特の種類の差別については明確には言及しなかった。私たちの議論に取り上げられた女性は全員、異性愛者であると認識されている女性たちであった。しかし、LGBTQI+の女性として認識さ

れている人々が、教育の指導的地位に就く過程やその中でどのように扱われているかについて、更に研究する必要性が再び生じている。私たちは、自分たちの最もよく知っていることと、研究が行われている分野に焦点を当てることを決定したのであり、その結果、本書はこれらのトピックに限定されたものとなった。

　性別と、社会階級や年齢等のその他のアイデンティティの指標の交わりの部分についてもさらに調査する必要がある。例えば、年配の女性は若い同僚とは異なる差別に直面しており、見た目は異なっていても、時間のかかる重要な介護の責任を担っている場合がある。私たちが調査しなかった様々な形態の依存的ケア（きょうだい、両親、他の家族等）が存在するが、これらは広範囲の女性、そして間違いなく女性の教育指導者に影響を与えている。実際、女性が正式な指導的立場に就き始めると同時に、年老いた親の世話をしながら、年長の子どもの世話もするようになり、こうした責任はさらに増大する可能性がある。さらに、私たちは米国における初等・中等教育のリーダーシップに焦点を当てているのだが、私たちの調査結果の多くは、他の教育機関（幼児教育及び高等教育）そして潜在的には他の分野にも顕著にみられるものであることを示したい。私たちは、差別の体系が異なる文化的分脈で全て同じに見えると前提としていないことは確かだが、差別がどのように運用されているかについて、名前を付ける際にいくつかの枠組みが適用できる可能性があることを示したつもりだ（例えば、様々な形式のマイクロアグレッション、意思決定を促すステレオタイプ的な役割などである）。

　また、この本のアイデアは、女性や少数派グループの人々がよりリーダーシップを発揮できる環境にいると考える人々にとっても役立つかもしれないと提案したい。公平性を高め、形だけの表現を避けようとする場合には、数は重要だが、代表を務めること自体が必ずしも差別が存在しなくなったことを意味する訳ではない[11]。恐らく、女性主導の組織が、伝統的な男性のステレオタイプ的な主体的な行動を高揚させる姿は想像できるだろうし、経験し

たことがあるだろう。これには、協力やトップダウンの意思決定よりも競争を志向する傾向を含める可能性がある。代わりに、ステレオタイプの女性的属性を受け入れ、善意や過重な労働などの有害な文化が成長して、感情による労働が正常化している組織も見られるかもしれない。簡単に言うと、あなたがジェンダー化された偏見やジェンダー化された差別に直接立ち向かうために積極的な取り組みを行っていない限り、リーダーシップの組織の構成は、その様な差別がこの空間でどのように機能するかについては殆ど影響を及ぼさない可能性がある。

　この点に関して、私たちは、読者の皆さんの状況や文脈の詳細が本書の事例とは完全に一致していないとしても、この本の中で学んだことを皆さんの状況に応用する有意義な方法を見出す可能性があると信じている。私たちがこの本で提示した理論や現象は、組織を超えて存在することが示されているが、それらを私たちの状況に適用するのが遅かったのは教育界である。私たちは皆さんがこの本を他の人と共有し、私たちと一緒に前進する際に連携や支援の仕方の核心となるものを見つけてくれることを望む。

## 結論としての考え

　私たちは女性が、「身を乗り出す」必要があるというレトリックに終止符を打つように求めてきた。このレトリックは、いわば、差別が行われる制度や構造ではなく、差別の対象者が活動しないことに責任を負わせる可能性がある。その代わりに、差別がどのように機能するか深く理解することで、女性は団結して立ち上がることができるし、そうすべきであると私たちは提案する。しかし、残念なことに、女性は座らされているか、座っているべきだと思わされていることが多い。これを変える必要がある。私たちは、女性にはテーブルの席以上のものを持つ資格があると信じる。さもなければ、女性は差別的な制度に屈してしまう。彼女たちは男性の仲間と共にそしてその仲

間の中で堂々と立ち上がる資格がある。これを達成するには、リーダーシップに関する私たちの価値観や思い込みと、それらが学校や学校制度の中でどのように実践されているかを深く検討する必要がある。

しかし、最終的に重要なのは、著者の私たちが何を信じるかではなく、読者のあなたが何を信じ、何を経験し、この本を読んだことの何があなたの心に響くかということである。私たちの目的は、頑丈なコートラックに、あなた方自身の経験を検討するためにいくつかの考え方と枠組みを提供することである。これらの事例を読んで、大なり小なり、「なるほど」と思ったことがあれば、それは素晴らしいことである。事例は癖がありすぎたり、やや出過ぎたものもある。しかし、そのコートラックで何を検討し、そしてどのような洞察を持ちかえることができるかはあなた次第である。

事例の最後に提供した質問が、あなた自身の内省的な実践を深め、思慮深い診断を行うのに役立ち、恐らくあなたがキャリアで行き詰まりを感じている理由を理解できるようになることを願っている。あるいは、堂々として歩いていくべきだと分かっているのに、なぜ前かがみになってしまったのか。知識と思慮深い診断を行う教育界のリーダーとして、貴方は他の人たちとともにエージェンシーを持って堂々と自立し、制度や構造、さらには他の人の行動さえも変化させることができるのだ。しかし、意識が無ければ、私たち自身についてさえも行動を変えることは非常に困難である。私たちは、この本があなた自身の個人的な労働環境を変化させるだけでなく、あなたに続く多くの人々の労働生活を変えるために、変化を導く方法について貴重な知識と洞察をあなたに提供できることを願っている。皆さんが、他の人々とシスターフッドを築きながらこの良い仕事を行えば、皆さんが率いる子どもたちや地域社会の生活を繁栄させ、改善する力がさらに強化されるものと私たちは確信している。

# 注

## 序文

（1）Patricia Palmieri and Charol Smith Shakeshaft, "Up the Front Staircase: A Proposal for Women to Achieve Parity with Men in the Field of Educational Administration," *Journal of the NAWDAC* 38, no. 2 (1976): 58–64.

（2）Rudine Sims Bishop, "Walk Tall in the World: African American Literature for Today's Children," *Journal of Negro Education* 59, no. 4 (1990): 556–565.

## 第1章

（1）National Center for Education Statistics, *Characteristics of Public School Principals: Condition of Education* (Washington, DC: US Department of Education, Institute of Education Sciences, 2022), https://nces.ed.gov/programs/coe/indicator/cls.

（2）April Peters, "Elements of Successful Mentoring of a Female School Leader," *Leadership and Policy in Schools* 9, no. 1 (2010): 108–129.

（3）Ellen W. Eckman, "Does Gender Make a Difference? Voices of Male and Female High School Principals," *Planning and Changing* 35 (2004): 192–208; Elizabeth H. Gorman, "Gender Stereotypes, Same-Gender Preferences, and Organizational Variation in the Hiring of Women: Evidence from Law Firms," *American Sociological Review* 70, no. 4 (2005): 702–728; Crystal L. Hoyt, and Jeni L. Burnette, "Gender Bias in Leader Evaluations: Merging Implicit Theories and Role Congruity Perspectives," *Personality and Social Psychology Bulletin* 39, no. 10 (2013): 1306–1319.

（4）Herminia Ibarra, Robin Ely, and Deborah Kolb, "Women Rising: The Unseen Barriers," *Harvard Business Review* 91, no. 9 (2013): 60–66.

（5）Jennie Miles Weiner, Daron Cyr, and Laura J. Burton, "Microaggressions in Administrator Preparation Programs: How Black Female Participants Experienced Discussions of Identity, Discrimination, and Leadership," *Journal of Research on Leadership Education* 16, no. 1 (2021): 3–29.

（6）Alice H. Eagly and Steven J. Karau, "Role Congruity Theory of Prejudice Toward Female Leaders," *Psychological Review* 109, no. 3 (2002): 573; Alice H. Eagly and Linda L. Carli, "The Female Leadership Advantage: An Evaluation of the Evidence," *Leadership Quarterly* 14, no. 6 (2003): 807–834; James Sebastian and Jeong-Mi Moon, "Gender Differences in Participatory Leadership: An Examination of Principals' Time Spent Working with Others," *International Journal of Education Policy and Leadership* 12, no. 8 (2017): n8; Jill Sperandio and Alice LaPier, "Confronting Issues of Gender and Ethnicity: Women's Experiences as Aspiring Urban Principals," *Journal of Research on Leadership Education* 4, no. 4 (2009): 67–95.

(7) Whitney Sherman Newcomb and Arielle Niemeyer, "African American Women Principals: Heeding the Call to Serve as Conduits for Transforming Urban School Communities," *International Journal of Qualitative Studies in Education* 28, no. 7 (2015): 786–799; Latish Reed and Andrea E. Evans, "'What You See Is [Not Always] What You Get!' Dispelling Race and Gender Leadership Assumptions," *International Journal of Qualitative Studies in Education* 21, no. 5 (2008): 487–499.

(8) Patricia Hill Collins, "Intersectionality's Definitional Dilemmas," *Annual Review of Sociology* 41, no. 1 (2015): 2.

(9) Kimberle Crenshaw, "Demarginalizing the Intersection of Race and Sex: A Black Feminist Critique of Antidiscrimination Doctrine, Feminist Theory and Antiracist Politics," *University of Chicago Legal Forum* 1989, no. 1 (1989): 140, 139–167.

(10) Angela Harris and Zeus Leonardo, "Intersectionality, Race-Gender Subordination, and Education," *Review of Research in Education* 42, no. 1 (2018): 1–27.

(11) Ella Bell Smith and Stella M. Nkomo, *Our Separate Ways, With a New Preface and Epilogue: Black and White Women and the Struggle for Professional Identity* (Cambridge, MA: Harvard Business Press, 2021), 139.

(12) Samantha E. Erskine and Diana Bilimoria, "White Allyship of Afro-Diasporic Women in the Workplace: A Transformative Strategy for Organizational Change," *Journal of Leadership and Organizational Studies* 26, no. 3 (2019): 319–338.

(13) Gloria Steinem at a speech celebrating fifty years of coeducation at Exeter Academy, April 23, 2021.

(14) Rudine Sims Bishop, "Windows and Mirrors: Children's Books and Parallel Cultures," in *California State University Reading Conference: 14th Annual Conference Proceedings* (1990), 3–12.

注　173

(15) Philomena Essed, *Understanding Everyday Racism: An Interdisciplinary Theory*, vol. 2, Sage Series of Race and Ethnic Relations (Thousand Oaks, CA: Sage, 1991).

(16) Arlie Russell Hochschild, *The Managed Heart: The Commercialization of Human Feeling* (Berkeley: University of California Press, 1983); Mary Ellen Guy and Meredith A. Newman, "Women's Jobs, Men's Jobs: Sex Segregation and Emotional Labor," *Public Administration Review* 64, no. 3 (2004): 289–298.

(17) Emily Kaplan, "Teaching Your Heart Out: Emotional Labor and the Need for Systemic Change," *Edutopia*, July 19, 2019, https://www.edutopia.org/article/teaching-your-heart-out-emotional-labor-and-need-systemic-change.

(18) Cassandra M. Guarino and Victor M. H. Borden, "Faculty Service Loads and Gender: Are Women Taking Care of the Academic Family?," *Research in Higher Education* 58, no. 6 (2017): 672–694; Guy and Newman, "Women's Jobs, Men's Jobs."

(19) Laurie A. Rudman and Julie E. Phelan, "Backlash Effects for Disconfirming Gender Stereotypes in Organizations," *Research in Organizational Behavior* 28 (2008): 61–79.

(20) Eckman, "Does Gender Make a Difference?"

(21) Florence L. De Nmark, "Women, Leadership, and Empowerment," *Psychology of Women Quarterly* 17, no. 3 (1993): 343–356; Ava J. Muñoz et al., "A Study of Female Central Office Administrators and Their Aspirations to the Superintendency," *Educational Management Administration and Leadership* 42, no. 5 (2014): 764–784; Jennie Miles Weiner and Laura J. Burton, "The Double Bind for Women: Exploring the Gendered Nature of Turnaround Leadership in a Principal Preparation Program," *Harvard Educational Review* 86, no. 3 (2016): 339–365.

(22) Alice H. Eagly and Wendy Wood, "Social Role Theory," in *Handbook of Theories of Social Psychology*, ed. Paul A. M. Van Lange, Arie W. Kruglanski, and E. Tory Higgins (Los Angeles: Sage, 2012), 458–476.

(23) Eagly and Wood, "Social Role Theory."

(24) Craig Peck, Ulrich C. Reitzug, and Deborah L. West, "Still Waiting for 'Superprincipal': Examining US Policymaker Expectations for School Principals, 2001–2011," *Education Leadership Review* 14, no. 1 (2013): 58–68.

(25) Laura J. Burton and Jennie M. Weiner, "'They Were Really Looking for a Male Leader for the Building': Gender, Identity and Leadership Development in a

Principal Preparation Program," *Frontiers in Psychology* 7 (2016): 141.

(26) Alice H. Eagly and Steven J. Karau, "Role Congruity Theory of Prejudice Toward Female Leaders," *Psychological Review* 109, no. 3 (2002): 573.

(27) Susanne Bruckmüller and Nyla R. Branscombe, "The Glass Cliff: When and Why Women Are Selected as Leaders in Crisis Contexts," *British Journal of Social Psychology* 49, no. 3 (2010): 433–451; Michelle K. Ryan and S. Alexander Haslam, "The Glass Cliff: Evidence That Women Are Over-Represented in Precarious Leadership Positions," *British Journal of Management* 16, no. 2 (2005): 81–90.

(28) Michelle K. Ryan and S. Alexander Haslam, "The Glass Cliff: Exploring the Dynamics Surrounding the Appointment of Women to Precarious Leadership Positions," *Academy of Management Review* 32, no. 2 (2007): 549–572.

(29) Helen Peterson, "An Academic 'Glass Cliff'? Exploring the Increase of Women in Swedish Higher Education Management," *Athens Journal of Education* 1, no. 1 (2014): 33–44.

(30) Frank Brown, "African Americans and School Leadership: An Introduction," *Educational Administration Quarterly* 41, no. 4 (2005): 585–590.

(31) Peters, "Elements of Successful Mentoring of a Female School Leader."

(32) Robert W. Livingston and Ashleigh Shelby Rosette, "Stigmatization, Subordination, or Marginalization? The Complexity of Social Disadvantage across Gender and Race," in *Inclusive Leadership: Transforming Diverse Lives, Workplaces, and Societies*, ed. Bernardo M. Ferdman, Jeanine Prime, and Ronald E. Riggio (New York: Routledge, 2020), 39–59.

(33) Kevin Nadal et al., "A Qualitative Approach to Intersectional Microaggressions: Understanding Influences of Race, Ethnicity, Gender, Sexuality, and Religion," *Qualitative Psychology* 2, no. 2 (2015): 147.

(34) Melissa Krull and Jerry Robicheau, "Racial Microaggressions and Racial Battle Fatigue: Work-Life Experiences of Black School Principals," *Journal of Education Human Resources* 38, no. 2 (2020): 301–328; Jennie Miles Weiner, Daron Cyr, and Laura J. Burton, "Microaggressions in Administrator Preparation Programs: How Black Female Participants Experienced Discussions of Identity, Discrimination, and Leadership," *Journal of Research on Leadership Education* 16, no. 1 (2021): 3–29.

(35) Derald Wing Sue et al., "Racial Microaggressions in Everyday Life: Implications

for Clinical Practice," *American Psychologist* 62, no. 4 (2007): 271.

## 第 2 章

（ 1 ） Marcia L. Bellas, "Emotional Labor in Academia: The Case of Professors," *Annals of the American Academy of Political and Social Science* 561, no. 1 (1999): 96–110; Nancy Folbre, "Measuring Care: Gender, Empowerment, and the Care Economy," *Journal of Human Development* 7, no. 2 (2006): 183–199; Simone Ispa-Landa and Sara Thomas, "Race, Gender, and Emotion Work Among School Principals," *Gender and Society* 33, no. 3 (2019): 387–409.

（ 2 ） V. Spike Peterson, "Rethinking Theory: Inequalities, Informalization and Feminist Quandaries," *International Feminist Journal of Politics* 14, no. 1 (2012): 5–35.

（ 3 ） Paula England, "Emerging Theories of Care Work," *Annual Review of Sociology* 31 (2005): 381–399.

（ 4 ） "Women in the Labor Force: A Databook," *BLS Reports*, no. 1097 (Washington, DC: US Bureau of Labor Statistics, March 2022), https://www.bls.gov/opub/reports/womens-databook/ 2021 /home.htm#:~:text=In% 202020 % 2 C% 20 the% 20 share%20of,of%2060.0%20percent%20in%201999.

（ 5 ） Kim Parker and Wendy Wang, "Modern Parenthood: Roles of Moms and Dads Converge as They Balance Work and Family," *Pew Research Center's Social and Demographic Trends Project* (March 14, 2013), https://www.pewresearch.org/social-trends/wp-content/uploads/sites/ 3 / 2013 / 03 /FINAL_modern_parenthood_03-2013.pdf.

（ 6 ） Lucia Ciciolla and Suniya S. Luthar, "Invisible Household Labor and Ramifications for Adjustment: Mothers as Captains of Households," *Sex Roles* 81, no. 7 (2019): 467–486.

（ 7 ） Arlie Hochschild and Anne Machung, *The Second Shift: Working Families and the Revolution at Home* (New York: Penguin, 2012).

（ 8 ） Hochschild and Machung, *The Second Shift*, 8.

（ 9 ） Hochschild and Machung, *The Second Shift*.

（10） Mignon Moore, *Invisible Families: Gay Identities, Relationships, and Motherhood Among Black Women* (Berkeley: University of California Press, 2011).

（11） Simon Duncan and Rosalind Edwards, *Lone Mothers, Paid Work and Gendered Moral Rationalities* (New York: Springer, 1999).

(12) Judith R. Gordon et al., "Balancing Caregiving and Work: Role Conflict and Role Strain Dynamics," *Journal of Family Issues* 33, no. 5 (2012): 662–689, doi:10.1177/0192513x11425322.

(13) Jessica A. Peck, "The Disproportionate Impact of COVID-19 on Women Relative to Men: A Conservation of Resources Perspective," *Gender, Work and Organization, Supplement: Feminist Frontiers* 28, no. S2 (2021): 484–497.

(14) *2022 State of the Gender Pay Gap Report* (Seattle, WA: Payscale, 2022), https://www.payscale.com/research-and-insights/gender-pay-gap/.

(15) Clare Wenham, Julia Smith, and Rosemary Morgan, "COVID-19: The Gendered Impacts of the Outbreak," *Lancet* 395, no. 10227 (2020): 846–848.

(16) Lindsay M. Woodbridge, Byeolbee Um, and David K. Duys, "Women's Experiences Navigating Paid Work and Caregiving During the COVID-19 Pandemic," *Career Development Quarterly* 69, no. 4 (2021): 284–298.

(17) Margaret MacDonald and Cher Hill, "The Educational Impact of the Covid-19 Rapid Response on Teachers, Students, and Families: Insights from British Columbia, Canada," *Prospects* 51 (2022): 627–641.

(18) Michael W. Apple, "Teaching and 'Women's Work': A Comparative Historical and Ideological Analysis," *Teachers College Record* 86, no. 3 (1985): 455–473; Bruce Carrington and Alastair McPhee, "Boys' 'Underachievement' and the Feminization of Teaching," *Journal of Education for Teaching* 34, no. 2 (2008): 109–120; Dana Goldstein, *The Teacher Wars: A History of America's Most Embattled Profession* (New York: Anchor, 2015).

(19) Janet Cornelius, "'We Slipped and Learned to Read': Slave Accounts of the Literacy Process, 1830–1865," *Phylon* (1960–) 44, no. 3 (1983): 171–186; Leo Courbot, "Literate Slaves," in *Fred D'Aguiar and Caribbean Literature* (Leiden, The Netherlands: Brill, 2019), 149–206.

(20) Terri N. Watson, "Harlem's 'Motherwork' Post-Brown: Implications for Urban School Leaders," *Journal of Educational Administration and History* 52, no. 3 (2020): 244–255.

(21) Madeleine R. Grumet, *Bitter Milk: Women and Teaching* (Amherst: University of Massachusetts Press, 1988); Myra H. Strober and David Tyack, "Why Do Women Teach and Men Manage? A Report on Research on Schools," *Signs: Journal of Women in Culture and Society* 5, no. 3 (1980): 494–503.

(22) Barbara Nelson, "Teachers' Special Knowledge," *Educational Researcher* 21, no. 9 (1992): 32–33; Kathleen Weiler, "Women's History and the History of Women Teachers," *Journal of Education* 171, no. 3 (1989): 9–30.

(23) Goldstein, *The Teacher Wars*.

(24) Kathy L. Adams and W. Grant Hambright, "Encouraged or Discouraged? Women Teacher Leaders Becoming Principals," *Clearing House: A Journal of Educational Strategies, Issues and Ideas* 77, no. 5 (2004): 209–212.

(25) Apple, "Teaching and 'Women's Work.'"

(26) Tondra L. Loder and James P. Spillane, "Is a Principal Still a Teacher? US Women Administrators' Accounts of Role Conflict and Role Discontinuity," *School Leadership and Management* 25, no. 3 (2005): 263–279.

(27) Susan Auerbach, "Walking the Walk: Portraits in Leadership for Family Engagement in Urban Schools," *School Community Journal* 19, no. 1 (2009): 9–32; Alice H. Eagly, Mona G. Makhijani, and Bruce G. Klonsky, "Gender and the Evaluation of Leaders: A Meta-Analysis," *Psychological Bulletin* 111, no. 1 (1992): 3–22; Angela Urick and Alex J. Bowers, "What Are the Different Types of Principals Across the United States? A Latent Class Analysis of Principal Perception of Leadership," *Educational Administration Quarterly* 50, no. 1 (2014): 96–134.

(28) Peter Glick and Susan T. Fiske, "An Ambivalent Alliance: Hostile and Benevolent Sexism as Complementary Justifications for Gender Inequality," *American Psychologist* 56, no. 2 (2001): 109.

(29) Joan K. Monin and Margaret S. Clark, "Why Do Men Benefit More from Marriage Than Do Women? Thinking More Broadly About Interpersonal Processes That Occur Within and Outside of Marriage," *Sex Roles* 65, no. 5 (2011): 320–326.

(30) Kathy L. Adams and W. Grant Hambright, "Encouraged or Discouraged? Women Teacher Leaders Becoming Principals," *Clearing House: A Journal of Educational Strategies, Issues and Ideas* 77, no. 5 (2004): 209–212; Jennie Miles Weiner and Laura J. Burton, "The Double Bind for Women: Exploring the Gendered Nature of Turnaround Leadership in a Principal Preparation Program," *Harvard Educational Review* 86, no. 3 (2016): 339–365.

(31) Mary Ellen Guy and Meredith A. Newman, "Women's Jobs, Men's Jobs: Sex Segregation and Emotional Labor," *Public Administration Review* 64, no. 3 (2004): 289–298.

(32) Stephen Fineman, ed., *Emotion in Organizations* (Thousand Oaks, CA: Sage, 2000); Arlie Hochschild, *The Managed Heart: Commercialization of Human Feeling* (Berkeley: University of California Press, 1983).

(33) Hochschild, *The Managed Heart.*

(34) Diane Zorn and Megan Boler, "Rethinking Emotions and Educational Leadership," *International Journal of Leadership in Education* 10, no. 2 (2007): 137–151.

(35) Jacques Charmes, "The Unpaid Care Work and the Labour Market: An Analysis of Time Use Data Based on the Latest World Compilation of Time-Use Surveys" (Geneva, Switzerland: International Labour Office, 2019); Liana C. Sayer, "Gender, Time and Inequality: Trends in Women's and Men's Paid Work, Unpaid Work and Free Time," *Social Forces* 84 no. 1 (2005): 285–303.

(36) Lauren P. Bailes and Sarah Guthery, "Held Down and Held Back: Systematically Delayed Principal Promotions by Race and Gender," *AERA Open* 6, no. 2 (2020): https://doi.org/10.1177/2332858420929298; Laura J. Burton and Jennie M. Weiner, "'They Were Really Looking for a Male Leader for the Building': Gender, Identity and Leadership Development in a Principal Preparation Program," *Frontiers in Psychology* 7 (2016): 141; Jafeth E. Sanchez and Bill Thornton, "Gender Issues in K–12 Educational Leadership," *Advancing Women in Leadership Journal* 30 (2010), https://awl-ojs-tamu.tdl.org/awl/article/view/303.

(37) Sharon Mavin, Gina Grandy, and Jannine Williams, "Experiences of Women Elite Leaders Doing Gender: Intra-Gender Micro-Violence Between Women," *British Journal of Management* 25, no. 3 (2014): 439–455.

(38) Bellas, "Emotional Labor in Academia"; Folbre, "Measuring Care"; Ispa-Landa and Thomas, "Race, Gender, and Emotion Work Among School Principals."

(39) Eve Rodsky, *Fair Play: A Game-Changing Solution for When You Have Too Much to Do (and More Life to Live)* (New York: Penguin, 2021).

(40) Iris Bohnet, *What Works: Gender Equality by Design* (Cambridge, MA: Harvard University Press, 2016).

(41) Bailes and Guthery, "Held Down and Held Back"; Jeannie Myung, Susanna Loeb, and Eileen Horng, "Tapping the Principal Pipeline: Identifying Talent for Future School Leadership in the Absence of Formal Succession Management Programs," *Educational Administration Quarterly* 47, no. 5 (2011): 695–727.

注 179

(42) Matthew Clifford, "Hiring Quality School Leaders: Challenges and Emerging Practices," *Quality School Leadership Issue Brief* (Naperville, IL: American Institutes for Research, January 2012), https://www.air.org/sites/default/files/downloads/report/Hiring_Quality_School_Leaders_0.pdf.

(43) Clifford, "Hiring Quality School Leaders"; Lauren A. Rivera and Jayanti Owens, "Glass Floors and Glass Ceilings: Sex Homophily and Heterophily in Job Interviews," *Social Forces* 99, no. 4 (2021): 1363–1393.

(44) Crystal L. Hoyt and Susan E. Murphy, "Managing to Clear the Air: Stereotype Threat, Women, and Leadership," *Leadership Quarterly* 27, no. 3 (2016): 387–399.

(45) Bohnet, *What Works.*

**第3章**

( 1 ) Jennie M. Weiner and Sarah L. Woulfin, "Controlled Autonomy: Novice Principals' Schema for District Control and School Autonomy," *Journal of Educational Administration* 55, no. 3 (2017): 334–350.

( 2 ) Christopher Day and Qing Gu, "Variations in the Conditions for Teachers' Professional Learning and Development: Sustaining Commitment and Effectiveness over a Career," *Oxford Review of Education* 33, no. 4 (2007): 423–443; Linda Evans, "The 'Shape' of Teacher Professionalism in England: Professional Standards, Performance Management, Professional Development and the Changes Proposed in the 2010 White Paper," *British Educational Research Journal* 37, no. 5 (2011): 851–870; Corrie Stone-Johnson and Jennie Weiner, "Theorizing School Leadership as a Profession: A Qualitative Exploration of the Work of School Leaders," *Journal of Educational Administration* 60, no. 4 (2022): 386–402.

( 3 ) Lesli A. Maxwell, "The Pandemic May Drive Principals to Quit," *Education Week* (August 21, 2020), https://www.edweek.org/leadership/the-pandemic-maydrive-principals-to-quit/2020/08.

( 4 ) Ashley Woo and Elizabeth D. Steiner, *The Well-Being of Secondary School Principals One Year into the COVID-19 Pandemic* (Santa Monica, CA: RAND, 2022), https://www.rand.org/pubs/research_reports/RRA827-6.html.

( 5 ) Jennie Miles Weiner and Laura J. Burton, "The Double Bind for Women: Exploring the Gendered Nature of Turnaround Leadership in a Principal Preparation Program," *Harvard Educational Review* 86, no. 3 (2016): 339–365.

（ 6 ）Tiffany S. Aaron, "Black Women: Perceptions and Enactments of Leadership," *Journal of School Leadership* 30, no. 2 (2020): 146–165.

（ 7 ）Christine L. Williams, "The Glass Escalator: Hidden Advantages for Men in the 'Female' Professions," *Social Problems* 39, no. 3 (1992): 253–267.

（ 8 ）Philip Hallinger and Kenneth Leithwood, "Unseen Forces: The Impact of Social Culture on School Leadership," *Peabody Journal of Education* 73, no. 2 (1998): 126–151; Alice H. Eagly, Steven J. Karau, and Blair T. Johnson, "Gender and Leadership Style Among School Principals: A Meta-Analysis," *Educational Administration Quarterly* 28, no. 1 (1992): 76–102.

（ 9 ）Alice H. Eagly and Steven J. Karau, "Role Congruity Theory of Prejudice Toward Female Leaders," *Psychological Review* 109, no. 3 (2002): 573–598.

（10）Ashleigh Shelby Rosette et al., "Race Matters for Women Leaders: Intersectional Effects on Agentic Deficiencies and Penalties," *Leadership Quarterly* 27, no. 3 (2016): 429–445.

（11）A. J. Thomas, K. M. Witherspoon, and S. L. Speight, "Gendered Racism, Psychological Distress, and Coping Styles of African American Women," *Cultural Diversity and Ethnic Minority Psychology* 14, no. 4 (2008): 307–314.

（12）Robert W. Livingston, Ashleigh Shelby Rosette, and Ella F. Washington, "Can an Agentic Black Woman Get Ahead? The Impact of Race and Interpersonal Dominance on Perceptions of Female Leaders," *Psychological Science* 23, no. 4 (2012): 354–358.

（13）J. S. Brooks and G. Jean-Marie, "Black Leadership, White Leadership: Race and Race Relations in an Urban High School," *Journal of Educational Administration* 45, no. 6 (2007): 756–768; Latish Cherie Reed, "The Intersection of Race and Gender in School Leadership for Three Black Female Principals," *International Journal of Qualitative Studies in Education* 25, no. 1 (2012): 39–58.

（14）Geert Hofstede, *Culture's Consequences: International Differences in Work-Related Values*, vol. 5 (Beverly Hills, CA: Sage, 1984).

（15）Kiyoshi Takahashi, Jun Ishikawa, and Toshihiro Kanai, "Qualitative and Quantitative Studies of Leadership in Multinational Settings: Meta-Analytic and Cross-Cultural Reviews," *Journal of World Business* 47, no. 4 (2012): 530–538.

（16）Judy A. Alston, "Tempered Radicals and Servant Leaders: Black Females Persevering in the Superintendency," *Educational Administration Quarterly* 41, no. 4

(2005): 675–688.

(17) Craig Peck, Ulrich C. Reitzug, and Deborah L. West, "Still Waiting for 'Superprincipal': Examining US Policymaker Expectations for School Principals, 2001–2011," *Education Leadership Review* 14, no. 1 (2013): 58–68.

(18) Eagly and Karau, "Role Congruity Theory," 573.

(19) Rosette et al., "Race Matters for Women Leaders," 429–445.

(20) Wendy Wood and Alice H. Eagly, "Biosocial Construction of Sex Differences and Similarities in Behavior," in *Advances in Experimental Social Psychology*, vol. 46, ed. Mark P. Zanna and James M. Olson (Cambridge, MA: Academic Press, 2012), 55–123.

(21) Melissa V. Harris-Perry, *Sister Citizen: Shame, Stereotypes, and Black Women in America* (New Haven, CT: Yale University Press, 2011).

(22) Virginia E. Schein et al., "Think Manager—Think Male: A Global Phenomenon?," *Journal of Organizational Behavior* 17, no. 1 (1996): 33–41.

(23) Sabine Sczesny, "A Closer Look Beneath the Surface: Various Facets of the Think-Manager-Think-Male Stereotype," *Sex Roles* 49, no. 7 (2003): 353–363.

(24) Weiner and Burton, "The Double Bind for Women," 339–365; Laura J. Burton and Jennie M. Weiner, "'They Were Really Looking for a Male Leader for the Building': Gender, Identity and Leadership Development in a Principal Preparation Program," *Frontiers in Psychology* 7 (2016): 141.

(25) Jeannie Myung, Susanna Loeb, and Eileen Horng, "Tapping the Principal Pipeline: Identifying Talent for Future School Leadership in the Absence of Formal Succession Management Programs," *Educational Administration Quarterly* 47, no. 5 (2011): 695–727.

(26) Eagly and Karau, "Role Congruity Theory," 573.

(27) Madeline E. Heilman and Tyler G. Okimoto, "Why Are Women Penalized for Success at Male Tasks? The Implied Communality Deficit," *Journal of Applied Psychology* 92, no. 1 (2007): 81–92; Madeline E. Heilman et al., "Penalties for Success: Reactions to Women Who Succeed at Male Gender-Typed Tasks," *Journal of Applied Psychology* 89, no. 3 (2004): 416–427.

(28) Linda L. Carli and Alice H. Eagly, "Gender, Hierarchy, and Leadership: An Introduction," *Journal of Social Issues* 57, no. 4 (2001): 629–636.

(29) Laurie A. Rudman and Peter Glick, "Feminized Management and Backlash

Toward Agentic Women: The Hidden Costs to Women of a Kinder, Gentler Image of Middle Managers," *Journal of Personality and Social Psychology* 77, no. 5 (1999): 1004–1010.

(30) Rudman and Glick, "Feminized Management and Backlash Toward Agentic Women."

(31) Herminia Ibarra, Robin Ely, and Deborah Kolb, "Women Rising: The Unseen Barriers," *Harvard Business Review* 91, no. 9 (2013): 60–66.

(32) Weiner and Burton, "The Double Bind for Women," 339–365.

(33) Eagly and Karau, "Role Congruity Theory," 573.

(34) Cassandra M. Guarino and Victor M. H. Borden, "Faculty Service Loads and Gender: Are Women Taking Care of the Academic Family?," *Research in Higher Education* 58, no. 6 (2017): 672–694.

(35) Rosette et al., "Race Matters for Women Leaders," 429–445.

(36) Sheryl Boris-Schacter and Sondra Langer, *Balanced Leadership: How Effective Principals Manage Their Work* (New York: Teachers College Press, 2006).

(37) Sylvia Méndez-Morse, "Chicana Feminism and Education leadership," in *Reconsidering Feminist Research in Education Leadership*, ed. Michelle D. Young and Linda Skrla (Albany: State University of New York Press, 2003), 161–178.

(38) Jia "Grace" Liang and April L. Peters-Hawkins, "'I Am More Than What I Look Alike': Asian American Women in Public School Administration," *Educational Administration Quarterly* 53, no. 1 (2017): 46.

(39) Jioni A. Lewis et al., "'Ain't I a Woman?' Perceived Gendered Racial Microaggressions Experienced by Black Women," *Counseling Psychologist* 44, no. 5 (2016): 758–780.

(40) Ibarra, Ely, and Kolb, "Women Rising," 64.

(41) Owen Dyer, "Covid-19: Projections of Mortality in the US Rise as States Open up," *BMJ* 369, m1846 (2020), doi:10.1136/bmj.m1846.

(42) Aaron, "Black Women," 146–165.

(43) Robin J. Ely, Herminia Ibarra, and Deborah M. Kolb, "Taking Gender into Account: Theory and Design for Women's Leadership Development Programs," *Academy of Management Learning and Education* 10, no. 3 (2011): 474–493.

(44) Ibarra, Ely, and Kolb, "Women Rising," 60–66.

(45) Ibarra, Ely, and Kolb, "Women Rising," 66.

注　183

(46) Ibarra, Ely, and Kolb, "Women Rising," 64.

(47) Iris Bohnet, *What Works: Gender Equality by Design* (Cambridge, MA: Harvard University Press, 2016), 17.

(48) Eagly and Karau, "Role Congruity Theory," 591.


## 第4章

( 1 ) Michelle K. Ryan and S. Alexander Haslam, "The Glass Cliff: Evidence That Women Are Over-Represented in Precarious Leadership Positions," *British Journal of Management* 16, no. 2 (2005): 81–90.

( 2 ) Susanne Bruckmüller and Nyla R. Branscombe, "The Glass Cliff: When and Why Women Are Selected as Leaders in Crisis Contexts," *British Journal of Social Psychology* 49, no. 3 (2010): 433–451.

( 3 ) Michelle K. Ryan and S. Alexander Haslam, "The Glass Cliff: Exploring the Dynamics Surrounding the Appointment of Women to Precarious Leadership Positions," *Academy of Management Review* 32, no. 2 (2007): 549–572; Michelle K. Ryan et al., "Getting on Top of the Glass Cliff: Reviewing a Decade of Evidence, Explanations, and Impact," *Leadership Quarterly* 27, no. 3 (2016): 446–455.

( 4 ) Victoria L. Brescoll, Erica Dawson, and Eric Luis Uhlmann, "Hard Won and Easily Lost: The Fragile Status of Leaders in Gender-Stereotype-Incongruent Occupations," *Psychological Science* 21, no. 11 (2010): 1640–1642.

( 5 ) Stephen P. Ferris, Murali Jagannathan, and Adam C. Pritchard, "Too Busy to Mind the Business? Monitoring by Directors with Multiple Board Appointments," *Journal of Finance* 58, no. 3 (2003): 1087–1111.

( 6 ) Alison Cook and Christy Glass, "Women and Top Leadership Positions: Towards an Institutional Analysis," *Gender, Work and Organization* 21, no. 1 (2014): 91–103.

( 7 ) Ryan and Haslam, "The Glass Cliff: Exploring the Dynamics Surrounding the Appointment of Women," 555.

( 8 ) Debra L. Nelson and Ronald J. Burke, "Women Executives: Health, Stress, and Success," *Academy of Management Perspectives* 14, no. 2 (2000): 107–121.

( 9 ) Ryan and Haslam, "The Glass Cliff: Exploring the Dynamics Surrounding the Appointment of Women," 555.

(10) Susanne Bruckmüller et al., "Beyond the Glass Ceiling: The Glass Cliff and Its Lessons for Organizational Policy," *Social Issues and Policy Review* 8, no. 1 (2014):

202–232; Ryan et al., "Getting on Top of the Glass Cliff"; Amy E. Smith, "On the Edge of a Glass Cliff: Women in Leadership in Public Organizations," *Public Administration Quarterly* 39, no. 3 (2015): 484–517.

(11) Helen Peterson, "Is Managing Academics 'Women's Work'? Exploring the Glass Cliff in Higher Education Management," *Educational Management Administration and Leadership* 44, no. 1 (2016): 112–127.

(12) Corrie Stone-Johnson and Jennie Weiner, "Theorizing School Leadership as a Profession: A Qualitative Exploration of the Work of School Leaders," *Journal of Educational Administration* 60, no. 4 (2022): 386–402.

(13) Jennie Miles Weiner, "From New to Nuanced: (Re)Considering Educator Professionalism and Its Impacts," *Journal of Educational Change* 21, no. 3 (2020): 443–454.

(14) Smith, "On the Edge of a Glass Cliff."

(15) Frank Brown, "African Americans and School Leadership: An Introduction," *Educational Administration Quarterly* 41, no. 4 (2005): 585–590.

(16) April Peters, "Elements of Successful Mentoring of a Female School Leader," *Leadership and Policy in Schools* 9, no. 1 (2010): 108–129.

(17) Ashleigh Shelby Rosette and Robert W. Livingston, "Failure Is Not an Option for Black Women: Effects of Organizational Performance on Leaders with Single Versus Dual-Subordinate Identities," *Journal of Experimental Social Psychology* 48, no. 5 (2012): 1162–1167.

(18) Bruckmüller et al., "Beyond the Glass Ceiling," 202–232.

(19) Bruckmüller and Branscombe, "The Glass Cliff," 433–451.

(20) Michelle K. Ryan, S. Alexander Haslam, and Tom Postmes, "Reactions to the Glass Cliff: Gender Differences in the Explanations for the Precariousness of Women's Leadership Positions," *Journal of Organizational Change Management* 20, no. 2 (2007): 182–197.

(21) Ellen W. Eckman, "Does Gender Make a Difference? Voices of Male and Female High School Principals," *Planning and Changing* 35 (2004): 192–208; Jennie Miles Weiner and Laura J. Burton, "The Double Bind for Women: Exploring the Gendered Nature of Turnaround Leadership in a Principal Preparation Program," *Harvard Educational Review* 86, no. 3 (2016): 339–365.

(22) Michelle K. Ryan et al., "Opting Out or Pushed Off the Edge? The Glass Cliff

and the Precariousness of Women's Leadership Positions," *Social and Personality Psychology Compass* 1, no. 1 (2007): 266–279; Ryan, Haslam, and Postmes, "Reactions to the Glass Cliff," 182–197.

(23) Bruckmüller et al., "Beyond the Glass Ceiling," 202–232.

(24) Peterson, "Is Managing Academics 'Women's Work'?"

(25) Michelle K. Ryan et al., "Getting on Top of the Glass Cliff: Reviewing a Decade of Evidence, Explanations, and Impact," *Leadership Quarterly* 27, no. 3 (2016): 451.

(26) Linda L. Carli and Alice H. Eagly, "Gender, Hierarchy, and Leadership: An Introduction," *Journal of Social Issues* 57, no. 4 (2001): 629–636.

(27) Michelle K. Ryan et al., "Think Crisis-Think Female: The Glass Cliff and Contextual Variation in the Think Manager-Think Male Stereotype," *Journal of Applied Psychology* 96, no. 3 (2011): 470–484.

(28) Bruckmüller et al., "Beyond the Glass Ceiling," 202–232.

(29) この女性リーダーの持ち上げ (uplift) はメディアにおいてCOVID-19 (新型コロナウイルス感染症) のピークの間、とりわけ特徴的であった。私達がアンゲラ・メルケル (Angela Merkel、ドイツ史上初の女性首相)、ジャシンダ・アーダーン (Jacinda Arden、ニュージーランドの若き元首相)、多くの他の女性たちの実績や困難な職務に敬意を表し、かなり安堵感がある一方、これらのストーリーのフレーム—女性であること自体が成功の理由であること—はステレオタイプを強化し、女性リーダーたちが許容できる行動のつながりを制約するのではないかと考える。このメディアでの取り上げ (portraite) はパンデミックから市民をほとんど守ろうとしなかった多くの女性リーダーたち (アメリカにおいて多く) が存在したこととどこか違和感がある (だれであったかはあなた方読者に私達は委ねる)。

(30) Bruckmüller et al., "Beyond the Glass Ceiling," 202–232.

(31) Ryan et al., "Getting on Top of the Glass Cliff," 446–455.

(32) Gloria Ladson-Billings, "From the Achievement Gap to the Education Debt: Understanding Achievement in US Schools," *Educational Researcher* 35, no. 7 (2006): 3–12.

(33) Latish Cherie Reed, "The Intersection of Race and Gender in School Leadership for Three Black Female Principals," *International Journal of Qualitative Studies in Education* 25, no. 1 (2012): 39–58; Jennie Weiner, Daron Cyr, and Laura J. Burton, "A Study of Black Female Principals Leading Through Twin Pandemics," *Journal of Education Human Resources* 40, no. 3 (2022): 335–359.

(34) Peters, "Elements of Successful Mentoring"; Jennie Miles Weiner and Laura J. Burton, "The Double Bind for Women: Exploring the Gendered Nature of Turnaround Leadership in a Principal Preparation Program," *Harvard Educational Review* 86, no. 3 (2016): 339–365.

(35) Ryan et al., "Getting on Top of the Glass Cliff."

(36) Ryan et al., "Getting on Top of the Glass Cliff."

(37) Ryan and Haslam, "The Glass Cliff: Exploring the Dynamics Surrounding the Appointment of Women."

## 第 5 章

(1) Kevin L. Nadal et al., "A Qualitative Approach to Intersectional Microaggressions: Understanding Influences of Race, Ethnicity, Gender, Sexuality, and Religion," *Qualitative Psychology* 2, no. 2 (2015): 147.

(2) Michelle C. Haynes-Baratz et al., "Challenging Gendered Microaggressions in the Academy: A Social-Ecological Analysis of Bystander Action Among Faculty," *Journal of Diversity in Higher Education* 15, no. 4 (2022): 521–535; Mary P. Rowe, "Barriers to Equality: The Power of Subtle Discrimination to Maintain Unequal Opportunity," *Employee Responsibilities and Rights Journal* 3, no. 2 (1990): 153–163.

(3) Keeley Hynes et al., "Post or Protest? Factors Influencing White Women's Engagement in Activism," *Journal of Human Behavior in the Social Environment* (2022): 1–13; Jioni A. Lewis et al., "Coping with Gendered Racial Microaggressions Among Black Women College Students," *Journal of African American Studies* 17, no. 1 (2013): 51–73; Jioni A. Lewis et al., "'Ain't I a Woman?' Perceived Gendered Racial Microaggressions Experienced by Black Women," *Counseling Psychologist* 44, no. 5 (2016): 758–780; Kevin L. Nadal et al., "Sexual Orientation Microaggressions: 'Death by a Thousand Cuts' for Lesbian, Gay, and Bisexual Youth," *Journal of LGBT Youth* 8, no. 3 (2011): 234–259; Chester Pierce, "Offensive Mechanisms," in *The Black Seventies*, ed. Floyd Barbour (Boston: Sargent, 1970), 265–282; Derald Wing Sue et al., "Racial Microaggressions in Everyday Life: Implications for Clinical Practice," *American Psychologist* 62, no. 4 (2007): 271–286.

(4) Laura J. Burton, Daron Cyr, and Jennie Miles Weiner, "'Unbroken, but Bent': Gendered Racism in School Leadership," *Frontiers in Education* 5 (2020): 52.

注　187

（ 5 ） Peggy C. Davis, "Law as Microaggression," *Yale Law Journal* 98, no. 8 (1989): 1559–1577; Chester M. Pierce, ed., *Television and Education* (Beverly Hills, CA: Sage, 1978).

（ 6 ） ジェンダー・アイデンティティに関して教育リーダーとの議論の中で、たいてい20代から40代後半の女性たちが比較的若々しいことについてのコメントを受ける事を私達は見出す。彼女らは退職年齢以下の女性で、十分に収入があり、このようなポジションに満足していることからこのようなコメントを一般的には驚くべき言い方であると私達は捉える。Richard Delgado and Jean Stefancic, "An Introduction to Critical Race Theory," in *Critical Race Theory: The Cutting Edge*, ed. Richard Delgado and Jean Stefancic (Philadelphia, PA: Temple University, 2001), 1–167; Sue et al., "Racial Microaggressions in Everyday Life."

（ 7 ） Janice McCabe, "Racial and Gender Microaggressions on a Predominantly-White Campus: Experiences of Black, Latina/o and White Undergraduates," *Race, Gender and Class* 16, no. 1/2 (2009): 133–151.

（ 8 ） Lewis et al., "'Ain't I a Woman?'"; Kevin L. Nadal, Avy Skolnik, and Yinglee Wong, "Interpersonal and Systemic Microaggressions Toward Transgender People: Implications for Counseling," *Journal of LGBT Issues in Counseling* 6, no. 1 (2012): 55–82; Kevin L. Nadal, *That's So Gay! Microaggressions and the Lesbian, Gay, Bisexual, and Transgender Community* (Washington, DC: American Psychological Association, 2013); Kevin L. Nadal et al., "Racial Microaggressions and Asian Americans: An Exploratory Study on Within-Group Differences and Mental Health," *Asian American Journal of Psychology* 6, no. 2 (2015): 136–144; Marlene G. Williams and Jioni A. Lewis, "Gendered Racial Microaggressions and Depressive Symptoms Among Black Women: A Moderated Mediation Model," *Psychology of Women Quarterly* 43, no. 3 (2019): 368–380.

（ 9 ） 私達がこれらのグループ（黒人、ラテン系アメリカ人、アジア系アメリカ人の女性）に焦点をあてるのは、彼らが典型的な存在であることを提示するつもりでもないし、他の交差しているグループに対し関心がないとか、重要視していないとかという意図でもない。むしろ現在、彼らのマイクロアグレッションに関する充実した研究成果を見出すことができることから、これらのグループを対象とする。

(10) Sue et al., "Racial Microaggressions in Everyday Life"; Rachel Endo, "How Asian American Female Teachers Experience Racial Microaggressions from Pre-Service Preparation to Their Professional Careers," *Urban Review* 47, no. 4 (2015):

601–625; Malik S. Henfield, "Black Male Adolescents Navigating Microaggressions in a Traditionally White Middle School: A Qualitative Study," *Journal of Multicultural Counseling and Development* 39, no. 3 (2011): 141–155.

(11) Nadal et al., "Sexual Orientation Microaggressions," 234.

(12) Jioni A. Lewis and Helen A. Neville, "Construction and Initial Validation of the Gendered Racial Microaggressions Scale for Black Women," *Journal of Counseling Psychology* 62, no. 2 (2015): 289–302; Rachel Elizabeth Gartner, *From Gender Microaggressions to Sexual Assault: Measure Development and Preliminary Trends Among Undergraduate Women* (PhD diss., University of California, Berkeley, 2019); Anahvia Taiyib Moody and Jioni A. Lewis, "Gendered Racial Microaggressions and Traumatic Stress Symptoms Among Black Women," *Psychology of Women Quarterly* 43, no. 2 (2019): 201–214; Kevin L. Nadal et al., "Gender Microaggressions: Perceptions, Processes, and Coping Mechanisms of Women," *Psychology for Business Success* 1 (2013): 193–220; Williams and Lewis, "Gendered Racial Microaggressions and Depressive Symptoms Among Black Women"; LaTrice N. Wright and Jioni A. Lewis, "Is Physical Activity a Buffer? Gendered Racial Microaggressions and Anxiety Among African American Women," *Journal of Black Psychology* 46, no. 2–3 (2020): 122–143.

(13) Tessa E. Basford, Lynn R. Offermann, and Tara S. Behrend, "Do You See What I See? Perceptions of Gender Microaggressions in the Workplace," *Psychology of Women Quarterly* 38, no. 3 (2014): 340–349; Burton, Cyr, and Weiner, "'Unbroken, but Bent.'"

(14) Basford, Offermann, and Behrend, "Do You See What I See?," 341; Lindsay Pérez Huber and Daniel G. Solorzano, "Racial Microaggressions as a Tool for Critical Race Research," *Race Ethnicity and Education* 18, no. 3 (2015): 297–320; Valerie Purdie-Vaughns and Richard P. Eibach, "Intersectional Invisibility: The Distinctive Advantages and Disadvantages of Multiple Subordinate-Group Identities," *Sex Roles* 59, no. 5 (2008): 377–391; Sue et al., "Racial Microaggressions in Everyday Life."

(15) Christina M. Capodilupo et al., "The Manifestation of Gender Microaggressions," in *Microaggressions and Marginality: Manifestation, Dynamics, and Impact*, ed. D. W. Sue (New York: Wiley, 2010), 193–216.

(16) Jason A. Grissom et al., "Unequal Pay for Equal Work? Unpacking the Gender

Gap in Principal Compensation," *Economics of Education Review* 82 (2021): 102–114.

(17) Veronica E. Johnson et al., "'It's Not in Your Head': Gaslighting,'Splaining, Victim Blaming, and Other Harmful Reactions to Microaggressions," *Perspectives on Psychological Science* 16, no. 5 (2021): 1024–1036.

(18) Meera E. Deo, "The Ugly Truth about Legal Academia," *Brooklyn Law Review* 80, no. 3 (2014): 943–1014.

(19) Karen B. Schmaling, "Gender Microaggressions in Higher Education: Proposed Taxonomy and Change Through Cognitive-Behavioral Strategies," *Forum on Public Policy Online* 3, no. 3 (2007).

(20) Anita Jones Thomas, Karen M. Witherspoon, and Suzette L. Speight, "Gendered Racism, Psychological Distress, and Coping Styles of African American Women," *Cultural Diversity and Ethnic Minority Psychology* 14, no. 4 (2008): 307–314; Leah R. Warner, "A Best Practices Guide to Intersectional Approaches in Psychological Research," *Sex Roles* 59, no. 5 (2008): 454–463; Gordon B. Willis, *Analysis of the Cognitive Interview in Questionnaire Design* (Oxford: Oxford University Press, 2015).

(21) Lewis and Neville, "Construction and Initial Validation of the Gendered Racial Microaggressions Scale for Black Women," 289.

(22) Alexcia M. Kilgore, Rachel Kraus, and Linh Nguyen Littleford, "'But I'm Not Allowed to Be Mad': How Black Women Cope with Gendered Racial Microaggressions Through Writing," *Translational Issues in Psychological Science* 6, no. 4 (2020): 372–382.

(23) Cecile A. Gadson and Jioni A. Lewis, "Devalued, Overdisciplined, and Stereotyped: An Exploration of Gendered Racial Microaggressions Among Black Adolescent Girls," *Journal of Counseling Psychology* 69, no. 1 (2022): 14–26; Lewis et al., "'Ain't I a Woman?'"

(24) Tiffany S. Aaron, "Black Women: Perceptions and Enactments of Leadership," *Journal of School Leadership* 30, no. 2 (2020): 146–165; April L. Peters, "Leading Through the Challenge of Change: African-American Women Principals on Small School Reform," *International Journal of Qualitative Studies in Education* 25, no. 1 (2012): 23–38; Latish Cherie Reed, "The Intersection of Race and Gender in School Leadership for Three Black Female Principals," *International Journal of Qualitative*

*Studies in Education* 25, no. 1 (2012): 39–58.

(25) Jennie Miles Weiner, Daron Cyr, and Laura J. Burton, "Microaggressions in Administrator Preparation Programs: How Black Female Participants Experienced Discussions of Identity, Discrimination, and Leadership," *Journal of Research on Leadership Education* 16, no. 1 (2021): 3–29.

(26) Brian TaeHyuk Keum et al., "Gendered Racial Microaggressions Scale for Asian American Women: Development and Initial Validation," *Journal of Counseling Psychology* 65, no. 5 (2018): 571–585.

(27) Christopher T. H. Liang, Lisa C. Li, and Bryan S. K. Kim, "The Asian American Racism-Related Stress Inventory: Development, Factor Analysis, Reliability, and Validity," *Journal of Counseling Psychology* 51, no. 1 (2004): 103–114.

(28) Sue et al., "Racial Microaggressions in Everyday Life."

(29) Lindsay Pérez Huber, "Discourses of Racist Nativism in California Public Education: English Dominance as Racist Nativist Microaggressions," *Educational Studies* 47, no. 4 (2011): 379–401.

(30) Tara Yosso et al., "Critical Race Theory, Racial Microaggressions, and Campus Racial Climate for Latina/o Undergraduates," *Harvard Educational Review* 79, no. 4 (2009): 659–691.

(31) Kevin L. Nadal et al., "Microaggressions and Latina/o Americans: An Analysis of Nativity, Gender, and Ethnicity," *Journal of Latina/o Psychology* 2, no. 2 (2014): 67–78; Deborah S. Peterson and Victor Vergara, "Thriving in School Leadership: Latina/o Leaders Speak Out," *National Forum of Educational Administration and Supervision Journal* 34, no. 4 (2016): 2–15; David P. Rivera, Erin E. Forquer, and Rebecca Rangel, "Microaggressions and the Life Experience of Latina/o Americans," in *Microaggressions and Marginality: Manifestation, Dynamics, and Impact*, ed. D. W. Sue (New York: Wiley, 2010), 59–83.

(32) Sue et al., "Racial Microaggressions in Everyday Life."

(33) Kevin L. Nadal et al., "Gender Microaggressions: Perceptions, Processes, and Coping Mechanisms of Women," in *Psychology for Business Success*, ed. M. A. Paludi (Santa Barbara, CA: Praeger, 2013), 1:193–220.

(34) Cheryl R. Kaiser and Carol T. Miller, "Stop Complaining! The Social Costs of Making Attributions to Discrimination," *Personality and Social Psychology Bulletin* 27, no. 2 (2001): 254–263; Cheryl R. Kaiser and Carol T. Miller, "Derogating

the Victim: The Interpersonal Consequences of Blaming Events on Discrimination," *Group Processes and Intergroup Relations* 6, no. 3 (2003): 227–237.

(35) Derald Wing Sue et al., "Racial Microaggressions Against Black Americans: Implications for Counseling," *Journal of Counseling and Development* 86, no. 3 (2008): 330–338.

(36) Derald Wing Sue et al., "Disarming Racial Microaggressions: Microintervention Strategies for Targets, White Allies, and Bystanders," *American Psychologist* 74, no. 1 (2019): 128–142.

(37) Meg A. Bond and Michelle C. Haynes-Baratz, "Mobilizing Bystanders to Address Microaggressions in the Workplace: The Case for a Systems-Change Approach to Getting a (Collective) GRIP," *American Journal of Community Psychology* 69, no. 1–2 (2022): 221–238.

(38) Sue et al., "Disarming Racial Microaggressions."

(39) Haynes-Baratz et al., "Challenging Gendered Microaggressions in the Academy."

(40) Sue et al., "Disarming Racial Microaggressions."

(41) Jasmine D. Williams, Ashley N. Woodson, and Tanner LeBaron Wallace, "'Can We Say the N-Word?' Exploring Psychological Safety During Race Talk," *Research in Human Development* 13, no. 1 (2016): 15–31.


## 第6章

(1) Herminia Ibarra, Robin Ely, and Deborah Kolb, "Women Rising: The Unseen Barriers," *Harvard Business Review* 91, no. 9 (2013): 60–66.

(2) Soraya Chemaly, *Rage Becomes Her* (New York: Simon and Schuster, 2018), 269.

(3) Debra E. Meyerson, "Radical Change, the Quiet Way," *Harvard Business Review* (October 2001), https://hbr.org/2001/10/radical-change-the-quiet-way.

(4) Patricia Satterstrom, Michaela Kerrissey, and Julia DiBenigno, "The Voice Cultivation Process: How Team Members Can Help Upward Voice Live on to Implementation," *Administrative Science Quarterly* 66, no. 2 (2021): 380–425.

(5) Amy C. Edmondson and Zhike Lei, "Psychological Safety: The History, Renaissance, and Future of an Interpersonal Construct," *Annual Review of Organizational Psychology and Organizational Behavior* 1, no. 1 (2014): 23–43.

(6) Juliana Carlson et al., "What's in a Name? A Synthesis of 'Allyship' Elements from Academic and Activist Literature," *Journal of Family Violence* 35, no. 8

(2020): 889–898.

( 7 ) Elad N. Sherf, Subrahmaniam Tangirala, and Katy Connealy Weber, "It Is Not My Place! Psychological Standing and Men's Voice and Participation in Gender-Parity Initiatives," *Organization Science* 28, no. 2 (2017): 193–210.

( 8 ) Diane Grimes, "Putting Our Own House in Order: Whiteness, Change and Organization Studies," *Journal of Organizational Change Management* 14, no. 2 (2001): 134.

( 9 ) Ella Bell Smith and Stella M. Nkomo, *Our Separate Ways, With a New Preface and Epilogue: Black and White Women and the Struggle for Professional Identity* (Cambridge, MA: Harvard Business Press, 2021).

(10) Tina Opie and Beth Livingston, "Shared Sisterhood™: Harnessing Collective Power to Generate More Inclusive and Equitable Organizations," *Organizational Dynamics* 51, no. 1 (2022): 1–9.

(11) Rosabeth Moss Kanter, *Men and Women of the Corporation: New Edition* (New York: Basic Books, 1993).

# 謝　辞

## ジェニー・ワイナー（JENNIE WEINER）

　私は初等・中等教育リーダーである全ての女性に感謝申し上げたい。あなた方は困難克服、チャレンジ、その他諸事を私達と共有させてくださった。私たちが皆さんから学び、見習う機会があることを光栄に存じます。この執筆では私は私と私の同僚であるローラ・バートン先生を招へいしてくださったコネチカット公立学校教育長会女子部の女性の方々、そこで大変お世話になった他の方々に特別の謝意を表したい。私達の参加に伴う語り合い、私が築いた関係性は、この著書の発展の契機となり、全体構成への洞察を深めてくださった。

　また私は何年にもわたって私の研究のパートナー、協働者として参加してくださったコネチカット大学の私の学生さん方に感謝したい。特にダロン・サイル、テイラー・ストリックランド、キムバーリー・カルキン、シャノン・ホルター、アレックスアンドラ・ラウム先生方。先生方と知己を得たことは喜びです。

　私はまた、この著書の構想のため実験グループとして協力してくださったハーバード大学教育大学院の学生の皆さんに心から感謝したい。彼らは自らのストーリーを私と共有させてくださり、事例の多くは知的刺激を与えるものでした。エリカ・リム、カースティン・ノーゼンスゴールド、カリ・シューラー、アレクシス・シンプソン、エレーナ・スペリダコスの皆様に特に感謝したい。あなた方はすばらしいリーダー、女性である！　あなた方の勇気ある行動に感謝！

　私には幸せなことに、前向きで、聡明で支援的なメンターや協力者の方が

数多くいます。私が手がかりとなる考えを最も必要としていた時、私の考えを後押しし、傾聴し、元気づけてくださいました。ビアンカ・モントロッセ・ムーアヘッド、ナラ・オデール、ケリー・ロビンソン、キャロル・シェークシャフト、コリー・ストーン・ジョンソン、スザンヌ・ウィルソン、大変素晴らしい方々です。無論、私の共著者であり、メンター、友人、そして私の目標とすべき人（north star）であるモニカ・ヒギンズに感謝いたします。

この書を私の素晴らしい友人であり、力のあるすべての女性の方々に捧げたい。キャロライン・アンドラー、サラ・アンダーソン、アンドニー・キャスタニーダ、シェリー・デックマン、クリスティナ・ドップス、ジェニファー・ドーセイ、チャンタル・フランコイス、リサ・ゴールドシュミット、エリザ・ジョンストン、ジュリアナ・カーシェン、ダニエレ・レーフェルド、マリーナ・レティ、そしてエリザベス・シェルバーン。あなた方の発進的実践をいつまでも！

最後に、私には最も支えとなる家族がいます。女性の権利、夢のためすばらしい姿を示してくれる母に感謝。あなたは私達をよく導いてくださった。私の父と母、あなた方は私と私の素敵な妹、マウリーン、ミッチェレを育て、電話で励ましてくださったことに感謝。最後に、すべてを可能に、より楽しくしてくれる夫、ジェレーミア、私にとってかげがえのない息子、マニーとラフスに感謝したい。

## モニカ・C・ヒギンズ（MONICA C. HIGGINS）

謝辞を述べるにあたって、大概、感謝が念頭に浮かびます。私はまさに今、どんなことに一番感謝しているであろうか。それは私がしばしば他者に問う質問です。私にとって返答はシンプルです。私はこの書の共著者、友人であるジェニー・ワイナーと仕事ができることに感謝したい。ジェニーは多数の人に刺激を与えてくれる存在であるが、彼女の多くの同僚や我々の学生が、心からこの書の基盤となり、何ら偽りのない豊富な事例を私達が取り上げることに協力してくださった。彼女の明晰さ、忍耐力、決断力なくしてこの書が刊行されることは決してなかったでしょう。ありがとう、ジェニー、私にこの書の執筆機会を与えてくださり。

私はまた、私自身の役割モデルやメンターとなった次の方々に感謝いたします。メンタリングが真にどのようなものであるかを教えてくださったキャシー・クラム、女性のリーダーシップの研究を行い、私の組織行動学における博士号取得への熱望を勧めてくださったローザベス・モス・カンター、私が誇りに思う先生であり、ハーバード大学教育大学院における「リーダーシップと女性」プログラムの初期の提案者であったキャシー・マッカーシー、あなたはこのプログラムをジェニーと私に担当させてくださることによって執筆への意欲をかき立ててくださった。私はまた、私の素晴らしい女性友達サークルにも感謝したい。ティジアナ・キャスシアーノ、ベッキー・カバーデール、アミー・エドモンドソン、ラウリエ・フラー、ジョディ・トッファ・ギィテル、パミーラ・キスラック、ベス・マローニー、スー・シメル、そしてレスリー・ツイ。あなた方は私に創造的な刺激を与えてくださる。

私は私の母、プリスシラ・クラマンに感謝し、この書を捧げる。母は私が身を立てる前に、女性キャリアの問題について執筆し、カウンセリングも行っていた。母は私の役割モデルであると同時に心持のよいパートナーであった。私の父、ビック・クラマンは、つい最近逝去したが、どのような人

を愛し、関わるか、人生の美しさにどう感謝するかを私に教えてくださったことを思い出さざるにはいられない。私の夫、マイケルにも感謝したい。ただサポートするのではなく、女性のリーダーシップを擁護することの重要性を私にも、他者にも理解させてくださった。またとくに私達の心強い娘たち、サラ、ベッキー、ミカに。あなた方はこの書の中で思いめぐらし、確かに葛藤するが、より指導性が発揮される社会になることを一緒に成し遂げる素養が十分にある。すでにあなた方は女性の発展の一翼を担っているのです。あなた方のサポートと愛に感謝。

## 著者紹介

ジェニー・ワイナー博士は現在コネチカット大学で教育リーダーシップを担当する教授である。ハーバード大学教育大学院で客員教授を務め、2020年後期「教育リーダーシップにおける女性」という講義を担当した。彼女はコネチカット大学教育政策分析、研究、評価センターに所属しており、以前は教育学博士課程プログラムのコーディネーターであった。彼女の研究成果は教育リーダーシップと組織変革の問題に焦点をあてており、特に教育リーダーシップにおけるジェンダーと人種差別の影響も含まれる。彼女は全国的、国際的会議でプレゼンをするとともに、40以上の査読論文を発表している。彼女は女性、リーダーシップ、ケアワークといった様々な問題にエキスパートとして参加するとともに、「グッドモーニング・アメリカ」や「NPR（米国公共ラジオ放送）」、様々な動画配信（ポッドキャスト）にも出演している。彼女はまた、女性に焦点を当てた多くの教育リーダーシップグループ（例えば、コネチカット女性教育長グループ）のファシリテータでもある。2017年にワイナー博士はアメリカ教育学会（AERA）教育変革特別部会（SIG）から優秀学術表彰を受けており、現在は部会長である。彼女はハーバード大学教育大学院で教育学博士号、教育学修士号を取得しており、現在、彼女の夫ジェレミア、2人の息子ラフスとマニーそれに愛犬ジュニアと住んでいる。

ジェニー・ワイナー
Jennie Weiner

モニカ・C・ヒギンズ
Monica C. Higgins

モニカ・C・ヒギンズ博士は、ハーバード大学教育大学院教育リーダーシップ担当キャスリーン・マッカートニー教授（Kathleen McCartney Professor）であり、リーダーシップと組織変革に焦点を当てた研究と指導を行っている。彼女はまた、ハーバード大学院ケネディスクール（HKS）の公共リーダーシップセンター、都市ブルームバーグセンターで兼務をしている。そしてハーバードの各大学院で「リーダーシップにおける女性」を含んだ上級プログラムを担当している。彼女が最近取り組んだ教育研究は都市部公立学校教師によって報告された心理的安全性の役割と生徒の学習への影響についてである、教育における社会的起業家を推進する研究も行っている。それはハーバードのイニシアティブによって「インパクトのあるスケーリング」と呼称され、起業リーダーがより大きな影響力のある仕事を達成するのを支援することに焦点を置いている。彼女はA608と呼称される動画（ポッドキャスト）を共同で配信しており、教育分野の様々な観点から起業リーダーシップのトピックスを議論することとしている。2006年にハーバード大学教育大学院（HGSE）に加わる前に彼女は11年間ハーバードビジネススクール（HBS）の教員であった。HBSで彼女は起業家リーダーのキャリアについて研究を行い、「キャリアインプリント：産業界におけるリーダー創出（Career Imprints: Creating Leaders Across an Industry）」という著書とともに多くの論文業績がある。25年間もの長期にわたるマルチメディア研究を行っており、1996年にハーバードビジネススクールを修了したMBA取得学生グループを対象にリーダーシップ開発とキャリア経験を分析し、ビジネススクール事例、研究論稿、ドキュメンタリー計画へと進展している。2009年から2016年まで彼女はオバマ大統領下、連邦教育長官であったアーン・ダンカンの指名のもと職務に関わった。生粋のニューイングランド出身で、全天候アウトドアを楽しみ、ランニング、サイクリングをし、彼女の夫マイケル、3人の娘ワラ、ベッキー、ミカそして愛犬レオと時を過ごしている。

## 訳者解説

### 原著について

　原著は、Education Lead（Her）Ship: Advancing Women in K-12 Administrationである。ハーバード大学教育大学院等で教育リーダーシップの教育・研究に関わるジェニー・ワイナー（Jennie Weiner）とモニカ・ヒギンズ（Monica C. Higgins）による共著である。

　原著の執筆契機は、特に2020年秋学期にハーバード大学教育大学院で「女性と教育リーダーシップ」の講義を担当したジェニー・ワイナーが、ジェンダー差別が広義のリーダーシップにおいてどのような影響をもたらすかという様々なステレオタイプ理論・実践を紹介したことに発する。同校としては最初で唯一のもので、受講希望者が殺到したとされる。ワイナーとヒギンズ両人は、白人の学者として人種やジェンダー、民族などのアイデンティティが、複雑な社会的不平等を形成する相互構築的な現象として作用するという事実を問題提起し、これを交差性（インターセクショナリティ）の視点で取り組む研究となっている。

### 序文解説

　序文の執筆者であるシャロル・シェイクシャフト博士[1]（Charol Shakeshaft, PhD）はバージニア・コモンウェルス大学教育学部で教育リーダーシップを教授・研究する白人の教授である。彼女は1976年に最初の論文としてパット・パルミエリとの共著「正面の階段を上ろう：教育行政・経営の分野で女性が

男性と同等になるための提案」[2]を執筆した。今日では学校管理職に占める女性の割合が低いという問題を解決するのに十分な時間のように思えるが、学校の女性管理職や指導者の経験は、改善された部分もあるとは言え、50年近く前に書いたこの内容とあまり変わらず、残念で悲しい事実であると回顧する。

しかしながら、学校の教育や組織論、インターセクショナリティの学校研究に精通しているワイナーとヒギンズによって書かれた原著は学校のリーダーシップとアドミニストレーションにおける女性の経験をテーマとした文献として、彼女が出会った最も有益かつ的を射たものと位置づけている。経験的かつ理論的な構造の枠組みの中で、女性たちのストーリーが感情労働（emotional labor）に対するジェンダー化され人種化された好意的性差別（benevolent sexism）としての期待、役割一致論（role-congruity theory）、ガラスの崖（glass cliff）、女性がマイクロアグレッション（microaggression）によって組織の犠牲になるさまざまなパターンを解説し、浮き彫りにしていると捉える（各理論については1章以降で解説）。

このことは"多文化児童文学の母"と敬称されるルディン・シムズ・ビショップ[3]（Rudine Sims Bishop）が言うところの「窓（windows）・鏡（mirrors）・引き戸（sliding doors）」を読者に提供することで「女性の教育のリーダーたちが、この分野で自分自身、自分たちの経験と価値観を確認し、そのようなアイデンティティを持たない他の人々に、このような経験に対する洞察を与える」[4]ことを可能にすると提起する。それとともに女性が持つリーダーシップと思いやり（caring）、エクセレンスを正当に扱い、それを有効活用できないことに対して学校・行政組織のリーダーたちに自らを顧みてネガティブなステレオタイプ文化を変えるための組織再構築アクションを促すのである。

訳者解説　201

## 1章 「初等・中等教育のリーダーシップにおける女性の重要性：
なぜ本書が書かれたか」解説

　1章は2章から6章までの全体構成の理論的特質として焦点をあてている
が、原著の特徴として理論と実践を融合させ、ルディン・シムズ・ビショッ
プが児童書に記されたさまざまなストーリーの表現に関する研究の中で言及
した「窓、鏡、引き戸」の考え方を適用していることが挙げられる。各章
（2-5章）で最初にジェンダー差別の理論を教育リーダーシップ（窓）への適
用可能性に関する情報を共有するようにした。

　次に初等・中等教育の女性リーダーたちの教育現場での差別が日常生活の
なかでどのように操作できるようになっているかを読者に認識してもらい、
読者自身のコンテクスト（鏡）における適用可能性についてディスカッション
のための質問を事例ごとに掲載している。「木を見て森を見る能力」（日常の
よくある差別の制度的性質を見抜く能力）への内省の機会としている。

　さらに各章の終わりで未来の方向性について考え、そのような差別をその
場で訴え、解消する方法（引き戸）について考察し、原著を私たち皆が協力し、
団結するための第一歩の指針と捉える。

　ワイナーとヒギンズは、ハーミニア・イバーラ（Herminia Ibarra）とロビ
ン・エリー（Robin Ely）、デボラ・コルブ（Deborah Kolb）が言うところの「第
二世代のジェンダーバイアス」を生み出す可能性があると指摘する。差別が
組織の構造や規範、制度の中でさらに不可視化され、指導的役割における女
性の不在が常態化すると同時に、女性たちはそのような役割を担う意欲や能
力、自信がないという問題のある不正確な言説が助長されてしまう[5]と指摘
する。以下、各章（2-6章）の内容構成の理論的核心に目を向けてみる。

　2章「「女性の仕事」に対する過小評価と過度な依存（The Undervaluation
and Overreliance on Women's Work）」では、具体的に感情労働という現象に

焦点を絞っている。女性が自らの本心や希望と関係なく、気遣いや冷静さ、愛想の良さを示し、現場を円滑に運営するために、自己の感情的欲求に目を向けないようにしたり、昇華させたりする負担を強いられることが挙げられる[6]。

原著でも引用しているこの感情労働という言葉が誕生したのは1983年のことである。アメリカの社会学者ホックシールド（Hochschild, Arlie Russell）の著書『The Managed Heart: The Commercialization of Human Feeling』によってこの感情労働が提唱されるや話題となり、わが国でも日本語訳『管理される心―感情が商品になるとき』が出版された2000年から本格的に感情労働に対する研究が広がり、今日多くの学術研究で議論が展開されている[7]。

ただし感情労働にはバーンアウト、自己非難（表層演技、深層演技）、組織やチームの士気の低下といった否定的影響に焦点が置かれてきたものの、相手からの感謝に伴うモチベーション向上、組織全体の活性化といった肯定的影響も捉える必要がある[8]。

ホックシールドによると、感情労働は程度の差あれ、現代の就労者の多くが該当し、現代社会を象徴する労働形態であるが、ホックシールドの捉える感情労働は次の３つの特徴を有する。

①対面あるいは声による顧客との接触の不可欠性
②他人の中に何らかの感情変化を起こすこと
③そのような職種における雇用者は、研修やマネジメント体制を通じて被雇用者の感情労働をある程度コントロールすること

ホックシールドはフライト・アテンダントや介護職を感情労働の典型として取り上げたが、教員も感情労働の３つの特徴に該当する。①に関して、教員は生徒と一過性ではない継続的な関係の相互作用で教育をつくり出すという点が他職の感情労働の職業とはやや異なるが、生徒や保護者のワーク・エ

ンゲージメントに影響を与えることになる。②に関して、教員が相手である
生徒の中にありがとうと感謝の心あるいは、こわいといった畏怖の念を起こ
させ、子どもたちの人格形成に影響を与えるものとしての感情変化は教員の
仕事に大きくかかわっている。この点、教師は積極的な意味で感情労働を
行っているという言説もある。教職の再帰性として捉え、子どものなかにあ
るべき感情を作り出すためには、教師自身も自らの感情を理想的なものとし
て規定しなければならないとする。教員の感情労働は再帰性を介して、教育
的価値をもつものとして子どものあるべき感情を融合することにもなる[9]。
③の研修やマネジメント体制を通して勤労者の感情をある程度コントロール
する点に関しては、教育委員会や校長の役割が大きい。ただし後述の補論
（日本の状況）の図表4（255頁）で示したように、女性登用・計画的育成・女
性活躍キャリア支援とともに子育てがしやすい職場環境づくりといったワー
ク・ライフ・バランス支援も不可欠となる[10]。

　労働する自己の中で自分らしさ（authenticity）の自己介入の余地ある感情労
働が期待されてこよう。女性や有色人種の女性が学校現場でケアワークの仕
事の大半を担っていることに対する公式・非公式のネガティブな経験（軽蔑、
見下し、業務評価の低下、昇進の見送り）の状況を回避する必要がある。

　3章「女性リーダーのダブルバインド（二重の束縛）（The Double Bind for
Women leaders）」では、社会的役割理論（social role theory）の枠組みを紹介し、
初等・中等教育で指導的立場にある多くの女性たちのダブルバインド（柔軟
路線と強硬路線のどちらを採用すべきかを交渉する際に経験する二重の束縛）を浮
き彫りにする。社会的役割理論（役割一致論）においては社会において男女が
果たすべき役割には期待というべきものが存在し、男女が果たすステレオタ
イプ的に示す資質や行動傾向に焦点をあてるものである[11]。

　このような期待の中で女性のステレオタイプはしばしば共同性（communion：
他者との関わりで個人がなすべき特性、配慮、相互依存、温かさ、養育、従属性、協
力など）あるいは表出性（expressiveness：家族の世話や愛情に関与する役割）の概

念で構成される。逆に男性のステレオタイプが主体性〔作動性〕(agency：一人の独立した人間として個人がめざすべき自信、独立、支配、強さ、競争など）あるいは道具性（instrumentality：生計維持を中心とした役割）という概念で構成される。

　リーダーシップに関する記述に当てはめると、リーダーシップは伝統的にステレオタイプ化された主体的資質（男性的特性）を選好する傾向がある。このようなステレオタイプとの一致は、女性がリーダーシップの資質を持たないと見なされる理由を説明するのに有用性をもつ。ただしグリーンリーフ（Greenleaf Robert K.）の問うサーバント・リーダーシップの考え[12]は無論のこと、バス（Bass, Bernard M.）の問う変革的リーダーシップやLMX（Leader-Member Exchange：リーダー・メンバー交換関係）理論においても主体性に相当する機能だけでなく、共同性に相当する機能も部分的に含まれている。つまり女性ステレオタイプに合致するような要素がどの理論にも少なからず含まれているのである。

　それにもかかわらず、なぜ「リーダー（管理職）＝男性的／主体的（作動的）」イメージが優勢となるのであろうか、職業に対するステレオタイプ的イメージは、実際の仕事内容というよりも、男女比率が高い職業ほど男性的な職業と認知することが示されている[13]。

　女性がリーダーシップのポジションを手に入れると主体的と共同体的のジレンマに衝突することもある。女性が主体的であれば攻撃的すぎる、共同体的であれば情熱的すぎるというバックラッシュ（反発）に直面する。つまり男性が女性のリーダーシップや管理職を相対的に低くみるという表面的で直接的なバイアスに加え、女性は女性らしき行動によってのみリーダーとして評価されるという、もう一つのバイアス、つまり二重のバイアスをもたらすことになる。

　このような女性に対するステレオタイプイメージは、4章のガラスの天井・ガラスの崖の事例ともかかわるが、クリスタル・ホイト（Crystal L. Hoyt）、

スーザン・マーフィー（Susan E. Murphy）が指摘するようにステレオタイプ脅威（stereotype threat）をもたらし得る[14]ことを看過し得ない。

図1にステレオタイプの脅威のメカニズムを示したが、まずステレオタイプ脅威（女性とリーダーシップの不適性）喚起要因とは女性リーダーが極端に少数派（例えばマイノリティ女性）のような環境、男性ステレオタイプ的な物理的環境、競争的組織文化、成功＝生得的な才能と考えられている領域では女性は脅威を受ける。図1の右に示すように、リーダー＝男性的／主体的というステレオタイプ脅威の結果として次のタイプの脅威を招く可能性があると考えられる。①リーダーシップ課題のパフォーマンス低下、②リーダーシップ領域で成功したいというモチベーションや自己効力感の低下、③ステレオタイプと自己の切り離し（リーダーという役割から自己を遠ざけること、女性という集団からの自己の切り離し）、④リアクタンス反応[15]（反ステレオタイプ行動―予期せぬ否定的・肯定的効果）。

なお図1の中間に示すようにステレオタイプ脅威の否定的影響を緩和する

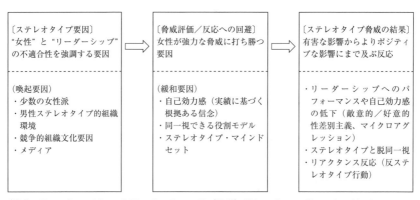

（出典：Hoyt, Crystal L. and Murphy, Susan E. (2018), "Managing to Clear the Air: Stereotype Threat, Women and Leadership," *The Leadership Quarterly*, Vol. 27-3, p. 390の図1を基に新たに作成。）

**図1　リーダーシップにおけるステレオタイプ脅威のモデル**

要因としては、女性自らのリーダーシップに対する自己効力感（実績に基づく根拠ある信念）、リーダーシップ能力に対する習得可能とみなすマインドセット、同一視できるロールモデルの存在が考えられる。

4章「ガラスの天井を打ち破って、ガラスの崖に着地する（Shattering the Glass Ceiling and Landing on a Glass Cliff）」では、リーダーシップを手に入れた女性が多くの場合、成功に必要なリソースを与えられないまま、劇的な転換を主導することに対するアンバランスな責任を負わされる現象（ガラスの崖）に着目する。この点、ガラスの天井は、1978年にアメリカの企業コンサルタントだったマリリン・ローデン（Marilyn Loden）が女性のキャリアパスを阻む見えざる障害を意味する用語として発言したのが契機である[16]。1991年には米国連邦労働省が公的なタームとして使用し、組織内の昇進において女性やマイノリティがガラスの天井に阻まれていることを認めている。今日においても女性やマイノリティが要職に就けないなど、十分に活躍できていないことが論点であり、目に見えないけれどなくなることのない壁となっている[17]。

またガラスの天井を打ち破りようやく指導的な地位を手に入れた女性が、成功に必要なリソースを与えられないまま、劇的な転換を主導することに対する不釣り合いな責任を負わされるという、ガラスの崖の現象に焦点をあてている。2005年にミシェル・K・ライアン（Michelle K. Ryan）とS・アレクサンダー・ハスラム（S. Alexander Haslam）が、ロンドン証券取引所に上場する主要企業100社を対象とした、女性取締役が組織の業績に与える影響についての研究に基づいて、ガラスの崖という用語を考察した。

実際、対象企業は業績下降が発生して初めて、リーダーの採用に踏み切ったのであった。女性たちがやっとのことでリーダーとなるチャンスを得たまま、職をこなしていたことを明らかにしたのである[18]。

このガラスの天井を打ち破っても、リーダーシップのチャンスは、女性、特に有色人種の女性は男性に比べ、崖っぷちに立たされているか、そう思われている学校や地区、つまり最も困窮している学校に配属される可能性が明

白な事実であることを実践事例を通して論じている。

5章「ジェンダー化された（人種的）マイクロアグレッションと千回切られて死ぬこと（Gendered（Racial）Microaggressions and Death by a Thousand Cuts）」では、ジェンダー化されたマイクロアグレッションとジェンダー化された人種的マイクロアグレッションが教育における女性リーダーたちに及ぼす影響を提起する。マイクロアグレッションとはMicro（微細な）とAggressions（攻撃）をあわせた造語であり、1970年代にハーバード大学医学大学院の精神科医チェスター・ピアース（Chester M. Pierce）によって提唱された[19]。マイクロアグレッション概念を発展させたコロンビア大学のデラルド・ウィン・スー（Derald Wing Sue）によると、以下の概念である。「マイクロアグレッションというのは、ありふれた日常の中にある、ちょっとした言葉や行動や状況であり、意図の有無にかかわらず、特定の人や集団を標的とし、人種、ジェンダー、性的指向、宗教を軽視したり、侮辱したりするような、敵意ある否定的な表現のこと[20]」。

スーは、人種的マイクロアグレッションを図2に示すように3つの形態（マイクロアサルト、マイクロインサルト、マイクロインバリデーション）に分類しているが、この考えは人種だけでなく、ジェンダー、性的指向にも関連性のあり得る考え方である[21]。

マイクロアグレッションの研究の多くは、特に人種に焦点を当てているが、マイクロアグレッションが女性や性的指向、性自認の人たち、その他周縁化された人たちにも目に見える交差的なかたちで、また女性の教育リーダーシップとの関連で具体的に検証した研究は多くはないものの初等・中等教育学校、大学の環境で発生しているというコンセンサスの研究[22]が増加している。マイクロアグレッションは日常的に発生しており、単に無礼や無作法なものとしてではなく、制度的、組織的、文化的バイアスの症状として理解され、ポジティブな環境への働きかけを必要とする。

最後に6章「今は何をすべきか？（What Now?）」では、組織の要請として

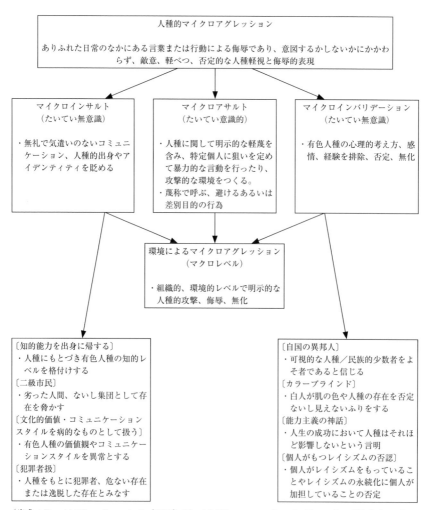

(出典：Derald Wing Sue, et al. (2007), "Racial Microaggressions in Everyday Life," *American Psychologist*, Vol. 62-4, p. 278に基づき作成。)

**図2　人種的マイクロアグレッションのカテゴリーと関係図**

さまざまなレベルで行動を促すために、本書を活用する方法を読者に伝えている。特にジェンダー平等をめざす闘いで男性が味方（allies）として果たすことのできる役割にも視点をあてている。

　ハーバード・ビジネススクールのコリーン・アマーマン（Colleen Ammerman）、ボリス・グロイスバーグ（Boris Groysberg）は男性が性差別と戦ったり、ジェンダー・インクルージョンを訴えたりしたほうが、女性が同じことをするよりも、より正当とみなされ、より好意的と受け止められることが多いと指摘する。ジェンダー格差や差別に対する男性の声はジェンダー不平等の問題ではなく、男女共通の問題とみなす姿勢を推進し、究極的には男性と女性の両方に恩恵をもたらす。ただし、なぜもっと広がらないのかの根底として3つの視点があるとする。まず、男性は伝統的な期待に背を向けることに抵抗を感じているのでは。次に、女性にとってのプラス（昇進）は男性である自分にとっては脅威となるゼロサム思考に陥っているのでは。さらにジェンダー不平等をめぐる議論で自分の立場を決めかねて迷いを示している、自分の出る幕ではないと、考えているのではと捉える[23]。

　著者であるワイナーとヒギンズは、原著で紹介する概念と現場のストーリーが読者自ら慎重な判断を下す際の支柱となり、共有された経験とともに、行動の根拠を補強、つまり女性の正当なリーダーシップを阻害し続ける不公平を解消するためのアクションの契機となることを願っているのである。

## 注（序文・1章解説）

（1）シャロル・シェイクシャフト教授の最近の研究として、「アメリカ校長のキャリアパスにおける人種やジェンダーの影響」「教育関係者の性的不祥事防止のケア基準」「教育長のストレスと健康の関係―全国調査」がある。

（2）Patricia Palmieri and Charol Smith Shakeshaft（1976），"Up the Front Staircase: A Proposal for Women to Archive Parity with Men in the Field of Educational Administration," *Journal of the NAWADAC*, Vol. 38-2, pp. 58-64.

（3）ルディン・シムズ・ビショップはオハイオ州立大学名誉教授である。1980年代以降のアフリカン・アメリカン児童文学について、アフリカン・アメリカンの子ども

に自分と同じ主人公が登場していると思わせる本を与える意義や、アフリカン・アメリカンの子どもを文学的に覚醒させ、よい読者にする必要性を説いた。こうした文学作品は子どもに肯定的な自己イメージ（エンパワーメント）を示し、"背筋を伸ばして世間を歩く" 方法を学ぶ手助けする（help them learn how to 'walk tall' in the world）と締めくくっている。鈴木宏枝（2011）「アフリカン・アメリカン児童文学におけるエンパワーメント―可視化、受容、連接―」博士論文（白百合女子大学）、pp. 31-32.

（4）Rudine Sims Bishop（1990）, "Walk Tall in the World: African American Literature for Today's Children," *Journal of Negro Education*, Vol. 59-4, pp. 556-565.

（5）Herminia Ibarra, Robin Ely, and Debora Kolb（2013）, "Women Rising: The Unseen Barriers," *Harvard Business Review*, Vol. 91-9, pp. 60-66.

（6）Mary Ellen Guy and Meredith A Newman（2004）, "Women's Jobs, Men's Jobs: Sex Segregation and Emotional Labor," *Public Administration Review*, Vol. 64-3, pp. 289-298.

（7）Arie Russell Hochschild（1983）, *The Managed Heart: The Commercialization of Human Feeling*, Berkeley: University of California Press.（石川准・室井亜希訳（2000）『管理される心―感情が商品になるとき―』世界思想社）。

（8）田村尚子（2018）『感情労働マネジメント』生産性出版。

（9）伊佐夏実（2009）「教師ストラテジーとしての感情労働」『教育社会学研究』、pp. 125-144. 岩井哲雄（2021）「教師の感情労働に関する一考察」『教育実践研究』26、pp. 11-18.

（10）山口一男（2017）『働き方の男女不平等―理論と実証分析』日本経済新聞社。

（11）3章の解説は坂田桐子「女性の昇進を阻む心理的・社会的要因」大沢真知子編（2019）『なぜ女性管理職は少ないのか』青弓社、pp. 65-112の論稿をも参考にしている。Alice H. Ealy and Seven J. Karau（2002）, "Role Congruity Theory of Prejudice Toward Female Leaders," *Psychological Review*, Vol. 109-3, pp. 573-598.

（12）サーバント・リーダーシップについての理論と校長経営実践の論稿は、八尾坂修（2024）「アメリカの校長におけるサーバント・リーダーシップの行動特性と役割効果」『玉川大学教師教育リサーチセンター年報』14号、pp. 59-79.

（13）Tomoko Adachi（2013）, "Occupational Gender Stereotypes: Is the Ratio of Women to Men a Powerful Determinant?," *Psychological Reports: Sociocultural Issues in Psychology*, Vol. 112-2, pp. 640-650.

(14) Crystal L. Hoyt and Susan E. Murphy (2016), "Managing to Clear the Air: Stereotype Threat, Women, and Leadership," *The Leadership Quarterly*, Vol. 27-3, pp. 387-399.

(15) ラトガース大学のラッドマンらは、否定的な成果としては周囲からのバックラッシュ（反発）を招き、主体的に振る舞う女性は温かさや好ましさに欠くと見なされ、主体的に振る舞う男性や共同的に振る舞う女性に比べて能力を低く評価されることが示されている。Laurie A. Rudman, Peter Glick (2001), "Prescriptive Gender Stereotypes and Backlash toward Agentic Women," *Journal of Social Issues*, Vol. 57-4, pp. 743-762. 逆にリーダーシップに対する自己効力感の高い女性は、ジェンダーステレオタイプの脅威に対してリアクション反応を起こし、男性よりも高いパフォーマンスを上げることもある。

(16) マリリン・ローデンの代表的著作として、Marilyn Loden (1985) *Feminine Leadership, or, How to Succeed in Business without Being One of the Boys*, New York Times Books.（マリリン・ローデン著、山崎武也訳 (1987)『フェミニン・リーダーシップ：男性中心社会で女性が成功する法』日本能率協会マネジメントセンター）。

(17) カマラ・ハリスがアメリカ史上初の女性として、また初の有色人種の女性として副大統領に就任したことで、最も厚い「ガラスの天井」が打ち破られたと話題になったが、2024年11月の大統領選でも注目された。

(18) Michelle K. Ryan and S. Alexander Haslam (2005), "The Glass Cliff: Evidence that Women are Over-Represented in Precarious Leadership Positions," *British Journal of Management*, Vol. 16-2, pp. 81-90.

(19) Pierce, C., Carew, J., Pierce-Gonzaler, D., and Wills, D. (1978), An Experiment in Racism: TV Commercials. In C. Pierce (Ed.), *Television and Education*, pp. 62-88, SAGE.

(20) Sue, Derald Wing. et al. (2007), "Racial Microaggressions in Every Life: Implications for Clinical Practive," *American Psychologist*, Vol. 62-4, p. 271.

(21) Sue, Derald Wing (2010), *Microaggressions in Every Life: Race, Gender and Sexual Orientation*, Wiley.（デラルド・ウィン・スー著、マイクロアグレッション研究会訳 (2020)『日常生活に埋め込まれたマイクロアグレッション』、明石書店）。図 2 の作成において翻訳書をも参考にしている。

(22) 例えばRachel Elizabeth Gartner (2019), *From Gender Microaggresions to Sexual Assault: Measure Development and Preliminary Trends Among*

*Undergraduate Women* (PhD Dissertation Univ. of California, Berkeley). 古田克利 (2024)「大学キャリアセンターの相談場面における学生を傷つける発言の研究」『公認心理師：実践と研究』3(1)、pp. 1-9.

(23) Colleen Ammerman, Boris Groysberg (2021), *Glass Half-Broken: Shattering the Barriers that Still Hold Women Back at Work*, Harvard Business Review Press.（コリーン・アマーマン、ボリス・グロイスバーグ著、藤原朝子訳 (2023)『ガラスの天井を破る戦略人事』英治出版）。

## 2章 「「女性の仕事」に対する過小評価と過度な依存」解説

2章では、「女性の仕事」に対する過小評価と過度な依存について論じている。

事例の紹介に入る前に、まずは、女性が教育界においてリーダーシップをとることが難しい現状を理解するために、2つの問題点を示している。1点目は、伝統的に教職に就く女性の割合は高いものの、教育リーダーシップの役割を担う女性の割合は低いという状況についてである。2点目は、学校、学校制度、社会全体を通じて、組織の運営や人間関係を円滑にする様々なケアワークが過小評価されていることについてである。

この2つの要素が、教育リーダーシップを取ろうとする女性たちのキャリアにどのような影響を与えているのか、女性リーダーへのインタビューから実態を描いている。具体的には、女性教員リーダー、女性教育次長、女性校長の3名が語る経験を示しながら、ケアワークと好意的性差別（benevolent sexism）が、教育界でリーダーシップをとる女性の機会と成功にどのような影響を与えてきたのかについて、事例を提示している。以下、事例を示したうえで、最後に、女性の仕事に対する過小評価と過度な依存について、その状況からの脱却の方途を探る。

## （1）女性教員リーダー　フランチェスカ・ロマノの事例（白人、独身女性）

非公式な指導ばかりしていることで、自分の生徒に対して最善を尽くせていないことはわかっていた。でも正直なところ、私は「チームプレイヤー」だとみなされ続けるためには、嫌とは言えないと感じていた。

フランチェスカ・ロマノは、インド系私立学校のインターナショナルスクールで働く教員リーダー（teacher leader）である。彼女はこの学校が創設された当初より勤務しており、生徒への教育活動と、新任教員のスキルを高めるための校内運営等に尽力してきた。彼女は、学校のリーダーになることを熱望しており、これまで積み上げてきた努力が、将来、より大きく、より良い機会につながると信じていた。しかし最近、彼女は周囲の皆を助けようとするあまり、自分の昇進の機会を広げるどころか、むしろ制限しているように感じていた。

フランチェスカは、当時、小学校第3学年のクラスを受け持ちながら、小学校低学年（K-3学年）のチームリーダーの役割を担っていた。同僚教員の悩みを聞いたり、授業計画の相談に乗ったり、同僚教員のために職能開発の機会を設けたり、献身的に尽くしてきた。このような努力もあり、学校全体の評判は高まり、入学者数も急上昇しているなかで、同僚教員から大きな信頼を集める存在になっていた。

一方で、フランチェスカ自身は、私生活を侵害するほどに仕事を引き受けており、忙しさのあまりに燃え尽きたような気分であった。同僚からの誉め言葉は彼女のやる気を引き出していたが、多くの時間とエネルギーを割くことには限界がある。

フランチェスカは校長に正式な指導的立場の職への異動について希望を出したが、校長からは、異動や昇給の資金が無いことが伝えられ、その代わり

に、教員リーダーの肩書を与えることが提案された。フランチェスカは、これまでと職務内容が変わらない中での新たな肩書の付与は、仕事と責任の更なる増加を招くだけではないかと不安が増大していた。また同僚のサポートや学校運営の裏方作業などのケアワークは、非公式の仕事として行われていたものであり、管理職への公式なステップとはなっていないと感じていた。

　以上、1例目は、独身女性という立場から見た事例である。独身女性は、配偶者や子どものいる人々に比べて、彼女たちの自由時間が軽んじられる傾向にあり、非公式のケアワークが期待されてしまうことが指摘された。

## （2）女性教育次長　ジョセフィン（ジョー）・キムの事例（韓国系アメリカ人、10代の双子の母）

　私は、私、夫、そして子どもたち、家族全員が、母親である私が家庭内で少し身を引いて、リーダーシップを取れるようになるまで一生懸命努力をしてきた。それなのに、2人の10代の娘の母親であるという理由で、やっと得られたポジションを奪われてしまうなんて信じられない。

　ジョーは長い間、自分で学区を率いることを熱望していたが、彼女の子どもたちの年齢が比較的若く、夫の仕事が忙しいため、この目標を追い求めることを控えてきた。しかし最近になって、子どもたちが少し大きくなり、夫の仕事も安定してきたため、彼女は自宅から40分ほど離れた大都市近郊のより裕福なベッドタウンにある学区の教育長に志願することにした。ジョーはこの挑戦に成功し、そのポジションのオファーを受けた。しかしながら、土壇場になって、年配の白人女性である教育委員長から電話があり、そのオファーを撤回すると伝えられた。

　教育委員長が電話で伝えた主な理由は、「10代の子どもを持つ母親として、その時期は二度と取り戻せない」「2人の子どもがいるという人生のこの段階で、教育長になるための時間を拘束することは心苦しい」ということで

あった。

　以上、2例目は、母親の立場にある女性がリーダー職に就こうとする時の事例である。「母親として自分の子どもとの時間を確保することは当然である」と第三者が良からぬ配慮をすることで、今はリーダーに就くべきタイミングではないと好意的性差別が行われていることが示された。

## （3）女性校長　マリアの事例（白人、40代女性）

　勤めている学校の校長に、他の小学校でリーダーとしての仕事を得たことを打ち明けた時、校長は非常に落胆し怒っていた。校長は、私が日頃、接している問題を抱えた子どもたちに対して、素晴らしい仕事をしていると何度も言い、子どもたち皆が寂しく思うだろうと言い続けた。最後の日まで「どうか辞めないで」と言っていた。

　マリアは数学教師として8年、中学校の数学指導者として7年勤め、大きな成功を収めてきた。マリアはSTEM教育を行うマグネットハイスクールの校長として新しい仕事を始めようとしていた当時を振り返った。

　マリアは、新しい高校の初代校長になる機会と、以前から望んでいた生後6カ月の子どもの里親になる時期が重なり、2つの喜びを同時に手に入れた。マリア自身は喜びに満ち溢れていたが、このことを勤めている校長に報告した際、校長は落胆し、怒りをあらわにした。

　マリアの事例では、性差別的な表現が女性を誉めておだてるために使われ、「子どもたちのために」という理由でリーダーシップをとる者の野心を犠牲にするよう仕向けられていることが見えてきた。マリアが学校を辞めることを知った同僚や校長は、彼女がどれほど必要とされているか、彼女が辞めれば学校や子どもたちがどれほど困るか、といった「誉め言葉」を彼女に浴びせた。彼女が学校を辞めてリーダーシップをとるという目標を追求することは、良い教師、良い母親、そして良い女性であることの規範を破ることにな

ると感じていた。

　以上、3例目は、他校の校長職に就くことが決まった女性の事例である。本人は管理職への就任を喜んでいたにもかかわらず、同僚や上司たちはその栄転を喜ばず、生徒への直接的な教育活動をやめて管理職に就くことに対して、残念がり、怒りをあらわにした。「子どもたちのために」という理由でリーダーシップをとる者の野心が犠牲にされてしまうことが示された。

## （4）女性の仕事に対する過小評価と過度な依存からの脱却の方途

　これらの事例を踏まえて、教育リーダーシップの専門家であるジェニー・ワイナー（Jennie Weiner）とモニカ・ヒギンズ（Monica C. Higgins）は、この状況を脱却するためには、①ケアワークを評価することと、②好意的性差別の存在を管理職が認識すること、が必要であると考えている。

　まず、ケアワークについては、ケアワークを報いるように、雇用、評価、報酬、昇進の構造を再構築することが必要であると指摘している。本来、ケアワークは効果的なリーダーシップや円滑な人間関係においても価値あるものであるが、これが女性の非公式の役割という固定観念にとらわれないように、性別を問わず、公平な評価に取り入れることが必要である。ケアワークが評価や昇進のプロセスの一部として正式にカウントされることで、女性のリーダーシップへのアクセスを拡大させると考えている。また面接における評価の際には、「適任」という概念ではなく、明確で公平な評価を行うために、仕事の要件に基づいて質問を行い、候補者を評価する必要がある。

　次に、好意的性差別については、管理職の立場にある人たちが、研修やコーチングの機会に理解を深めることが必要であることを指摘している。例えば、「女性は教職には適しているが、リーダー職には適していない」という考え方は、女性がより優しく、より道徳的で、より傷つきやすい存在であるという好意的性差別から生まれるものである。このように好意的性差別は、実際にも想像上でも、母親らしい要求をイメージさせたり、ケアワークを当

然視する傾向があったり、あるいはリーダーシップをとる行動と相反するものとみなす傾向がある。また潜在意識があるかどうかは別として、家庭でのケアワークとリーダーシップをとることのどちらかを選ばなければならない重荷から女性を「守りたい」という願望などから、女性のリーダーシップへのアクセスを制限する可能性がある。このような好意的性差別があることを管理職は認識しなければならない。面接の時に限らず、日常のたわいもない会話の中で、女性の同僚には家族のことを、男性の同僚には仕事のことを、一貫して尋ねることは、性別による偏見を招きかねない質問である。

## 3章 「女性リーダーのダブルバインド（二重の束縛）」解説

　3章では、3名の女性（女性校長、女性教師、女性副校長）が語る経験を紹介し、女性が経験するダブルバインドが女性リーダーとしての行動にどのような影響を与えるか示している。そして最後に、女性リーダーのダブルバインドから脱却する方途を提案している。

### （1）女性校長　ミシェル・ボックマンの事例（白人のシングルマザー）

　私の学区の上司は、教師たちにカリキュラムを実施するように求めるだけで、押し通すことはやめるべきだと言い続けている。彼は、それがこの職の専門性にとって自分たちの首を絞める行為であることをわかっていない。教師たちは、私が怒鳴ることを決して許さないだろうし、これまで築き上げてきた信頼は一瞬で崩れてしまうことになる。

　女性校長の立場であるミシェルは、学校内で主体的なリーダーシップを取ろうとした時や、仕事に対して同僚との連帯感ある共同的な姿勢を取ろうとした時に、役割の不一致が生じたと感じた。
　彼女は、教育長が望むような指導者になるために自分自身を押し殺してき

たのに、彼女は教育長から批判的な評価を受けるようになってしまった。教育長は、「あなたは良い人すぎる。もっと強く押し通すべきだ。（略）教師たちは何度も反発するだろう。しかしあなたは、決してあきらめないで、弱気にならずに、押し通し続けなければならない」と事態を一変させて改革をするために彼女を採用し、革新的なリーダーになることを彼女に求めてきた。

　彼女はこの言葉を真摯に受け止めてきたが、強く押し通せば通そうとするほど、教師たちの抵抗が強くなっているように感じた。さらに苛立たしいのは、教師たちの反発が強くなるにつれ、教育長はミシェルの能力を支持せず、批判的になっていった。また最近では「ミシェルは無能で学校をコントロールできていない」と教育長は不満をもらすようになっていた。

　以上、ダブルバインドの1例目は、就任1年目の女性校長の事例である。学校の中でリーダーシップを取る際、女性に対するステレオタイプ化された連帯感を重んじる共同的な（communal）行動を取る姿勢と、リーダーシップに対するステレオタイプ化された主体的な（agentic）行動を取る姿勢との間で女性校長は葛藤していた。教育長は、強い意見を押し通す革新的なリーダーを求めて彼女を起用したが、学校現場では女性校長のふるまいが教師たちに受け入れられず反発が強かった。その結果、教育長まで女性校長の能力を支持せず、批判的になってしまった事例である。

## （2）女性教師　ダニエル・ジョーダンの事例（白人、理科の教師、独身）

　私には理解できない。学校の外で、私は尊敬され、引く手あまたの教育指導のリーダー（instructional leader）である。実際に私は、自分の専門知識を共有し、スタンダードに基づく評価に向けた実践を変える支援をするために給料を得ている。しかしこの学校の中では、まるで透明人間のようである。私の専門知識を共有しようとすると、いつも撃沈され、自分の持ち場に留まるべきだと言われる。

彼女は革新的な教育実践によって、学外の様々な専門組織から多くの賞を受賞しており、スタンダードに基づく成績評価について全米で講演を行い、他の高校がこのモデルを取り入れるのを支援してきた。それにもかかわらず、自分の学校では、自分の専門知識を活用してもらえない。

彼女の際立った女性らしさ（彼女の外見）が彼女を目立たせているが、それは必ずしもリーダーとして目立っているわけではないというメッセージを同僚から受け取った。対照的に、彼女がより能動的な性質を持ち、同僚と彼女の専門性を共有しようとすると、少なくとも部局の長からは、彼女の居場所をおびやかす人として扱われた。

以上、2例目は、学校外で引く手あまたの活躍をしている教育指導リーダーの事例である。この教師の実践が、他校で高く評価されているが、自分の学校では、その専門知識を活用してもらえない葛藤があった。彼女が積極的に同僚教員に対して専門知識を共有しようとしても、受け入れてもらえず、自分の役割に留まるべきだと身を引く状況であった。

## （3）女性副校長　アンジェラ・グリフィンの事例（黒人、学区で唯一の有色人種の女性管理職）

私は社会正義と公平性に駆り立てられていて、だからこそ、子どもたちのために、私の立場を用いて声をあげている。私がこれらの問題提起をすることは確かである。私は黙ってはいない。しかし同時に、私が怒っているという彼らの立場を強化し、校長になるチャンスをつぶしているような気もする。

アンジェラは、学区内で唯一の有色人種の女性管理職であったため、有色人種への不釣り合いな問題がある中で、学区内の多様性、公平性、インクルージョンの取り組みを導くための存在として彼女は期待されていた。

アンジェラは、ダイバーシティ・エクイティ・インクルージョン（DEI）委員会のリーダーとなっているが、一方で、本当は私のことを必要としていな

いのではないかとも感じていた。アンジェラは、自分の立場と社会正義への責任を主張し、主体的に行動してきた。時には有色人種を代表して、正義感を持ち、反人種差別の原則を取り入れる方法を研修会の場で伝えていた。

しかし他者からは、この正義感ある主体的な姿勢が「怒っている」とか「攻撃的すぎる」と批判され、「怒っている黒人女性」というジェンダー的で人種的な図式を連想させ、これが校長というリーダーシップの地位へのアクセスを妨げるものとなっていると感じていた。

アンジェラは周囲の人々のニーズに応えることによって、共同体的に行動することを目指してきたが、そのような努力は校長の地位を得る助けにはならなかった。

このような認識は、学区の採用基準の中で、成功の実績、家族の声、資格、経験を軽視し、それに代わり、影響の程度、適性の認識、「柔らかく、物議を醸さない」ことを重視している採用基準ではないかと感じた。

以上、3例目は、有色人種の女性副校長の事例である。

## （4）ダブルバインドからの脱却の方途

以上3つの事例は、強くて有用な女性が、リーダーとしての地位を得るのが如何に難しいか、嫌がらせや非難を受けること、リーダーとして真剣に受け取られないことを強調しているだけではなく、そのような経験がしばしば内面化されることを示した。またこの女性たちは、自分が直面した差別について、自分自身の行動やふるまいを責めている状況にあることも示された。

これらの事例によれば、リーダーシップに対するステレオタイプ化された期待と、人種や性別に関するステレオタイプ化された行動とが、矛盾や対立を起こしていた。これが女性リーダーのダブルバインドであり、どちらを優先して選択したとしても、リーダーシップの役割へのアクセスや成功にとって、否定的な結果を伴うものであると感じている。

リーダーシップとは何かという定義そのものが、男性らしさを好むステレ

オタイプに染まっていることを提示し、これが教育リーダーシップに関する採用、雇用、昇進、評価にも影響を与えていることを指摘している。

またそれぞれの女性の上司たちが、ジェンダーや人種的な偏見を強いていることに気がついていないことも問題であった。

以上を踏まえて、ジェニー・ワイナーとモニカ・ヒギンズは、次の2つの提案をしている。

1点目は、「両利き性」を評価することである。

男性のリーダーシップが、必要に応じて、主体的であったり、共同体的であったりするように、女性もまた、そのような「両利き性」が評価されるべきである。

2点目は、ジェンダーや人種的な偏見を意図的に破壊することの必要性である。

上司、同僚、採用者など、すべての人々が、ジェンダーバイアスと、ジェンダー化された人種差別、そしてその人たちのリーダーシップが、どのように定義され、実行されるかについて学び、バイアスのパターンを意図的に破壊することが必要である。

またジェンダーバイアスや性差別に基づく人種差別が、政策の中でも特に、教育リーダーシップの政策、構造、慣習に深く根付いていることを理解し、政策や評価制度の見直しを含めて検討が必要であることが示された。

## 4章 「ガラスの天井を打ち破って、ガラスの崖に着地する」解説

### (1) ガラスの崖の概念と要因

4章は3名の女性の教育長、教頭、校長の語り、コンセプトを通して、女性がかの有名なガラスの天井を打ち破り、指導的な地位を得た後も、往々に

して、困難等、あるいは敵対的である組織環境に対処しようと試みる中でさらなる課題に直面すること（ガラスの崖）に焦点を当てている。

　女性のガラスの天井の問題は、日本における女性学校管理職のみならず、女性研究者、医師、弁護士、政治家といった他の専門職分野でも喫緊の課題とされている。ジェンダーバイアス、ワーク・ライフ・バランス、ハラスメントが問題視され、組織による本気の人材育成が求められている[1]。

　ガラスの崖に関係する要因としての一つは、仲間内のえこひいきなど、より暗黙の形での性差別主義（sexism）がその要因である可能性の方が高いことである。例えば企業組織、学校教育・行政を含め、ほとんどの業界で多くの白人男性が権力のある地位に就いていることは、男性は各組織について男性の候補者を好む可能性が高いことを示している。また男性は無意識のうちに自らの特権を行使し、仲間をよりリスクの高い役職に就くことから守っている可能性もある点である[2]。

　もう一つは、女性の方が男性よりも代替的選択肢がないために、ガラスの崖の役職を受け入れる可能性が高い可能性がある点である。しかも組織の業績が下降している場合、人々は目の前の問題に対処するため、女性はより共同志向性（communal orientation）が高い（親切、思いやりのある、情意的）というステレオタイプ観念のもと、このような特性をもったリーダーを求める傾向にあるという指摘である。そのため、人々がリーダーを特定の文脈に対して選択する場合、女性に典型的と考えられているスキルは危機的状況で好まれ、そのため女性リーダーも好まれる可能性があることが明らかとなっている（危機になったら女性を頼れ（think crisis, think female））[3]。

　今日女性リーダーシップ向上の先進的研究者であり、原著者であるジェニー・ワイナーは、この現象をガラスの崖としてだけでなく、白人男性が一貫して優遇され、最もたやすく居心地のよい指導的地位を与えられる「ガラスのクッション」としても理解できると捉えている[4]。

訳者解説　223

## （2）ガラスの天井の次に現れたガラスの崖〔事例〕

### ①ケイシャ・ジョーンズ（PhD）教育長（黒人女性）

> ケイシャは、市長からの個人的な依頼により深刻な財政危機に陥りしかも長期にわたって学力が低迷している都市大規模学区に黒人女性として初めての教育長として務めていた（決戦投票の結果、5対4で教育長に選出）。しかし3年契約のうちわずか19カ月で解任された。

この教育長ケイシャの例は、図3の教育長離職の構造で示すように、深刻な財政危機に陥っていたこと、長期にわたって学力が低迷している都市学区

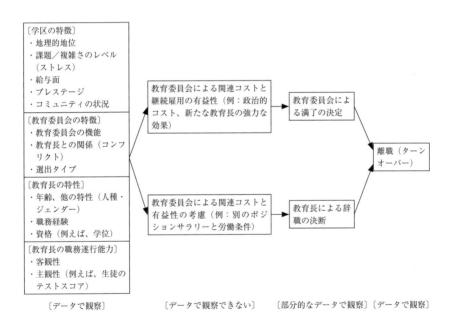

（出典：Grimson, L. A. and Anderson, S. (2012) "Why Superintendent Turn Over," *American Educational research Journal*, 49(6), p.1152に基づき作成。）

**図3　教育長離職の構造**

であるという特有の課題を有していたこと、教育長と教育委員長との意見の
コンフリクト、またケイシャ教育長自身に対する人種・ジェンダーバイアス
が反映していたと捉えられる。

　この点、教育委員会と教育長の関係がしばしば離職の要因であることは驚
くべきことではない。教育委員会は法令上教育長の雇用者であり、監督者で
もある。両者は学区政策を創るために協働する立場にある。教育委員会のメ
ンバーとの関係悪化が研究者側で指摘されている。

　この悪化は教育長と教育委員会とのコンフリクト、教育委員会メンバーの
非協力的な職務上の課題を包含する。

　教育委員会と教育長との良好な関係は例外よりも一般的なエビデンスであ
るにもかかわらず、教育委員会とのコンフリクトが教育長辞任（exit）への重
要な要因であることも質的な研究において支持されている。ネブラスカ州と
サウスカロライナ州で、教育長職を辞したケースでは、教育委員とのコンフ
リクトあるいは不当な干渉が半数以上の回答者の反応であった[5]。

　このような教育委員会内部でのネガティブな緊張関係は、教育長の進退の
決定とともに、教育委員会側が教育長の継続有無の決定という両者に影響を
与えることを意味する。


② アマラ・リク教頭（30代半ばのカンボジア系米国人女性）

　これは自分にとって役目を果たすチャンスなんだ、自分が—自分のような
外見の、同じような経歴を持つ人が—リーダーに必要な能力を持っていると
皆に証明するチャンスなんだ、そう何度も自分に言い聞かせています。


　アマラは市で最もリソースの乏しい高校の一つで数学教師を務めた後、
州が後援する校長レジデンシープログラムに参加した。彼女はプログラム
を順調にこなし、校長としてスキルを発揮するのを心待ちにしていた。特
に市のターンアラウンド校の一つで自分のような生徒のために働きたいと

望んでいた。不運にも採用プロセスのほとんどの期間が最初の子の妊娠期間と重なったため、出産のストレスに加えて採用はなしのつぶて（幾度もの面接、不合格）であった。

　アマラは1カ月前に目標を引き下げ、自分のコミュニティを擁護することと、学区内の指導層における東南アジア系の割合を増やすことを重視することにした。校長職を得ることはできず、高い離職率、低い学力、そしてリソース不足に悩まされ、ターンアラウンド校に区分されていた小学校（3分割し、2学年ずつ（K-1年、2〜3年、4〜5年）のアカデミー制）の教頭（AP）職を承諾した。アマラは多くを妥協してこの職を得ており、前に進むことに集中したかった。

　アマラ・リク教頭の語り、コンテクストから、幼い子どもがいること（出産）が影響しているのだろうかと思わずにはいられない、まさにガラスの天井なのである。シェリー・J・コレル（Shelley J. Correll）らは子どもがいる女性は男性や子どもがいない女性よりも採用されにくいことを"母親ペナルティ"として名前を付けている[6]。またメリサ・J・ホッジ（Melissa J. Hodges）らは、このペナルティを背負うのは女性だけで、男性は逆に"父親ボーナス"を与えられるとする。大卒プロフェッショナルの白人男性で、家庭では伝統的なジェンダーに基づくステレオタイプ役割を担う男性は、諸条件を調整しても、子どものいない男性よりも大きな報酬を得ていると捉えられている[7]。

### ③ロベルタ・ジョンソン校長（50代半ばの黒人女性）

　ロベルタは、ニューヨーク州内の最貧都市の一つ、ポートチェスターに位置するダグラス小学校（長期にわたって州で最も低学力の学校の一つにランク付けされていた）の校長に就任して2年が経過していた。ソーシャルワーカーとしてのキャリアをスタートしたロベルタはダグラス小の校長に採用される以前、他の2つの学校において、ターンアラウンド校長として成功

を収めていた。

校長職に就いて2年間、そして秋期に向けた戦略計画を発表する学区の大規模会議まであと2日という時点で、学区指導部は、彼女に学校の閉鎖を一方的に決めてしまったのであった。過去2年間、彼女のチームは極めて困難な状況の下、学区と州がまいた目標を達成しようと努力してきた。テストスコアと出席率は向上し、規律違反は減り、教師たちの満足度はこれまでにない水準にまで高まったのであるが。

ロベルタ校長の事例は、ガラスの崖の典型的事例であろう。ライラン（Ryan, Michelle K.）らによれば、業績不振の企業では、女性がシニアレベルに指名されやすい。先述のアマーマンらによれば、ガラスの崖はすべての状況にあてはまるわけではないが、多くの女性リーダーの地位は相対的に不安定なことが多く、そのためにリーダーには男性の方が適しているというイメージが強化される可能性があるわけである。

## （3）ガラスの崖を安全な着地へと変えるべき方途は何か

一つは、あらゆるアイデンティティを持つリーダーたちが成功（thrive）への平等なチャンスを持つ組織を生み出す必要がある。この取り組みには、リーダーたちが直面する課題に効果的に対処する上で必要な支援とリソースを得られるよう徹底を図ることが含まれる。例えば、教育分野の指導的役割にある女性と非白人は、白人男性の同輩と比べてインフォーマルなメンタリングを受ける可能性が低いことが指摘されている。これらのグループにフォーマルなメンタリングの機会（時間、財的・人的リソース）を提供することも必要となる。

ガラスの崖を打ち破るもう一つの方法は、組織がリーダーに対する明確かつ客観的な評価基準を持つことである。リーダーに対するパフォーマンス基準が緩いものになればなるほど、固定観念と無意識のバイアスが意思決定に

影響する可能性が高まる(8)。上記事例から女性は正式な雇用契約に基準を組み入れ、役職に関する期待事項と責任の範囲を明確化してから職務を引き受けてもよい。

実際メンタリングの効果は、新任校長にとって図4に示すように高い職務満足、自信、意欲の向上、心理的サポートの修得などの点からエビデンスがあると考えられる(9)。またメンター側、学校組織へのポジティブな効果も期待できる。

ガラスの崖を打ち破るもう一つの方法は、組織の全員が問題の本質を捉えなおすパラダイムシフトに関わるものである。ガラスの崖は多くの場合、女性と非白人の問題として捉えられている。それに代えて、この問題を、職務の割り当てにおいて優遇措置を受けている男性の問題として再考する方途も

| メンティへの効果 | メンターへの効果 | 学校組織への効果 |
|---|---|---|
| ・職業的社会化、価値観の浸透<br>・高い職務満足、意欲<br>・ネットワーキングの促進<br>・指導的リーダーシップにおける自信の向上<br>・人材育成<br>・効果的な学校運営に必要な知識とスキルの修得<br>・心理的サポートの修得<br>・コミュニケーションスキルの活性化<br>・情報（役割・知識）収集に有益 | ・メンター自身の継続的な職能開発（コミュニケーション、教授、コーチングスキルの改善）<br>・人材育成意識の向上（やりがい・満足）<br>・メンティから刺激を受ける機会<br>・メンタリングプログラムを通してアイデアを共有（相互学習）する機会<br>・ステークスホルダーとの健全な関係の構築<br>・専門職としての信用の高まり<br>・内省の機会 | ・戦略的な学校改善<br>・教職員の定着率向上<br>・コスト効果の有効性<br>・校長と教職員のコミュニケーション改善<br>・同僚性の伸長<br>・生徒の学力向上の促進 |

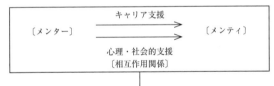

（出典：八尾坂修（2022）「アメリカ新任校長インダクションにおけるメンタリングの導入背景と構造的特質」『玉川大学教師教育リサーチセンター年報』12号，p. 43.）

**図4　メンタリングの波及効果**

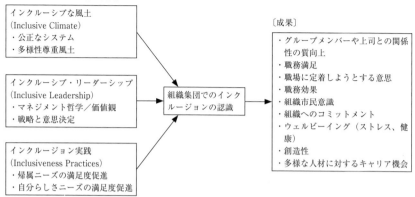

(出典：Shore, Lynn M. et al. (2011) "Inclusion and Diversity in Work Group: A Review and Model for Future Research," *Journal of Management*, Vol. 37-4, p.1276に基づき作成。)

図5　インクルージョンの構成要因と成果

ある。「リーダーといえば男性を考える (think leader, think male)」傾向についてのテーマに立ち戻ってもよい。男性が味方（アライ）として果たすことのできる役割や人種的平等と交差するフェミニズムのために白人女性が担うことのできる役割について考えることも含まれるであろう。

　最後に、核となる行政当局・学校リーダーがアンラーニング、インクルーシブな取組の必要性を自覚し、図5に示すようなインクルーシブ・リーダーシップ、風土、実践施策を発揮する必要がある[10]。

**注（4章解説）**

（1）鵜沢由美子ほか（2020）「特集　専門・管理職の女性労働」『日本労働研究雑誌』Vol. 62-8、pp. 2-89.
（2）Weiner, Miles and Burton, Laura J. (2016), "The Double Bind for Women: Exploring the Gendered Nature of Turnaround Leadership in a Principal Preparation Program," *Harvard Educational Review*, Vol. 86-3, pp. 339-365.
（3）Ryan, Michelle K. et al. (2011), "Think Crisis-Think Female: The Glass Cliff

and Contextual Variation in the Think Manager-Think Male Stereotype," *Journal of Applied Psychology*, Vol. 96-3, pp. 470-484.

( 4 ) Ryan, Michelle K. et al. (2016), "Getting on Top of the Glass Cliff: Reviewing a Decade of Evidence, Explanations, and Impact," *Leadership Quarterly*, Vol. 27-3, pp. 446-445.

( 5 ) Grady, M. L. and Bryand, M. T. (1991), "School Board Turmoil and Superindent Turnover, What Pushes Them to the Brink?" *School Administrator*, Vol. 48-2, pp. 19-26. 八尾坂修「教育長の離職の構造とインダクションによる職能開発」同編著（2021）『アメリカ教育長職の役割と職能開発』風間書房、pp. 83-112参照。

( 6 ) Shelley, J. Correll. et al. (2007), "Getting a Job: Is There a Motherhood Penalty?," *American Journal of Sociology*, Vol. 112-5, pp. 1297-1388.

( 7 ) Melissa, J. Hodges and Michelle, J. Budig (2010), "Who Gets the Daddy Bonus? Organizational Hegemonic Masculinity and the Impact of Fatherhood on Earnings," *Gender and Society*, Vol. 24-6, pp. 717-745.

( 8 ) コリーン・アマーマン、ボリス・グロイスバーグ著、藤原朝子訳（2021）『ガラスの天井を破る戦略人事』英治出版、pp. 40-41. なお一方でガラスの天井の概念との対比概念として、男らしく一家の大黒柱として稼ぎ手としての役割を全うすることが男性の役割だという男性に不利な状況を「ガラスの地下室」と呼称する。現代社会の構造や性役割分担は、人々の豊かな人生を阻害するものと捉えられている。千菅里奈（2023）「ガラスの天井とガラスの地下室─日仏比較によるジェンダー教育の在り方について」『仏語圏原語文化』3、pp. 135-145. また、男女のジェンダーにかかわらず、リーダー候補者の作動性特性が明示されたら、グラス・クリフ効果が起こらないことも実証されている。小久保みどり（2023）「危機の時のリーダー選択要因と選択後のリーダー評価─ガラスの効果からの検討」『立命館経営学』61巻6号、pp. 155-166. Kulichi, C. et al. (2018), "Solving the Crisis: When Agency is the Preferred Leadership for Implementating Change," *Leadership Quarterly*, Vol. 29, pp. 295-308.

( 9 ) 八尾坂修（2022）「アメリカ新任校長インダクションにおけるメンタリングの導入背景と構造的特質」『玉川大学教師教育リサーチセンター年報』12号、pp. 22-48.

(10) Shore, Lynn M. et al. (2011), "Inclusion and Diversity in Work Group: A Review and Model for Future Research," *Journal of Management*, Vol. 37-4, pp. 1262-1289. 船越多枝（2021）『インクルージョン・マネジメント─個と多様性が活きる組織─』白桃書房。

## 5章 「ジェンダー化された（人種的）マイクロアグレッションと 千回切られて死ぬこと」解説

### （1）マイクロアグレッションの概念と分類

　5章ではジェンダー化されたマイクロアグレッションとジェンダー化された人種的マイクロアグレッションが女性の教育リーダーたち（サマンサ、ケリー、エレノア）に及ぼす影響と克服方略について提起している。人種、ジェンダーとともにLGBTQI+の人たちに対するマイクロアグレッションについても研究を深めている。ニューヨーク市立大学のケビン・L・ナダル（Kevin L. Nadal）によると、マイクロアグレッションとは、「意図的か意図的でないかを問わず、日常的に行われる短いありふれた言語的または環境的な侮辱であり、視界や意識の下側に存在し、敵対的、軽蔑的または否定的な軽蔑や侮辱を伝達するもの」である[1]。1章解説の図2（208頁）で示したデラルド・ウィン・スーのマイクロアグレッションの類型（マイクロインサルト、マイクロアサルト、マイクロインバリデーション）に従えば、いずれもマイクロレベルでの環境（制度・組織）によるマイクロアグレッションと関わりがある。

　この3類型は、人種的にマイクロアグレッションのみならず、ジェンダーにかかわるマイクロアグレッションとして女性に対する排除、卑しめ、侮辱、抑圧、またはその他の方法で敵意や無関心を表現する、意図的または非意図的な行動や習慣として定義され、対人および環境レベルで存在する。カポディルポ・クリスティナ M（Capodilupo, Christina M.）らによるジェンダーのマイクロアグレッションの類型を捉えると以下の点を指摘できる[2]。

　a．性的対象化（女性をセクシャリティとして還元。日々の経験の中でありふれたこと、ずっと続いている）

ｂ．**二級市民**（女性は男性が享有していると同じ機会や利益、特権には値しないと伝えること）

ｃ．**性差別な言葉の使用**（家父長的な社会での言語構造および内容。例えばポリスマン（警察官）、チェアマン（司会者）、医師、パイロット、合衆国大統領は力強く活動的な肩書で「男性」のイメージを喚起させる）

ｄ．**劣っているという思い込み**（女性は対人関係や社会関係を円滑にする能力に長けているとみなされる一方、知力、気質、体力の面で劣っていると考える）

ｅ．**ジェンダー役割の制限**（女性が果たすべきとされる伝統的な役割（世話役割、家庭的、優しく女性らしく）と、それを破ってはならないという警告に関連。もし破れば白い目で見られ、悪口を言われ、何らかの方法で罰せられる）

ｆ．**性差別的な現実の否定**（性差別は過去のもの、過剰反応、矮小化。性差別にまつわる女性の経験はなかったことにされる）

ｇ．**個人がもつ性差別主義の否定**（例えば「男性候補者のほうが適性があった」というように理由をごまかす。「男であろうと女であろうとみんな同じように扱う」の言明）

ｈ．**不可視性**（見えない存在、無価値と認定されること、重要でない、力がない、見過ごされる、という経験。人種的マイノリティといった周縁化されたグループの経験と類似）

ｉ．**性差別的ジョーク**（無害ではなく、女性を貶め、ステレオタイプを永続化させる。標的とされた集団に態度や信念を内面化させ、有害なプロセスをもたらす）

　この点、原著者であるワイナー、ヒギンズが最近の研究でマンスプレイニング（mansplaining, manとexplainの合成語）もマイクロアグレッションとして特定化されていると指摘していることはアメリカに限らずわが国でも注目すべき視点である。マンスプレイニングは、ベロニカ・E・ジョンソン（Veronica E. Johnson）によれば多くの場合、相手の女性よりも専門知識を持たない男性が相手を見下したり、恩着せがましい態度で何かを説明するような現象であ

る。女性のアイデアや提案が、男性が説明するまで無視されるか、単に男性に繰り返されるまで無視されてその後は男性の手柄にされるという形でも現れる[3]。

このマンスプレイニングは、2008年に米国の政治、環境、人権問題に取り組む女性作家レベッカ・ソルニット（Rebecca Solnit）が*Men Explain Things to Me*（『説教したがる男たち』ハーン小路恭子訳）という著を刊行したことが契機となっている。ソルニットはマンスプレイニングの現象を「男たちの根拠のない自信過剰と無知」の組み合わせであり、女性であることで過小評価されたり、論外にされるなど女性を見下す態度を捉える[4]。マンスプレイニングの特徴として、後述のサマンサ、ケリー、エレノア三者のケースにも該当するが、次のような傾向がある。

・相手の話を遮って自分の主張を話す
・相手が知らないと決めつけて話す
・聞いてもいないことを解説したがる
・自分の方が知識があると披露する
・他人にマウントを取りたがる（精神的に優位性に立つ状況を作り出すこと）

マンスプレイニングは、男性とは限らない場合もあり、また、上から目線の認識がなく、本人は良かれと思っている場合がほとんどと思われる。男性・女性という線引きを超え、また性的マイノリティ、障害者などの少数者とマジョリティといった関係性の視点をも考慮に入れた配慮・尊重し合う開かれたコミュニケーションを築くことが求められてくる。

さらに教育リーダーシップにおける女性の経験を理解しようとする際に交差的な枠組みを考慮しないことは差別的な制度や社会構造に対抗する上で盲点となりかねない。例えば女性でマイノリティ（黒人・ラテン系）の教育長が少ないことはジェンダーの問題だけでなく人種の問題である[5]。また "黒人

女性は怒りっぽく攻撃的として一貫して批判される”、“適切な支援なしに他の人が出来ない学校での問題を解決することを期待されるという形（4章のガラスの崖現象）もみられる。さらにワイナーの研究では、校長養成プログラムにおいて、参加しているなかで数少ない黒人女性の一人であること、有色人種講師が不足していたこと（環境的マイクロアグレッション）、カラーブラインドとジェンダーブラインドのアプローチが女性たちを沈黙させ、否定するものであったと捉える[6]。

　いずれにしてもマイクロアグレッションの最も狡猾な機能の一つは、特定化するのが難しく、マイクロアグレッションをしでかす人にとっては受け入れるのが難しく、防衛的となり両刃の剣となることである。

## （2）ジェンダー化された（人種的マイクロアグレッション）［事例］

### ①サマンサ・ブラウン　高校英語科長・学区カリキュラム委員（黒人女性）

> 　サマンサは学区カリキュラム委員会において歓迎されたり、敬意を払われる環境を経験することなく、自分の意見が却下されたり無視されたりした。黒人や褐色人種の作家や多様なキャラクターの表現を授業カリキュラムに増やすといった優先事項が中傷されているのに気づき、腹が立ったが、自分を守る手段として会議での発言を控える判断をした。

　サマンサの高校は黒人・ラテンアメリカ人の生徒が95％を占め、50％以上の生徒が無料・割引価格のランチを受けている学校であるが、彼女のクラスは成績上位であった。マイクロアグレッション、マンスプレイニングの例として次の会話があげられる。

　・「文化的に関連したテキストは厳格です。生徒の構成を考慮すると、彼らの経験がカリキュラムにおいて向上していることが重要です。」（サマンサ）

- 「そこで止めさせてください」（クリス・学区カリキュラム長）
- 「正直に言うと、このカリキュラムは黒人作家による文章が多いので、あなたの好みではないですか？」（学区指導コーチ）
- 「自分が正しいとそんなに確信しているのならこの点を証明する研究成果を見せてくれませんか」（クリス・学区カリキュラム委員長）

## ②ケリー・クワン　チャータースクールネットワークオフィスの数学担当指導主事（東アジア系アメリカ人）

> ケリーは嫌がらせをして彼女を軽蔑する同僚（エリカ・スミス）と、不公平な仕事量、そしてどちらの面でも介入しようとしない上司（エレン）に対処するため、差別的行為の影響を受けている全ての人たちのために声を上げる必要があると決断した。

　ケリーが受けたマイクロアグレッションの例（よその人、二級市民扱い、不可視性）として、以下のストーリーがある。

- ケリーがネットワーク内の幾つかの学校に行った時に、"保護者の連絡係"と間違われたり、"英語が流暢ではないか"のように話しかけられたりすることがよくあった。
- ケリーがエリカとの職務分担についての懸念を上司のエレンに伝えようとしたとき、エレンはエリカを擁護した。「エリカは夫と同様、この学区に人生をささげてきたのです」「彼女は何年にもわたって肯定的な結果を出しており、彼女のアプローチが効果があることを示している」

## ③エレノア・ピーターズ（教育長志望、EdD取得、教育長養成プログラム終了、小学校校長経験者、年間最優秀校長賞受賞、白人）

> 私の上司（ボブ）は、私の同僚の男性（ビル）は心配しなければならない

訳者解説　235

家族を抱えているので、私が望んでいた居住地（レジデンシー）を獲得する
ことになり、私は独身なのでずっと容易に引っ越しできるだろうと私に伝
えた。〜より有力な候補者であるにも関わらず、私はなぜ手荒に扱われる
のでしょうか。

　白人女性であるエレノアの場合、時には女性同士でもマイクロアグレッ
ションに関わる会話がみられること、性差別ユーモアとジョーク、父親ボー
ナス、性差別的な現実の否定、個人がもつ性差別主義の否定に遭遇している
ことが、以下の語りから読み取れる。

・「顔をコントロールしないでください」「手をあまり動かすのはやめてく
　ださい。気が散るから誰も真剣に受け入れようとしません」（他の２人の
　女性から）
・パートナーのいない、子どものいない唯一の女性（エレノア）であるため、
　デートについて絶え間ない質問に遭ったり、働きすぎの為に出会いがな
　くなるんじゃないか、というような質問を絶えず浴びせられた。（エレノ
　アはユーモアを交えて応答）。
・「エレノア、あなたにはその出費になるようなものがなく、彼より柔軟な
　ので、他の場所に配置されても気にしないだろうと思いました」
・「そうですね、私が男性だったらこんなことは起こらなかったでしょう
　（エレノア）」「それは非常に深刻な告発である、エレノア。それは私は賛
　成できない。自分の性別で利益を得ている人がいるとすれば、それはあ
　なた（エレノア）です。この業界では白人男性は二束三文（a dime a dozen）
　だ。女性であることは財産であるということでしょう。（エレノアのアドバ
　イザーであるランディ・マケイン教授）」

## （3）マイクロアグレッションを抑止する

　マイクロアグレッションを破壊する方略を考える上で、まず日本における
マイクロアグレッションの様相をアイヌ民族に対する研究視点から捉えてみ
る。日本では「アイヌの人々の誇りが尊重される社会を実現するための施策
の推進に関する法律」（通称「アイヌ施策推進法」）が施行されている（2019年
5月）[7]。北海道大学アイヌ・先住民族研究センター教授の北原モコットゥナ
シ氏が教職員、学生に接した事例によると、例えば次のようなマイクロアグ
レッション（異質視［野蛮視・劣等視］）が発せられている[8]。先述のアメリカ
女性に対するバイアスの場合と類似の視点もみられる。


- クマの霊送りによるアイヌ信仰（野蛮視）
- 髭・髪容など容姿への嫌悪（固定的・マジョリティ中心的価値観）
- アイヌであるという出身の表明に冷笑で応じる（当事者性を否定）
- 複数のアイヌ民族が出席する会議で、発話者の意に沿った発言をする
  （アイヌにのみ発言を許し、そうでない者から発言の機会や当事者性を根底から奪
  おうとする）
- 「君は（アイヌの割には）とても冷静だ」「現代の我々も、自然と共生する
  アイヌ文化に学ぶべきところがある」（好意的・肯定的な意図を持って発せら
  れたものであるが、アイヌに対する劣等視を含む）
- 「君は（差別を巡る）議論では感情的になる、冷静になるべきだ」（トーン
  ポリシング＝発話内容よりも言い方を批判することを含む）
- 「開拓によってアイヌも発展できたのだから、悪いことばかりではなかっ
  た」（アイヌの独力による発展はできなかったと考えている点で、アイヌを無能力
  者、北海道を無主地と位置づけ。和人主導の近代化を恩恵のように捉える。アイ
  ヌの存在・歴史に対するインバリデーション）
- 「私にはアイヌの友人がいる」（マイノリティを友人に持つ自分は差別と無縁

だということの表明。言説の典型）


　上記のアイヌ民族を例にしたマイクロアグレッションは北海道白老町に
2020年にオープンした民族共生象徴空間（ウポポイ）において来場者の職員へ
のマイクロアグレッションが起きているのも看過し得ない。例えば以下の点
にある[9]。


・「ウポポイではアイヌの末裔は働いているのか」
・「彫りの深い顔をしているからアイヌの血入っていると思うよ」
・「床暖房入ってる。アイヌも進歩したもんだね」
・「上手じゃん、お前アイヌじゃん」（教育旅行で来場し、楽器の演奏体験に参
　加した学校団体の子どもたち数人が上手に演奏できた子どもに対して）


　先述のコロンビア大学デラルド・ウィン・スー教授はマイクロアグレッ
ションを抑止する方途として個人への介入、制度・組織への介入、社会的・
文化的介入という長期的なアプローチを求める。
　個人への介入としては、マイノリティ（ジェンダー）に対する偏った態度、
信念、ステレオタイプを防衛姿勢をとらず、認識し、問い直すことが基本と
なる。
　制度・組織への介入アプローチとしては、差別的環境を許さないとするポ
リシーや実践の働きかけが不可欠となる。この点、上記のウポポイでのマイ
クロアグレッション予防、対応として次の点を提示している点は注視すべき
である。


・ウポポイ内では先住民族に対するリスペクトを求める（入場前周知・アナ
　ウンス）
・マイクロアグレッション対応についての職員教育の徹底（ケース対処）

・職員同士で日々のモヤモヤを安心して話せる場を作る（成功体験や失敗体験を共有することで解決策や改善策の共有、事例の蓄積）

社会的・文化的介入としては、多文化・多様性尊重を伝える教育、マスメディアの役割、社会政策と法制度の整備は不可欠となる。

## 注（5章解説）

（1） Nadal, Levin L.（2015）, "A Qualitative Approach to Intersectional Microaggressions: Understanding Influences of Race, Ethnicity, Gender, Sexuality, and Religion," *Qualitative Psychology*, Vol. 2-2, p. 147.

（2） Capodilupo, Christina M. et al.（2010）, "Manifestation of Gender Microaggressions," Sue, D. W.（Ed.）, *Microaggressions and Marginality: Manifestation, Dynamics, and Impact*, Wiley.

（3） Johnson, Veronica E. et al.（2021）, "It's not Blaming, and Other Harmful Reactions to Miccoaggressions," *Perspectives on Psychological Science*, Vol. 16-5, pp. 124-1036.

（4） Solnit, Rebecca（2015）, *Men Explain Things to Me*, Hill Nadell Literary Agency（レベッカ・ソルニット著　ハーン小路恭子訳（2018）『説教したがる男たち』左右社）。

（5） 成松美枝「女性教育長の位置とキャリア支援」八尾坂修編著（2021）『アメリカ教育長職の役割と職能開発』風間書房、pp. 165-185を参照。

（6） Weiner, Jennie Miles. et al.（2021）, "Microaggressions in Administrator Preparation Programs: How Black Female Participants Experienced Discussions of Identity, Discriminantion, and Leadership," *Journal of Research on Leadership Education*, Vol. 16-1, pp. 3-29.

（7） アイヌ施策推進法は、アイヌ民族に対する差別を禁じ、差別解消に向けた努力をすべての国民に求めている。法律としてアイヌ民族を先住民族と明記し、アイヌの人々が民族の誇りを持って生活でき、その誇りが尊重される社会の実現を図る、ことを目的としている。この法の制定・施行以前にも「障がい者差別解消法」（2014年）、「ヘイトスピーチ解消法」（2016年）など、差別の規制・解消を目指す法律が制定されている。

（8） 北原モコットゥナシ（2023）「高等教育機関におけるアイヌ民族へのマイクロア

グレッション」『アイヌ・先住民族研究』（北海道大学）、第3号、pp. 3-33.

（9）杉本リウ「ウポポイにおける来場者から職員へのマイクロアグレッションの事例：アヌココロ　ウアイヌコロ　ミンタラ（国立民族共生公園）の場合」『アイヌ・先住民族研究』（北海道大学）、第3号、pp. 47-61.


## 6章 「今は何をすべきか？」解説

　残念なことに、女性は座らされているか、座っているべきだと思わされていることが多い。これを変える必要がある。さもなくば女性は差別的な制度に屈してしまう。彼女たちは"男性の仲間（アライ）"と共にそしてその仲間の中で堂々と立ち上がる資格がある。これを達成するために、リーダーシップに関する私たちの価値観や思い込みとそれぞれが学校や学校制度の中でどのように実践されているか深く検討する必要がある。

　上記の考えが原著者であるワイナーとヒギンズの結論と察し得る。原著書では、初等・中等教育のリーダーとして働こうとしている女性の経験を説明するために、感情労働、過小評価、ダブルバインド（二重の束縛）、ガラスの天井、ガラスの崖、ジェンダー化された差別、またジェンダー化された（人種的）マイクロアグレッションなど、さまざまな枠組みや現象を提示してきた。

　ワイナーとヒギンズは、今何をすべきかの心得として、学校（高等教育を含む）、行政を含めた各機関において、現在最も権力を持っている"白人男性"が差別的な慣行や政策を変えるという点でも最大の影響力を持つと捉える[1]。男性たちがジェンダーの差別とジェンダー化された人種差別に関連する問題について自分自身を教育し、この知識に対する自分たちの力と特権について熟考するという、しばしば困難なプロセスを開始する必要があると指摘する。男性のアライ（味方）は、真のパートナーとして男性が固定観念や偏見を取り除き、それらを強化する政策や構造を変えるために毎日積極的に取り組むよ

うに行動を起こすこと（アライシップ）が必要なわけである。無論、男性たち
が、自分や男性の同僚の特権的な地位が権力に挑戦することになる時には、
対人関係でスティグマを感じるかゼロサム思考に陥るかもしれないとして
も[2]。

　それとともに特にワイナーとヒギンズは、自分たち白人女性としての立場
から、他の白人女性たちに有色人種の姉妹たちにとってより良いアライとな
るように呼びかけることを自分たちの義務であると考える。それゆえ白人女
性も白人男性と同様に、白人であるという特権を有すること、そして人種中
心の社会で生活して働くことの意味について批判的に省察することが含まれ
ているわけである[3]。

　この内省的な実践によって、多様な人種、民族、その他のアイデンティ
ティ（トランスジェンダーの姉妹たち、LGBTQI+の女性、年配女性など）を持つ女
性たちが、信頼、共感[4]、危険を冒すこと等に基づきシスターフッドを構築
し、互いに橋をかけ、集団行動に参加しようとすることができる[5]、前進の
路と位置づけているのである。


**注（6章解説）**

（1）Carlson, Juliana. et al. (2020), "What's in a Name? A Synthesis of 'Allyship'
　　 Elements from Academic and Activist Literature," *Journal of Family Violence*,
　　 Vol. 35-8, pp. 889-898.

（2）Sherf, Elad N. et al. (2017), "It is not My Place: Psychological Standing and
　　 Men's Voice and Participation in Gender Parity Initiatives," *Organizational
　　 Science*, Vol. 28-2, pp. 193-210.

（3）Grimes, Diane (2001), "Putting Our Own House in Order: Whiteness, Change
　　 Management," *Journal of Organizational Change Management*, Vol. 14-2, p. 134.

（4）6章の結論的考えの一つとして、差別的な制度の中でエージェンシー（報復や
　　 暴力を恐れず、誰かが行動を始めて行動できる能力）は制度に変化をもたらすこと
　　 のできる小さな動き（micromoves）と捉えるとともに、会議長の男性同僚が女性の
　　 コメントを「上向き発言」（upward voicing）として耳を傾ける必要があるとする。

また会話に向かう途中や会議後のコーチング（自発的行動を促進するためのコミュニケーションスキル、協働的な人間関係。・タイミングよく伝え、気づかせ自己決定させる。・仕事のやり方（コツ）を「こういう方法もある」というように教える、というような支援〔例〕）は心理的に安全な職場環境を構築するのに効果的と位置づけている。参考として八尾坂修（2023）「米国新任教員の離職要因とインダクション・メンタリングの効果的構造要件」アメリカ教育学会『アメリカ教育研究』、33号、pp. 65-87.

（5）Opie, Tina and Livingston, Beth（2022）, "Shared Sisterhood™: Harnessing Collective Power to Generate More Inclusive and Equitable Organizations," *Organizational Dynamics*, Vol. 51-1, pp. 1-9.

〔序章、1章、4章、5章、6章の解説は八尾坂修（ただし5章、6章は担当訳者である成松美枝の訳文に基づき解説）、2章、3章の解説は星野真澄が担当した。〕

## 補論　日本の学校教育は女性リーダーをどう導くか〔Lead（Her）Ship〕
### —過少代表の背景、課題、対応方策—

## はじめに

　世界経済フォーラム（World Economic Forum: WEF）による「Global Gender Gap Report」（世界男女格差報告書、2024年版）によると、日本のジェンダーギャップ指数は146か国中118位で、過去最低であった前年（146か国中125位）から小幅に持ち直した。分野別には、政治（Political Empowerment）、経済（Economic Participation and Opportunity）では各々最低クラスの113位、120位である。教育（Educational Attainment）は72位の状況にあるがいまだ途上の位置にある[1]。

　また、2015年に国連で採択された「持続可能な開発のための2030アジェンダ」では、「誰一人取り残さない」多様性と包摂性のある社会を目指し持続可能な開発目標（SDGs: Sustainable Development Goals）が掲げられたが、17の国際目標のうち、目標5は「ジェンダー平等と女性のエンパワーメント」である。しかも目標の一つとしてだけでなく、あらゆる取組に「ジェンダー平等とジェンダー視点の主流化」が不可欠とされる。

　そこで本稿では、初等・中等教育学校の女性管理職、特に女性校長に焦点を当て、女性校長の過少代表の現状、過少性をもたらす背景、それに伴う問題点を、先行研究調査事例を踏まえて検討する。そして、今後の女性管理職増加のための方策をアンラーニング（学習棄却）の認識と具体的な教育行政施策の視点から捉えることにする、アメリカの学校・行政女性リーダーに対す

るバイアス（過小評価、ダブルバインド、好意的性差別、ガラスの天井、ガラスの崖、マイクロアグレッション、アライシップ）との比較を考える上でも何らかの糸口が得られると考える。

## 1. 管理職（校長）に占める女性の割合はどうか

　教員という職業は、明治時代以降今日まで150年以上にわたり、まさに女性の職業にとってフロントライナー（先駆け）となってきた職業である[2]。それゆえ他の職業と比較し、男女平等が進んでいると思われがちである。ただし、学校管理職の位置に目を向けると、ジェンダーによる差異がみられるのも事実である。

　文科省の令和5年度学校基本統計（学校基本調査の結果、令和5年5月1日現在）によると、公立学校教員全体に占める女性の割合は、小学校で62.6%（前年度より0.2%上昇）、中学校で44.6%（同0.3%上昇）、高校で33.4%（同0.3%上昇）となり、中等教育学校35.7%（同1.1%上昇）、特別支援学校62.8%（同0.2%上昇）を含め、いずれも過去最高の数値であった。また女性管理職（校長、副校長及び教頭）の割合は増加の兆候にある（図表1参照）。第5次男女共同参画基本計画で2025年までに女性校長（20%）、副校長、教頭（25%）の成果目標が設定されたことの後押しでもある。

　しかしながら、どの校種でも3〜6割ほど女性が占めるにも関わらず、管理職となるとその割合が低くなることがわかる。特に女性校長の比率におい

図表1　校種、職種別管理職に占める女性の割合（%）

|  | 小学校 | 中学校 | 高等学校 | 特別支援学校 |
|---|---|---|---|---|
| 女性教員 | 62.6 | 44.6 | 33.4 | 62.8 |
| 女性校長 | 26.7 | 11.1 | 10.3 | 31.4 |
| 女性副校長 | 33.3 | 18.4 | 11.9 | 37.9 |
| 女性教頭 | 31.9 | 19.2 | 14.1 | 36.0 |

ては、小学校26.7％、特別支援学校31.4％であるのに対し、中学、高校では各々11.1％、10.3％とかなり低い現状である。中学、高校の女性校長は令和4年度までは10％を切っていたが、令和5年度になって初めて10％を超えたに過ぎない。小学校女性校長の数値に引っ張られ、中学・高校女性校長の低い数値は見え隠れしていたといえる。

しかも公立小・中・高校種別、都道府県別に校長に占める女性の割合では、校種別に都道府県格差がかなり見られるのも確かである。女性校長最上位と最下位の県の比率を校種別にみると、以下の図表2のとおりである。

図表2から判断すると、小学校女性校長最下位の栃木県は、教員に占める女性の割合が66.17％と全国でも上位なのに対し、女性校長の割合は9.97％と格差が大きい。同様に、中学校において山梨県は教員に占める女性の割合が46.88％と全国平均を上回るのに対し、女性校長の割合は3.80％で格差が大きい。高校では女性校長最下位の大分県のように、教員に占める女性の割合は30.93％と全国的に低いとともに（北海道22.95％、宮城県29.64％に次いで全国で3番目に低い）、女性校長の割合は0.00％の状況にある[3]。1948年に新制高校が発足して以来、全ての都道府県に高校女性校長が少なくとも1人存在するという年度を迎えたのは2017年度になって初めてであるが[4]、高校女性校長の場合、それ以降でもゼロ県を表出しているのも事実である。

いずれにしても中・高校の女性校長の割合は、低い数値に置かれたままであり、また小学校の女性校長にしても、都道府県格差が存在する事実を看過し得ない。

**図表2　校種別女性校長比率の都道府県格差（％）**

| 小学校 | | | 中学校 | | | 高等学校 | | | 特別支援学校 | | |
|---|---|---|---|---|---|---|---|---|---|---|---|
| | 女性教員の割合 | 女性校長の割合 | | 女性教員の割合 | 女性校長の割合 | | 女性教員の割合 | 女性校長の割合 | | 女性教員の割合 | 女性校長の割合 |
| 岐　阜 | 65.06 | 45.96 | 神奈川 | 44.66 | 21.70 | 神奈川 | 34.26 | 18.49 | 徳　島 | 70.5 | 62.5 |
| 栃　木 | 66.17 | 9.97 | 山　梨 | 46.88 | 3.80 | 大　分 | 30.93 | 0.00 | 岩　手 | 39.2 | 7.1 |

## 2．女性管理職　特に女性校長はなぜ少ないのか
### ─アンコンシャス・バイアス─

　女性管理職の比率が低い過少代表の背景について歴史的にみると、各教育委員会の悪しき制度や慣行[5]（退職勧奨、ジェンダー・トラック）があったのも事実である。ちなみに、戦前の女性教員には40歳代になると退職勧奨がはじまり、既婚者は40歳、未婚者は45歳で退職するという慣行があった。1960年代になっても、各地域で定年45歳、47歳、50歳とするなど退職勧奨は続き、1986年に男女とも60歳定年制（男女雇用機会均等法成立）になった。しかも教職の入り口の段階は男女にかかわらず開かれていたものの、教員になった後のプロセスはジェンダー・トラックが存在し、制度的にも意識の面でも女性が管理職に向かうキャリアを想定できる状況にはなかったのである。

　国立女性教育会館が全国の公立小・中学校の本務教員を対象に2018年に行った「学校教員のキャリアと生活に関する調査」における以下の結果から今日的背景を察し得る[6]。

　第1に、「やりがい、満足度」である。管理職は男女とも管理職になってよかったと思っており、特に校長のやりがいや満足度は高い。しかし管理職以外の教員が管理職を志向する割合は低く、特に女性に傾向が顕著である（「あまりなりたくない（51.2％）」「絶対になりたくない（41.8％）」の計93％。男性教員71％）。

　第2に、自己有用感、自己肯定感ともかかわるが、女性教員が管理職を志向する割合が低い要因として、男性教員と比較し、「仕事と家庭生活における役割との両立が困難」であること、および「力量が不足していると認識している」割合が高いことである。

　第3に、女性は現実、個人的環境として職位にかかわらず、家事・育児等の家庭生活の負担が大きいことである。（「ほとんどあなたがしている」「半分以上

はあなたがしている」と回答した女性79.4％、男性3.5％）。

第4に、家庭生活の役割を担う教員に対する「管理職の姿勢、態度」である。育児や介護等を担う教員は、本人のためらいだけでなく、評価者である管理職からも管理職になるための機会を提供させにくい傾向がある。つまり、約半数の管理職が「育児や介護等の家庭の負担を担っている女性教員・男性教員には管理職になるための試験の受験や研修等を勧めにくい」と回答し、特に女性教員に勧めにくい傾向があり、好意的性差別（benevolent sexism）とも受け取られやすい（女性教員54.8％、男性教員47.5％）。この事実は、柔軟なワーク・ライフ・バランスを利用すると、昇進の機会の減少になるという、フレキシビリティ・スティグマ（柔軟な働き方に対する偏見）をもたらしかねない[7]。

第5に、管理職の向き・不向きにかかわる性別役割分担意識についてみると、固定的役割（ステレオタイプ）といった価値観が依然として根強い点である。「男性の方が女性より管理職に向いている」に「そう思う」「ややそう思う」と回答した割合は25.7％であるが、女性（29.7％）の方が男性（21.3％）より割合が高い傾向にあり、しかも男女とも若い教員ほど「思う」割合が高い傾向にある。このような性別に基づく固定観念、偏見、思い込みによるアンコンシャス・バイアスは公正な評価や判断を妨げる要因となる。しかも女性教員自身がアンコンシャス・バイアスを持ってしまうため、管理職を志向しない、志向できない要因ともなる[8]。

第6に、長時間労働（平均的1日の在職時間12時間以上）の教員の割合は高く、特に管理職の入口である副校長・教頭の勤務時間が長い事実である[9]。このエビデンスは、仕事と家庭生活の役割との両立が困難になることを懸念する環境要因と裏付けられよう。

以上の管理職率の男女格差の背景のほかに、これまでの核となる先行調査研究から判断すると、以下の点を指摘できる。河上婦志子氏の研究によると、産業構造の変化に伴い男性の教職離れが進んだ1960年代には、女性教員の増

加を憂慮する「増加問題」言説が集中的に展開され、その後1970年代中期には出産期の女性教員の増加に対する「両立問題」（女性の産休・育休が児童生徒の学業の障害になるという点を問題視する言説）説が生み出され、男性中心の組織を維持・再生する方向へと動き、女性教師バッシングというべき現象をもたらしたとされる[10]。

　また、河野銀子氏らの研究において、公立高校の女性校長に目を向けると、女性校長第１号は1948年に福岡県に誕生したが、女性校長皆無の都道府県がなくなるのは2009年度でまさに60年以上の歳月を要していた。女性校長が少ない理由として多数の要因が複雑に絡み合うものの、端的には管理職に向けたキャリア形成において重要な知識やスキル、人脈を得る経験が長時間の労働や宿泊を伴うなど家庭生活の犠牲なしには得られない機会となっているからであった。それゆえ女性校長を増やすための鍵は、家庭生活を犠牲にしなくてもキャリア形成上重要な機会を得られるようにすること、また特定の経験をしなくても意欲的な能力に応じて管理職になれる多様なキャリア形成を許容することと指摘する[11]。

　また、これまでガラスの天井（glass ceiling）を打ち破って校長職のポストを得たとしても、アメリカの事例でみたように教育課題困難校への赴任というガラスの崖（glass cliff）に着地することもあり得ると私は考える。

　図表３で示してみると、教育委員会の制度的仕組み（任用制度、広域での人事異動方針、校種や設置主体による特質、ライフプランのベストタイミング支援等）、学校運営に関わる規範・慣習（分掌、学年配置、部活動の役割分担・慣習、校長の声かけ・一任、キャリアプラン、教頭の施錠等）、個人的家庭環境が影響すると考えられる教員自身の価値観、意識といった非認知的要因が複合的に関連していると考えられる。

　この点、大阪府教育委員会が行った管理職や教員の本音を知るためのアンケート調査（2021年実施）[12]によると、管理職と一般教員の意識に相違が見られる。管理職の意識としては、男性と比較して女性の方が能力に見合った

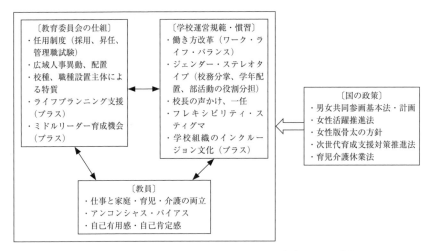

**図表3　女性教員の管理職志向に影響する要因（例）と国の支援政策**

「昇任」がなされていない（女性32.5％、男性16.9％）と回答した者が多い。これに対し、教員の意識として、「配置、育成」については、男女ともに約7〜8割が性別による差別はないと回答したが、「昇任」については、男女ともに「配置、育成」と比べて男性優位と回答したものが多い（男性教員24％、女性教員43％）。特に女性教員の4割強が昇任による性別差を感じており、ガラスの天井（昇進が制限されるという見えない障壁）を破ることへの課題が見出せる。

## 3．なぜ女性学校管理職を必要とするか—子どものロールモデル—

　女性管理職登用について、上記でみたように消極的な様々な反応が見られたが、女性管理職登用の促進が求められる背景としては、大別して、一つは「これからの社会の担い手となる子どもたちの性別役割分担意識に与える影響」から捉えられる[13]。

　この点、子ども向け学習イベントにおいて、国立女性教育会館が2019年8

月に実施したクイズ（子どもたちへの問いかけ：「女性の校長はなぜ少ないと思うのか」への反応）は示唆的であり、次の6つの内容に分類することができる（有効回答数147。複数回答内容を含むため回答件数は有効回答数より若干多い）。

①固定的な性別のイメージ、固定観念に関わること（46件）

②背景にある社会的な格差や役割分担意識についての認識（27件）

③結婚・出産・育児による女性の退職・休職、両立困難（25件）

④校長を志向しているかどうか（24件）

⑤労働者数・職位別教員数等の性別比にかかわること（15件）

⑥性別による姿勢・態度等の違い（にかかわるイメージ）（12件）

⑦その他（3件）

これらの観点内容のなかで特に①の固定的な性別イメージに関する回答が約3割を占める。子どもの考える様々な男性＝校長イメージが語られている。例えば「おとこのほうがつよいから（小1）」「男の先生がしっかりしているから（小4）」「男性の方がリーダーっぽくて、なんとなくよい（小5）」などである。

　また、2割弱の回答のあった分類②は、地域社会における男女格差や差別による固定観念があることと結びついていると認識しているものである。例えば「女性よりも男性の方がえらいと思われているから（小6）」「男性の方が優先されるからだと思う（小6）」「昔の風潮が今でも引きずられている（中2）」などである。さらに③は予言の自己成就としてキャリア形成に影響してしまう懸念がある。

　上記6つの観点内容から、これらの子どもたちの記述は言語化されたリアリティを見る子どものまなざしであり、隠れたカリキュラムでもある。子どもたちにとって身近な存在である教員世界の固定イメージの再生産、助長に連結する可能性がある。しかも女性はリーダーではない、リーダーにはなり

たくない、リーダーにはなれないという強固なメッセージを暗黙に子どもたちに伝えてしまう危惧を予測できる[14]。教師は子どもたちの魅力的な生活様式の役割モデルになることが、子どもの男女共同参画の意識につながる。

　もう１つの必要性の背景は、「時代に即応した持続可能な組織づくり（教育委員会・学校・地域づくり）」が必要な点である。子どもや家庭の価値観や生活様式がますます多様化するとともに、社会全体が大きな変化に直面する今日、異なる強みを持つ多様なリーダーによる組織づくりが鍵となっている。学校に限らず、各組織のリーダーは男性が圧倒的に多くを占めており、女性は地域における意思決定過程に十分参画できていない状況にある。多様な人材が意思決定過程に参画する組織運営を基盤として、持続可能で魅力的な学校づくり、だれもが暮らしやすい地域づくりのためにも校長を含め地域のリーダーにまずは女性を参画させ、活かすことが肝要となる。

　このように女性管理職が増えて、女性管理職が仕事をしている姿を身近で見せることができれば、子どもたち（若手女性教員）には、それがロールモデルとなり、当然視することにもなる。

## ４．女性管理職登用促進方策は何か
### ―アンラーニング認識とインクルーシブ・リーダーシップ―

　学校教育分野において、ジェンダー平等を推進していくために、教育委員会や学校を単位とした組織的で継続的な学習によってアンラーニング（unlearning：学習棄却・学び直し）を行うという考えがある。このアンラーニングは、時代や環境の変化により有用性を失った知識や技術、価値観、ルーチンを組織（個人・チーム）が棄却して新しいものを獲得する連続的なプロセス[15]と捉えられる。前述した役割意識の固定化したバイアスを自覚し、行動を変えるためにも、まずは学校・教育委員会組織の核となる校長、教育長がアンラーニング取組の意義、インクルーシブな取組の意義の必要性を自覚し、

インクルーシブ・リーダーシップ[16]を発揮する必要がある。この点、インクルージョン（包摂）は、個人が求める帰属感と自分らしさ（authenticity）の発揮が集団内においてメンバーとして尊重されている状態である。インクルーシブ・リーダーシップは組織内の多様性（ダイバーシティ）を受け入れ、違いを尊重しつつ、メンバー全員の力を最大限に活用して目標達成のための戦略的かつ直接的に行うリーダーシップスタイルである。多様な人材に対するキャリア機会成果が得られよう（訳者解説4章図5参照）。

（1）学校組織（教育委員会）におけるアンラーニング

　それではまず、学校組織において女性管理職登用を促進するためのアンラーニングを新たな学びの観点で捉えると、以下の視点が考えられる[17]。

①所属する組織における実態の的確な把握・分析

　例えば、・「女性の管理職登用が十分に進まない要因にはどのようなことがあるか」・「男性よりも女性の方が管理職になりたくないと思う教員が多いのはなぜか」・「性別の割合に差がある職位・分掌活動等にはどのようなものがあるか」等について、まずは教職員の声を集約し、現状を把握、分析することが必要となる。

②無意識の思い込みへの気づき―異なる強みを持つ多様なリーダーによる学校づくり

　まず第1に、「リーダーになる人のキャリアパス」に関わる思い込みや不文律がないか洗い出すとともに、ステレオタイプを押し付けない声かけと必要な後押し（サポート）が必要となる。例えば次のようなアンコンシャス・バイアス（言動・判断、慣習、規範）の洗い出しである。さもないとマイクロアグレッション[18]にもなりかねない。・「校長は男性の方が向いている」・「低学年の担任は女性の方が適している」・「子育て中の女性に大きな役割を任せるの

補論　日本の学校教育は女性リーダーをどう導くか〔Lead（Her）Ship〕　253

はよくない」・「中学校・高校の管理職は女性には向かない」・「細かな気づかいができるのは女性ならでは」・「理数系の教科は男子の方が能力が高い」。

　第2に、教員一人ひとりが自らの言動をジェンダーバイアスの視点から捉え直し、無意識な言動で子どもたちの格差を助長していないか等について考える研修の機会が必要となる。しかも、子どもたちの価値観や生活様式、子どもを取り巻く環境が多様化するなかで、「子どもたちのために」という習慣化している言説を一旦棄却し、新たなコンテクストで再構築することにより子どもたちの平等なジェンダー観を育むことが不可欠となる[19]。

　第3に、男女教員のワーク・ライフ・バランスの視点に立った働き方の見直しである。所属する組織において、「学校における働き方改革を教員自身の働き方・暮らし方の観点から考えると、どのようなことが見えてくるだろうか」「男性教員が自身の家庭の育児や介護の役割をしっかりと担うことは、子どもたちにどのような影響を与えるだろうか」といった見直しを図ることが期待されてくる。

　教員の働き方・暮らし方が身近な大人のロールモデルとして子どもに影響を与えることを考えると、教員一人ひとりが自身の生活時間を十分に確保し、仕事と家庭生活との両立を図ることも無視できない。しかも、特に男性教員の育児参画の促進は不可避である。改正育児介護休業法（2022年4月から段階的施行）では、男性が育休を柔軟に取得できる機会が創設されるとともに、労働者が1000人を超える事業主には育児休業の取得状況[20]の公表を義務付けるようになっている。ちなみに男性の育児休業取得率は過去5年間で約2.5倍（2019年9.6％→2023年24.4％）になった。育休取得日数は約10倍（2019年2.4日→2023年23.4日）で前年の2022年と比べても約3倍（2022年8.7日→2023年23.4日）。男性の育休意識が向上するとともに、職場の環境、マネジメント層も男性の育休を後押しする方向へシフトしている。今日直面する教員のなり手不足の解消という点からも、男性教員の働き方、ライフへ着目することは肝要であり、そのためには取得しやすい仕組みを整備していくこと、さらには性差と

公正で多様性に配慮した環境づくりも教育委員会（学校法人）に期待されてくる。

第4に、女性の積極的な登用、将来を見据えた女性のキャリア支援である。先述の国立女性教育会館の調査結果から、女性が管理職を志向しない理由として「家庭と仕事との両立が困難であること」「力量が不足していると認識していること」が挙げられたが、女性は男性よりも家庭生活の役割負担がかなり大きいことが明白であった。子育てや介護時の家庭生活の役割を担っている女性教員が管理職になりたくないと思う環境要因を取り除くためにも、任用のしくみ（例えば広域人事配慮、昇任猶予制度）について女性の受験を後押しするしくみ、副校長・教頭の労働時間削減の徹底[21]（副校長サポートスタッフ配置）が考えられてくる。

また、もう一つの理由である力量不足の認識については、子育て期のブランク、性別による偏った校務分掌によって、男性に比較しリーダーになるための経験やロールモデルが十分できないことなどを背景に心理的不安が生じている可能性もある。ミドルリーダー人材育成のためにも将来を見据えた女性の初期・中期のキャリア形成支援が望まれる。この点、例えば教育委員会による女性教員を対象としたミドルリーダー養成研修（北海道教育委員会）、退職女性校長会による管理職を目指す女性教職員への研修会が実施されている（千葉県）。また、設立から40年以上の歴史を有する石川県女性教員教育研究会は、石川県公立小・中学校女性校長会・教頭会を基盤として、ミドルリーダー層の女性を対象に、ロールモデルとなる管理職と一緒に活動し、学び合う機会がある。

（2）教育委員会によるアファマティブな取組

多くの教育委員会では、女性活躍推進法（2016年施行、10年間の時限立法）及び次世代育成支援対策推進法（2003年施行、2035年3月まで延長）に基づき、特定事業主行動計画の策定において具体的な取組目標や数値目標を設定してい

るのが現状である。教育委員会のケースを分析すると[22]、大別して以下の図表4に示すように3領域の取組から構成される。

　例えば図表4で示す30％の数値はクリティカル・マスの考え（集団の中でたとえ大多数でなくても、存在を無視できないグループになるための分岐点があり、それを超えたグループ）として重要である。女性活躍・男女共同参画の重点方針2023（「女性版骨太の方針2023」、令和5年6月13日）においても、校長・教育委員会等における女性割合の向上への着実な実行を求めている[23]。各教育委員会事業主行動計画等において、校長、副校長及び教頭のそれぞれ女性登用の具体的取組を未だ定めていない教育委員会や学校法人に対して、速やかに定めるよう要請している。

　また、女性教員が管理職選考試験を受験するにあたって、受験要件を含め、どのような点に困難さや課題を感じているか把握し、必要な取組を検討する方向にある。VUCA（ブーカ〔Volatility・Uncertainty・Complexity・Ambiguity〕変化が激しく取り巻く環境が複雑性を増し、想定外の事象が発生する将来予測が困難な

**図表4　公立学校特定事業主行動計画（例）**

| 1．**女性登用・計画的育成とキャリア支援** | 〔数値目標・令和7年度〕 |
|---|---|
| ア．意欲と能力ある女性の研修機会、将来の管理職候補となるポスト（主幹教諭、指導教諭、指導主事）への積極的登用<br>イ．ロールモデルとなる女性管理職による研修機会や女性管理職とのネットワーク形成 | ・県立学校教員の校長、副校長・教頭に占める女性の割合〔30％〕<br>・県費負担教員の校長・教頭に占める女性の割合〔50％〕 |
| 2．**働き方改革（ワーク・ライフ・バランス）の推進** | 〔数値目標・令和7年度〕 |
| ア．男性教員の育児休業、出産補助休暇・配偶者出産育児参加休暇<br>イ．年次休暇の計画的取得促進<br>ウ．時間外業務時間の縮減 | ・男性教員の育児休業〔50％〕、出産補助休暇、育児参加休暇〔100％〕 |
| 3．**子育てがしやすい職場環境** | |
| ア．育児や介護を担う教員が活躍できる環境づくり（多様な働き方への支援、テレワークの推進、ハラスメント、マイクロアグレッションのない職場づくり）<br>イ．育児休業取得に伴う代替講師の確保 | |

※数値目標は女性教員の管理職登用比率が高い神奈川県の例である。目標値は令和8年4月1日時点の数値。

状態）時代を生き抜く子どもたちのジェンダー観やキャリア形成の基盤づくりとなる位置づけとして、学校教育の果たす役割を重視しなくてはならない。

（八尾坂　修）

## 注

（1）World Education Forum、Global Gender Gap Report 2024、June 2024. 2024年の日本のジェンダーギャップ指数は世界118位を示している。

（2）亀田温子（2012）「女性校長の語るキャリア形成―「教員になる」から「キャリアをつくる」へ」『NWEC実践研究』第2号、pp. 17-33.

（3）データは文部科学省「学校基本調査」（令和5年）をもとに作成しているが、Ridilover（2024）『学校経営の新時代、女性管理職の可能性―ロールモデル・取組事例資料集』（令和5年度文部科学省委託事業「女性の多様なチャレンジに寄り添う学びと社会参画支援事業」）をも参考にしている。pp. 26-27.

（4）木村育恵（2020）「女性教員のキャリア形成をめぐる諸相と教員育成政策の今日的問題」『日本労働研究雑誌』62巻9月号、pp. 60-67.

（5）前掲論文（2）亀田温子（2012）「女性校長の語るキャリア形成―「教員になる」から「キャリアをつくる」へ」pp. 17-33.

（6）国立女性教育会館編（2018）『「学校教員のキャリアと生活に関する調査」報告書』。

（7）コリーン・アマーマン、ボリス・グロイスバーグ著、藤原朝子訳（2023）『ガラスの天井を破る戦略人事』英治出版。
　　Colleen Ammerman and Boris Groysberg（2021）, *Glass Half-Broken: Shattering the Barriers That Still Hold Women Back at Work*, Harvard Business Review Press.

（8）飯島絵理（2021）「学校教員の男女格差とジェンダー観―公立小中学校教員を対象とした調査の結果をもとに―」『工学教育（J of JSSE）』69-4、pp. 14-19.

（9）八尾坂修（2023）「学校の働き方改革の進展とワーク・エンゲイジメント」『私学経営』579号、pp. 25-37.

（10）河上婦志子（2014）『二十世紀の女性教師―周辺化圧力に抗して』御茶の水書房。

（11）河野銀子編著（2017）『女性校長はなぜ増えないのか―管理職養成システム改革の課題』勁草書房。浅井幸子、黒田友紀他編著（2016）『教師の声を聴く―教職のジェンダー研究からフェミニズム教育学へ―』学文社。

(12) 大阪府教育委員会（2023）『公立学校における特定事業主行動計画（2021）』pp. 36-39.

(13) 国立女性教育会館（2020）『学校における女性の管理職登用の促進に向けて』。

(14) 飯島絵理（2020）「女性校長はなぜ少ないのか、少ないことはなぜ問題か―学校教員の男女格差の現状と子供のまなざし」『NWEC実践研究』10号、pp. 204-223.

(15) 山口多恵、酒井郁子、黒河内仙奈（2017）「"アンラーニング"の概念分析」『千葉看護学会会誌』Vol. 23-1、pp. 1-10.

(16) 船越多枝（2021）『インクルージョン・マネジメント』白桃書房。
Shore, Lynn M., Randel, Amy E. et al. (2011), "Inclusion and Diversity in Work Groups: A Review and Model for Future Research", *Journal of Management*, pp. 1262-1289.

(17) 国立女性教育会館（2022）『学校における女性の管理職登用の促進に向けてⅡ』。

(18) マイクロアグレッションとは「意図的か意図的でないかを問わず、日常的に行われる短いありふれた言語的、行動的または環境的な侮辱であり、視界や意識の下側に存在し、敵対的、軽蔑的または否定的な軽蔑や侮辱を伝達するものである。」
Nadal, Kevin et al. (2015), "A Qualitative Approach to Intersectional Microaggressions: Understanding Influences od Race, Ethnicity, Gender, Sexuality, and Religion" *Qualitative Psychology*, 2, No. 2, p. 147.

(19) 飯島絵理（2021）「学校における女性教員の過少代表をめぐる課題―学校組織と教員のアンラーニングの観点に着目して―」『NWEC実践研究』11号、p. 83.

(20) 『男性育休白書2023』積水ハウス。

(21) 八尾坂修編集（2017）『学校にゆとりを生み出す副校長・教頭の多忙にならない仕事術』教育開発研究所。

(22) 『次世代育成支援・女性活躍推進に関する職員行動計画―多様な人材が支え合う職場の実現―』神奈川県、2016年策定、2021年4月改定。
青木英明、鴨川明子（2023）「学校女性管理職の登用促進に向けた政策提言―山梨県の文脈から現状と課題を考える」『教育実践学研究』28号、pp. 385-396. 全国的にみて神奈川県は女性学校管理職登用率が高く、逆に山梨県は低く、課題であった。

(23) 『女性活躍・男女共同参画の重点方針2023（女性版骨太の方針2023）』内閣府：すべての女性が輝く社会づくり本部、男女共同参画推進本部、2023年6月13日。

# 訳者あとがき

『Education Lead (Her) Ship』という著書が2023年10月に刊行されるのを同年9月にハーバード教育出版部（Harvard Education Press）の検索を通して知った時、最初は教育リーダーシップの内容かと思いきや、よく見ると、リーダーシップはLead (Her) Shipというタームになっており、これは意図することがあるかなと察し得た。

　私が同年10月下旬に科研費を利用して、ハーバード大学教育大学院（HGSE）ガットマン図書館で研究調査を行った折、近くのハーバード教育出版部にも訪問し、編集者のローラ・クロスさんからいくつかの刊行図書を紹介していただいた。また上記原書執筆者の一人であるHGSEモニカ・C・ヒギンズ教授の研究室（ガットマン図書館4F）を訪問したところ、あいにく不在であったが、ドアの連絡ボードには院生からのホットなメッセージが多く寄せられており、とても人気のある先生であることの印象を受けた（実は、HGSEで1990年前後文部省在外研究員、続いて修士課程の学生としてアドバイザー教員であるリチャート・マーネン教授［教育経済学・現在も現役］のもと修んでおり、その後何度か訪問し［私をOSAMUと呼んでくれる関係］、HGSEの内部状況を知っていた）。

　帰国後、この "Lead (Her) Ship" という著書の中で、女性リーダーが学校、行政組織からのバイアスによってキャリア昇進を制約されているアメリカの実状を知り得た。そこで急遽ローラさんにメールを出して、この本を日本で翻訳してみたいと申し入れたが、好意的に受け入れてくださったことが、私の翻訳の高揚への一つの契機となった。その後何度かメールで連絡を取り合い、翻訳へのパーパスを高めてくださったことに感謝を申し上げたい。

　また同時に、私は日本でもどうして女性の学校管理職が少ないのかを常々疑問を抱いており、いくつかの先行研究文献を読み進めていた。読破していくなかで、特に女性校長の占める割合の低さ、しかも小・中・高・特別支援

学校のどの校種においても都道府県格差がかなり見られるのを再認識したのであった。この現状から日本の学校教育において「女性管理職が少ない背景は何か」、「なぜ女性管理職を必要とするのか」、「女性管理職促進方策をどのように行うか」といった観点について浅薄ではあるが、自分なりの論拠が出来つつあり、アメリカとの対比で考えてみようと思ったことがもう一つの翻訳への契機である。

2024年1月にこのEducation Lead (Her) Shipに大まかに目を通すと、各章タイトルにおいて、過小評価（undervaluation）、過剰依存（overreliance）、ダブルバインド（二重の束縛）、ガラスの天井（glass ceiling）、ガラスの崖（glass cliff）、ジェンダー化された（人種的）マイクロアグレッション（gendered (racial) microaggressions）、千回切られて死ぬこと（death by a thousand cuts）といったタームが入っており、日本でも注視される有益な内容、情報が包含されているのではないかと予測した。

そこで私が1998年に『アメリカ合衆国教員免許制度の研究』の出版の機会を得て以来25年以上もお世話になっている風間書房の風間敬子社長に翻訳出版をお願いしたが、出版事情の厳しい折にもかかわらず、了承していただいた。風間様に誠に感謝申し上げたい。

私一人で翻訳するには能力的にも体力的にも力が及ばないことを察し、2024年3月に、アメリカ教育研究で何かと刺激をいただいている星野真澄先生（学術図書『アメリカの学級規模縮小政策—カリフォルニア州に焦点をあてて—』を2015年刊行）と成松美枝先生（学術図書『米国都市学区における学校選択制の発展と限界—ウィスコンシン州ミルウォーキー市学区を事例に—』を2010年刊行）に翻訳分担担当をお願いしたところ前向きに引き受けてくださった。いつもエネルギッシュで温情のこもった成松先生は2024年10月から6カ月アメリカのウィスコンシン大学マジソン校に在外研究員として出張予定で何かと準備もあるにもかかわらず、ありがたいことに快く引き受けてくださった。「5章のマイクロアグレッション」、「6章の今後の対応」について担当してくださった。

星野先生には、「2章の過小評価と過度な依存」、「3章のダブルバインド」、「訳者解説（担当章）」を担当していただいた。好意的性差別、役割一致論、ステレオタイプ脅威といった社会心理学分野の専門タームが入っていたにもかかわらず、さわやかで明晰な"両利き性"で翻訳を完遂してくださった。また2024年10月26日に日本教育行政学会大会（会場：神戸大学）でこの翻訳研究（日本の状況含む）の成果を踏まえた研究発表を行うことができた。フロアから東京都教育委員会前教育長から女性学校管理職に対するジェンダーバイアスの状況について御質問があったことも関心の兆候として伺うことができた。

両先生との協働的参画なしにはこの翻訳を完成できなかったことは確かである。心から感謝申し上げたい。

私自身は、「序文」、「1章の総論」、「4章のガラスの崖への着地」、「訳者解説」、「補論」を担当するなかで、ワイナー、ヒギンズ両先生が本文で引用している論文を玉川大学教育学術情報図書館職員の皆様のサポートを通してできる限り入手でき、新たな幅のある知見を得ることになった。いつもお世話様になり、ありがとうございます。

ワイナー先生とはメールで幾度か連絡を取ることができたが、即座に「日本語版への序文」を引き受けてくださった。ワイナー、ヒギンズ両先生は著者紹介にも記されているように、アメリカ教育界で重鎮的影響力のある存在である。このような先生との交流で本書を刊行できたことは私の長年の教育研究生活の中での本懐でもある。

原著は白人の学者である両先生がジェンダー、人種、民族などのアイデンティティが、複雑な社会的不平等を形づくる相互構築的現象として作用するという事実を問題提起し、これを交差性（インターセクショナリティ）の視点で取り組む研究となっている。序文執筆者であるシャロル・シェイクシャフト教授（バージニアコモンウェルス大学）が指摘するように、原著を"学校のリーダーシップとアドミニストレーションにおける女性のストーリーをテーマとし、かつ理論的な構造の枠組みの中でさまざまなバイアスを浮き彫りにして

おり、これまで出会った最も有益かつ的を射たものと位置づけている"、ことには翻訳を完遂してみて納得の節がある。

本書の6章「今は何をすべきか？」の中で「残念なことに、女性は座らされているか、座っているべきだと思わされていることが多い。これを変える必要がある」とのくだりがある。リーダーと言えば男性を考える（think leader, think man）傾向について原著のテーマに立ち返って、考える必要がある。ワイナー、ヒギンズ両先生は、アメリカ社会において、特に（白人）男性アライ（味方）、女性同志のシスターフッドによる真のパートナーとしての取り組み、内省的実践アクションによって互いに橋を架けることを前進（going ahead）への路と位置づけていることが印象的である。

原著の指摘するジェンダーバイアスの課題は、日本のバイアス問題と共通する視点もある。日本では女性活躍推進法、次世代育成支援対策推進法に基づき、各教育委員会で特定事業主行動計画を策定し、具体的な取組計画や数値目標を策定しつつあるものの、まだ都道府県格差があるのも事実である。また女性副校長、教頭の比率は今後も上昇すると察するが、校長職となると、男性がいまだ優位な位置にある。しかも女性校長としてガラスの天井を破ったとしても、校長への昇進に至るまでの年数による性別差の懸念がある。

本書は初等・中等学校、教育委員会、教育研修センター、各地域の男女共同参画センター、高等教育機関とともに、企業組織、マスコミ等の他組織においてジェンダーバイアス、インクルージョン・リーダーシップ、マネジメントに御関心のある方々に是非お読みいただければと存じます。


　2024年12月20日　訳者を代表して

八尾坂　　修


［本研究を進めるにあたり、日本学術振興会（JSPS）科学研究費補助金基盤研究C課題番号（24K05692）の助成を活用させていただいた。］

# 事 項 索 引

## 〈A〜Z〉

COVID-19 9, 24, 54
Global Gender Gap Report（世界男女格差報告書）243
Lead（Her）Ship 243, 259-260
LGBTQI+ 167, 230, 240
LMX（Leader-Member Exchange：リーダー・メンバー交換関係）理論 204
STEM教育 42-43
VUCA（ブーカ〔Volatility・Uncertainty・Complexity・Ambiguity〕）255

## 〈あ行〉

アイデンティティ 10, 19, 56, 84-85, 114, 123-124, 200, 240
アイヌ施策推進法 236, 238
アカウンタビリティ運動 26, 92
アジア系アメリカ人 18, 127
アジア系アメリカ人女性 62
アドバンスド・プレースメント（AP）70
アライシップ（allyship）165, 240, 244
アンカリング 82, 84
アンコンシャス・バイアス 118, 247
アンラーニング（学習棄却）243, 251, 257
育児休業 253, 255
異性愛者 41
依存的ケア 168
インクルーシブ・リーダーシップ 228, 251-252
インクルージョン（包摂）53, 252
インクルージョン・マネジメント 257
ウェルビーイング 15
上向き（の）発言（upward voicing）163, 240
エージェンシー（agency）160, 170

エージェンシーペナルティ 56
エクイティ 53

## 〈か行〉

改正育児介護休業法 253
回復力（レジリエンス）91
過重負担 48
過重労働 50
過剰依存（overreliance）260
過少代表 243
過小評価（undervaluation）22, 48, 216, 239, 244, 260
学校基本統計 244
学校の働き方改革 256
家庭と家族のケア 24
カラーブラインド 208, 233
ガラスのエスカレーター 55
ガラスの崖（glass cliff）5-6, 17, 89-93, 102, 112-118, 157, 200, 206, 221-222, 239, 244, 248, 260
ガラスのクッション 94, 222
ガラスの地下室 229
ガラスの天井（glass ceiling）5, 17, 89, 206, 211, 221-222, 239, 244, 248-249, 256, 260
環境的マイクロアグレッション 127, 233
環境によるマイクロアグレッション 208
感情労働（emotional labor/emotional work）2-3, 6, 15, 27-28, 157, 200-201, 239
管理職と言えば男性 59
管理職に占める女性の割合 9
管理職養成プログラム 5, 10
危機になったら女性を頼れ（think crisis, think female）94, 222
キャリアパス 47
教育委員長 41, 99
教育長（superintendent）9

教育負債（educational debt）　114
教育リーダーシップ　14, 19, 53-54, 57, 123, 158, 197
教職の女性化　25-26
共同志向性（communal orientation）　94, 222
共同性（communion）　203
共同体的（communal）　16-17, 60, 87
協働的ガバナンス（collaborative governance）　99
クオータ制　18
クリティカル・マス　255
ケアワーク　4, 15, 22, 27, 47, 50, 52, 212, 216
好意的性差別（benevolent sexism）　2, 27, 41, 47, 49, 200, 212, 216, 244, 247
交差性（インターセクショナリティ）　2, 12, 199-200, 261
校長研修（レジデンシー）プログラム　102
校長代理（acting principal）　106
校長の声かけ・一任　248
校長養成プログラム　233
公立学校特定事業主行動計画　255
コーチング　241
コートラック　170
黒人女性のリーダー　61
国立女性教育会館　246, 249, 254, 256-257
子どものロールモデル　249
コモンスクール運動　25

〈さ行〉

サーバント・リーダーシップ　57, 204
サービス業　25
詐欺師的症候群（imposter syndrome）　161
様々な立場（標的、傍観者、味方同志）　130
シェアードリーダーシップ　10
ジェンダー・トラック　246
ジェンダーアイデンティティ　58-59
ジェンダー化された（人種的）マイクロアグレッション（gendered（racial）microaggressions）　157, 230, 260
ジェンダー化された差別　157
ジェンダー化された人種差別　13, 221

ジェンダーギャップ指数　243, 256
ジェンダー差別　11, 13, 17
ジェンダーによるマイクロアグレッション　125
ジェンダーのステレオタイプ　58
ジェンダーバイアス　56, 221-222, 253, 262
ジェンダー平等　243
ジェンダーブラインド　233
ジェンダーマイクロアグレッション　126
自国にいるよそ者　18
自国の異邦人　208
自己非難（表層演技、深層演技）　202
シスジェンダー　41, 69
シスターフッド　19, 262
シスターフッドのアプローチ　167
次世代育成支援対策推進法　254, 262
指導的リーダーシップ　10
自分らしさ（authenticity）　203
社会正義リーダーシップ　10
社会的役割理論（social role theory）　16, 56, 203
修復請負人（fixer）　116
主体性（agency）　204
主体的（agentic）　16
主体的行動　60
主体的な属性（agentic attribute）　94
障がい者差別解消法　238
職能開発ワークショップ　7
女性活躍推進法　254, 262
女性教育長　18
女性と教育リーダーシップ　10
女性版骨太の方針　255, 257
シングルマザー　24
人種的マイクロアグレッション　208, 233
ステレオタイプ（固定的役割）　11, 55, 59-60, 63, 87, 168-169, 225, 247
ステレオタイプ脅威（stereotype threat）　205
スピードアップ　23
性差別　221, 231
性差別主義（sexism）　222

事項索引　265

性差別的ジョーク　231
性差別ユーモアとジョーク　235
性的指向　207
性役割分担　229
セクシュアリティ　12
セミプロフェッション（準専門職）　22
ゼロサム思考　209
千回切られて死ぬこと（death by a thousand cuts）　260
千回切られること　124
掃除婦／「クリーンナップ」女性（"cleanup" woman）　17, 92, 115

〈た行〉

ターンアラウンド校（turnaround school）　95, 109
第二世代のジェンダーバイアス　10, 201
第二世代のバイアス／偏見　62, 86, 157
退職勧奨　246
退職女性校長会　254
ダイバーシティ（多様性）　53, 252
ダイバーシティ・エクイティ・インクルージョン（DEI）　78
太平洋諸島出身者（AAPI）　18, 127
脱専門職化　54
ダブルスタンダード　24
ダブルバインド（二重の束縛）　16, 53, 60, 62, 68, 74, 157, 203, 220, 239, 244, 260
男女共同参画基本計画　244
男性教員の育児参画　253
男性のアライ（味方）　239
父親ボーナス　225, 235
長時間労働　247
道具性（instrumentality）　204
透明人間（invisible）　70
トークン化　127, 150
特定事業主行動計画　262
トランスジェンダー　58-59, 167

〈な行〉

二級市民　208, 231

ノンバイナリー　58-59

〈は行〉

ハーバード大学教育大学院（HGSE）　10, 197-199, 259
バーンアウト　202
白人性と白人至上主義　26
（白人）男性アライ（味方）　262
白人の学者　12
バックラッシュ（反発）　204
母親ペナルティ　225
パフォーマンス基準　226
ハラスメント　124, 222, 255
パラダイムシフト　227
パンデミック　92
表出性（expressiveness）　203
標的の側　153
フェミニスト　12, 166
フェミニズム　19, 228
不可視性　231
副校長サポートスタッフ配置　254
フレキシビリティ・スティグマ（柔軟な働き方に対する偏見）　247
ヘイトクライム　127
ヘイトスピーチ解消法　238
変革的リーダーシップ　204
傍観者　153-154

〈ま行〉

マイクロアグレッション（microaggressions）　6, 18, 121-123, 129-130, 142, 148-150, 153, 168, 200, 207, 230, 236-237, 244, 255, 257
マイクロアサルト（攻撃）　124-125, 207-208, 230
マイクロインサルト（侮辱）　124-125, 151, 207-208, 230
マイクロインバリデーション（無効化）　124-125, 152, 207-208, 230
窓（windows）・鏡（mirrors）・引き戸（sliding doors）　2, 13, 200-201
マンスプレイニング（mansplaining）　126,

231-232
味方（アライ）　19, 153, 165-166, 209, 228
民族共生象徴空間（ウポポイ）　237
無償労働　61
メンター教員　48
メンタリング（mentorship）　117, 226-227
メンタリングプログラム　18

〈や行〉

役割一致論（role congruity theory）　6, 55-56, 60, 62, 200
ゆがめられた献身　115

〈ら行〉

リアクタンス反応　205
リーダーといえば男性を考える（think leader,

think male）　118, 228
離職（ターンオーバー）　4, 223
両利き性（ambidexterity）　87, 221
両刃の剣　128
両立問題　248
レイシズム　114, 208
レジデンシー　121, 129
ロールモデル　254-255
ローンチミーティング（launch meeting）　110

〈わ行〉

ワーク・エンゲイジメント　256
ワーク・ライフ・バランス　23, 38, 203, 222, 247, 253, 255

# 人 名 索 引

〈ア行〉

アマーマン, コリーン（Ammerman, Colleen）　209
飯島絵理　256-257
イバーラ, ハーミニア（Ibarra, Herminia）　9, 62, 201
ウィリアムス, ジャスミン D.（Williams, Jasmine D.）　155
エクマン, エレン W.（Eckman, Ellen W.）　15
エリー, ロビン（Ely, Robin）　9, 62, 201
オピー, ティナ（Opie, Tina）　167

〈カ行〉

カポディルポ, クリスティナ M.（Capodilupo, Christina M.）　230
河上婦志子　247, 256
河野銀子　248, 256

北原モコットゥナシ　236, 238
グリーンリーフ, ロバート K.（Greenleaf, Robert K.）　204
グロイスバーグ, ボリス（Groysberg, Boris）　209
コルブ, デボラ（Kolb, Deborah）　9, 62, 201
コレル, シェリー J.（Correll, Shelley J.）　225

〈サ行〉

シェイクシャフト, シャロル（Shakeshaft, Charol）　7, 199
ジョンソン, ベロニカ E.（Johnson, Veronica E.）　231
スー, デラルド ウィン（Sue, Derald Wing）　123, 207, 237
スタイネム, グロリア（Steinem, Gloria）　12
スミス, エラ B.（Smith, Ella B.）　12, 166
ソルニット, レベッカ（Solnit, Rebecca）　232

人名索引　　267

〈タ行〉

チェマリー, ソラヤ（Chemaly, Soraya）　159

〈ナ行〉

ナダル, ケビン L.（Nadal, Kevin L.）　122,
　230
ネビル, ヘレン A.（Neville, Helen A.）　127

〈ハ行〉

バス, バーナード M.（Bass, Bernard M.）
　204
ハスラム, アレクサンダー S.（Haslam,
　Alexander S.）　90, 206
ハリス, カマラ（Harris, Kamala D.）　211
パルミエリ, パット（Palmieri, Pat）　1, 199
ピアース, チェスター（Pierce, Chester M.）
　207
ヒギンズ, モニカ C.（Higgins, Monica C.）
　2, 198-199, 216
ビショップ, ルディン シムズ（Bishop, Rudine
　Sims）　2, 13, 200-201
ホイト, クリスタル L.（Hoyt, Crystal L.）　204
ホックシールド, アーリー ラッセル（Hochschild,

Arlie Russell）　202
ホッジ, メリサ J.（Hodges, Melissa J.）　225
ボネット, アイリス（Bohnet, Iris）　51-52

〈マ行〉

マッケイブ, ジャニス（McCabe, Janice）　123
マーフィー, スーザン（Murphy, Susan E.）
　205

〈ラ行〉

ライアン, ミシェル K.（Ryan, Michelle K.）
　90, 206
ラドソン＝ビリングス, グロリア（Ladson-
　Billings, Gloria）　114
リビングストン, ベス（Livingston, Beth）
　167
ルイス, ジオニ A.（Lewis, Jioni A.）　126
ローデン, マリリン（Loden, Marilyn）　206

〈ワ行〉

ワイナー, ジェニー（Weiner, Jennie）　2,
　197, 199, 216
ンコモ, ステラ M.（Nkomo, Stella M.）　12,
　166

## 〈訳者略歴〉

**八尾坂　修**（Osamu Yaosaka）〔日本語版序文、序文、1章、4章、謝辞、著者紹介、訳者解説、補論、索引担当〕
九州大学名誉教授、玉川大学客員教授　博士（教育学・九州大学）
九州大学教育学部長、福岡市教育委員会教育委員長、中央教育審議会教員養成部会委員、文部科学省有識者会議主査を歴任。日本教育行政学会名誉会員、アメリカ教育学会前代表理事。（単著書）『アメリカ合衆国教員免許制度の研究』、1998年。（編著書）『アメリカ教育長職の役割と職能開発』、2021年、『教員人事評価と職能開発—日本と諸外国の研究—』、2005年、いずれも風間書房、他多数。（連絡先：yaos@asahinet.jp）

**星野真澄**（Masumi Hoshino）〔2章、3章、訳者解説担当〕
明治学院大学文学部准教授　博士（教育学・筑波大学）
（単著書）『アメリカの学級規模縮小政策』多賀出版、2015年。（論文）「アメリカの学校段階区分変革に伴う学校施設整備の資金調達の実態—ノースカロライナ州シャーロットメクレンバーグ学区を事例として—」日本教育学会『教育学研究』89巻3号、2022年、「アメリカの教員養成における教育実習の基準と実態—カリフォルニア州の取り組みに着目して—」明治学院大学文学会『明治学院大学教職課程論叢　人間の発達と教育』21号、2024年。

**成松美枝**（Mie Narimatsu）〔5章、6章、訳者解説担当〕
佐賀大学教育学部准教授　博士（教育学・東京大学）
（単著書）『米国都市学区における学校選択制の発展と限界—ウィスコンシン州ミルウォーキー市学区を事例に—』渓水社、2010年。（論文）「アメリカの教員免許更新制度の動向：ウィスコンシン州の教員免許更新制停止の事例に関する一考察」アメリカ教育学会『アメリカ教育研究』30号、2020年、「米国の小学校における教科担任制による教育方法：発展経緯と効果の検討」『佐賀大学教育学部研究論文集』6(2)、2022年。

## 教育における女性リーダーシップ
### ―学校・行政バイアスからの脱却―

2025 年 4 月 1 日　初版第 1 刷発行

<table>
<tr><td>著　者</td><td>ジェニー・ワイナー<br>モニカ・C・ヒギンズ</td></tr>
<tr><td>訳　者</td><td>八 尾 坂 　 修<br>星 野 真 澄<br>成 松 美 枝</td></tr>
<tr><td>発行者</td><td>風 間 敬 子</td></tr>
</table>

発行所　　株式会社 風 間 書 房

〒101-0051　東京都千代田区神田神保町 1-34
電話 03 (3291) 5729　FAX 03 (3291) 5757

印刷　平河工業社　　製本　井上製本所

©2025　　　　　　　　　　　　　　　　　NDC分類：373

ISBN978-4-7599-2526-5　　Printed in Japan

[JCOPY]〈出版者著作権管理機構 委託出版物〉

本書の無断複製は、著作権法上での例外を除き禁じられています。複製される場合は、そのつど事前に出版者著作権管理機構（電話 03-5244-5088、FAX 03-5244-5089、e-mail: info@jcopy.or.jp）の許諾を得て下さい。